무지의 구름

(해설판)

무명의 저자

엄성옥 역 / 최대형 해설

무지의 구름(해설판)
The Cloud Of Unknowing
초판발행: 2023년 9월 10일
제5쇄 발행 2025년5월27일
지은이: 무명의 저자
옮긴이: 엄성옥
해설: 최대형
발행처: 은성출판사
등록: 1974년 12월 9일 제9-66호
ⓒ 2023년 은성출판사
주소: 서울시 강동구 성내동 성내로3길 19 은성빌딩 3층
팩스: (02) 6007-1154
e mail: esp4404@hotmail.com
homepage: www.eunsungpub.co.kr

본 번역서의 출판 및 판매에 관한 모든 권한은 본 출판사가 소유하고 있습니다. 출판사의 사전 서면 허락이 없이는 번역, 재제작, 인용, 촬영, 녹음 등을 할 수 없음을 알려드립니다.

Printed in Korea
ISBN: 979-11-92914-14-5 (93230)

The Cloud of Unknowing

by

Unknown

translated by

Eum Sung-Ok

기도

하나님,
모든 심령이 당신을 향해 문을 열고
모든 뜻이 당신에게 말합니다.
당신에게는 아무것도 감출 수 없습니다.
은혜로 내 마음의 뜻을 깨끗하게 해주시어
나로 하여금 당신을 완전히 사랑하며
합당하게 당신을 찬양할 수 있게 해주시기를 간절히
구하옵니다.
아멘.

머리말

성부와 성자와 성신의 이름으로, 아멘.
개인적으로 이 책을 소유하거나 혹은 다른 사람에게서 빌려서 이 책을 읽게 된 사람에게 사랑의 힘을 빌려 다음과 같이 부탁합니다.
썩을 육신을 입고 살지만, 활동적인 삶에서뿐만 아니라 관상생활에서도 완전하게 그리스도를 따르는 사람이 되어 은혜의 도움을 받아 이 세상에서 가능한 최고의 지점[1]에 도착하기를 간절히 원하는 사람에게만 이 책을 읽어 주거나 복사해주십시오.[2] 또 그런 사람이 아니면 이 책을 개인적으로나

---

1) *supremo affective*: 완전한 삶을 구현하기 위해서는 지고의 목적 즉, 하나님 사랑하기를 열망하는 사람을 말한다. 그러므로 이 책은 하나님을 사랑하기를 원하는 사람을 위한 책이라는 뜻이다.

2) 4세기 초기 기독교 전통에서 신앙생활을 두 가지 구성 요소

공적으로 읽는 것, 또는 의도적으로 복사하는 것을 허락하지 마십시오. 그는 오랫동안 덕을 행하고 활동적인 삶을 실천함으로써 자신을 관상생활에 적응시키기 위해서 행할 수 있는 모든 일을 해 왔고 지금도 행하고 있는 사람일 것입니다.

사랑의 권위를 가지고 다시 한번 부탁합니다. 만일 그런 사람이 이 책을 읽거나 다른 사람에게 읽어 주거나 필사한다면, 또는 개인적으로나 공개적으로 이 책을 낭독하는 것을 보면, 지금 내가 당신에게 하는 것처럼 시간을 충분히 내어 철저히 읽으라고 말해주십시오. 이 책의 첫 부분이나 중간에는 다음에 이어지는 내용에 의존하거나 그 맥락에서는 완전히 설명

즉, 실천(*Praktikē*)과 신비(*Mystikē*)로 나누어서 설명했다. 실천은 계명을 실천하는 수도원적인 삶이며, 신비는 만물 중에 서린 하나님의 성성을 보는 관상적 삶이다. 이 둘은 별개의 것이 아니라 상조하고 연결되어 있어서 그중 하나가 부족한 만큼 나머지 하나도 성하지 못한다. 실천적인 삶의 목표(콧대; *skopos*; 콧대; 빌 3:14)는 "깨끗한 마음"이며, 신비적인 삶은 "깨끗한 마음"을 토대로 만물의 표상을 꿰뚫어 그 근저 즉, 창조주 하나님의 성품을 철견(撤見)하는 것이다. 이 둘은 모두 하나님의 "온전함"에 목적($\tau\epsilon\lambda\epsilon\iota o s$; 마 5:48) 둔다. 현세에서 완전함을 "하나님의 나라 구현"과 같은 말이다.

되지 않는 것들이 있을 수 있습니다. 그럴 경우에 그것은 조금 뒤에서나 끝부분에서 설명될 것입니다. 그러므로 이 책의 한 부분만 보고 다른 부분을 보지 않는 사람은 오류에 빠지기 쉽습니다. 그러한 오류에 빠지지 않으려면 내 말대로 하십시오.

아첨꾼이나 수다쟁이, 자기 자신이나 다른 사람들을 헐뜯는 세속적인 험담꾼들, 소문을 내는 사람들, 트집을 잡거나 객쩍은 이야기를 하는 사람들은 이 책을 읽지 않았으면 좋겠습니다. 이 책은 결코 그런 사람들을 위한 것이 아닙니다. 나는 똑똑한 성직자들이나 평신도들이 이 책에 간섭하는 것을 원하지 않습니다. 그들은 활동적인 삶과 관련된 일에서는 무척 탁월할지 모르지만, 이 책에서 다루는 주제는 그들을 위한 것이 아니기 때문입니다. 그러나 외적인 상태가 활동적인 삶에 속한 사람들은 제외됩니다. 그들은 내면적으로 누구도 읽어낼 수 없는 결정을 하시는 감추어진 성령의 감화를 받기 때문에 풍성한 은혜에 의해서 최고 수준의 관상에 참여할 수 있습니다. 물론 그들은 참 관상자들처럼 지속적으로 참여하는 것이 아니라 이따금 참여합니다. 이런 사람들이 이 책을 즐겨 읽게 된다면, 하나님의 은혜로 말미암아 이 책이 큰 힘의 근원이 될 것입니다.

  이 책은 75장으로 나누어져 있는데, 마지막 장에는 우리가 관상 기도를 행하도록 하나님의 부름을 받았는지를 경험으로 발견해낼 기준이 되는 상세한 지침이 제시되어 있습니다.

차례

1. 기독교적 삶의 네 단계; 이 책의 저술 대상인 사람이 관상의 소명 안에서 진보하는 방법 / 17
2. 겸손하게 이 책에 묘사된 기도를 실천하라는 짤막한 권면 / 22
3. 이 기도를 실천하는 방법; 이것이 다른 수련보다 귀중한 이유 / 28
4. 이 기도의 본질; 이것은 지적 탐구나 상상력을 통해서 얻어지는 것이 아니다. / 32
5. 이 기도를 하는 동안 과거와 현재 또 미래의 모든 피조물과 그 행위는 "망각의 구름" 속에 넣어 두어야 한다. / 46
6. 이 기도에 대한 간단한 평가 / 50
7. 이 기도를 하는 동안 떠오르는 생각, 특히 탐구와 지식과 본성적 통찰에서 생겨난 생각을 다루는 법 / 53
8. 이 기도를 하는 동안 생기는 의심에 대한 질문과 답변; 이성적인 탐구, 지식, 지적 통찰 등의 억제; 활동적인 생활과 관상생활의 여러 단계 / 62
9. 이 기도를 하는 동안에는 하나님의 가장 거룩한 피조물을 기억하는 것도 방해가 된다. / 71
10. 선한 생각과 악한 생각을 분별하는 방법; 악한 생각이 심각한 것인지 사소한 것인지를 분별하는 방법 / 74
11. 각각의 생각과 충동을 제대로 평가해야 한다. 하찮은 죄라도 그 동인에 대해서 부주의해서는 안 된다. / 79
12. 이 기도로 죄를 멸하고 덕을 얻을 수 있다. / 82

13. 겸손의 본질: 완전한 겸손과 불완전한 겸손 / 87
14. 현세에서 먼저 불완전한 겸손을 이룬 다음에 완전한 겸손에 이른다. / 91
15. 겸손에 이르는 가장 좋은 방법은 자기의 사악함을 기억하는 것이라는 잘못된 주장에 대한 간단한 논박 / 95
16. 진심으로 회심하여 관상의 소명을 받은 죄인은 이 기도로 신속하게 완전에 이르고, 하나님으로부터 속히 죄 사함을 받는다. / 98
17. 참된 관상자는 활동적인 생활에 관여하기를 원하지 않으며, 자기를 비방하는 말이나 행동에 관심을 두지 않는다. / 103
18. 마르다가 마리아에게 불평한 것처럼 활동가는 관상가에게 불평하는데, 그것은 무지(無知) 때문이다. / 106
19. 저자의 간단한 변론: 활동가들이 관상자의 행위와 말에 대해 불평해도 관상자들은 그들을 용서해야 한다. / 108
20. 자기변명을 위해서 하나님을 사랑하는 일을 그만두기를 원하지 않는 사람들을 대신하여, 전능하신 하나님이 충분히 대답해 주실 것이다. / 110
21. "마리아는 이 좋은 편을 택하였으니"의 정확한 해석 / 113
22. 진정으로 회심한 모든 죄인을 대표하는 마리아를 향한 그리스도의 놀라운 사랑 / 117
23. 하나님의 사랑에 몰두하여 자신을 위해서 준비하거나 답변하려는 갈망을 갖지 않은 사람들을 위해서 영적으로 준비하고 응답하는 것이 하나님의 뜻이다. / 120
24. 사랑의 본질: 그것은 이 책에 설명된 관상적 기도에 포함되어 있다. / 124
25. 완전한 영혼은 이 기도를 실천하는 동안 누구에게도 특별한 관심을 갖지 않는다. / 126

26. 특별한 은혜를 받지 못했거나 평범한 은혜와 끊임없이 협력해오지 않은 사람에게는 이 기도가 매우 어려울 것이다. 이 기도에서는 은혜의 뒷받침을 받는 영혼의 활동과 오직 하나님만이 행하시는 활동이 구분된다. / 131
27. 이 기도를 실천해야 할 사람은 누구인가? / 136
28. 양심에 비추어 특별한 죄를 용서받지 못한 사람이 이 기도를 해서는 안 된다. / 137
29. 남을 판단하지 말며, 고통스러워도 인내하면서 이 기도를 계속해야 한다. / 141
30. 누가 다른 사람의 잘못을 책망하거나 판단할 수 있는가? / 144
31. 이 기도를 처음으로 행하는 사람이 악한 생각이나 충동에 대처하는 방법 / 146
32. 처음 이 기도를 하는 사람에게 도움이 되는 두 가지 영적인 방법 / 147
33. 이 기도를 하는 동안 영혼은 특별한 죄 및 그에 대한 형벌의 사함을 받는다. 그러나 이 세상에 완전한 안식은 없다. / 150
34. 하나님은 선행(先行)하는 원인 없이 값없이 은혜를 주신다. 그것은 특별한 수단을 통해 얻는 것이 아니다. / 153
35. 관상(적) 기도를 하는 사람이 해야 할 세 가지 일: 독서, 성찰, 청원기도 / 162
36. 이 관상(적) 기도가 습관으로 형성된 사람의 묵상에 관하여 / 166
37. 이 기도를 계속하는 사람의 특별한 기도 / 170
38. 짧은 기도가 하나님의 귀를 울리는 방법과 그 이유 / 173
39. 완전한 관상가는 어떻게 기도해야 하는가? 기도의 본질; 구송기도는 기도의 본질에 합당한 것이어야 한다. / 177
40. 이 기도를 실천하는 동안에는 특별한 악이나 덕, 또는 그것의 본질에 관심을 두어서는 안 된다. / 181

41. 다른 기도에는 분별력이 적용되지만, 이 기도에는 적용하지 않는다. / 185
42. 이 기도에서 분별력을 발휘하지 않음으로써 다른 모든 일에서 분별력을 얻게 된다. / 189
43. 현세에서 이 기도의 완성을 경험하려면 자신의 존재에 대한 의식과 경험을 모두 버려야 한다. / 192
44. 자신의 존재에 대한 모든 경험과 의식을 억제하는 방법 / 195
45. 이 기도를 실천하는 동안 일어나는 망상(妄想) / 200
46. 망상을 피하는 방법: 이 기도에는 육체적 노력보다 영적 열심이 필요하다. / 205
47. 이 기도에 필요한 깨끗한 영에 관한 교훈: 영혼이 자신의 소원을 하나님에게 알리는 방법과 사람에게 알리는 방법은 크게 다르다. / 209
48. 하나님은 우리가 몸과 혼을 다하여 섬기기를 원하시며, 그에 상응하는 방식으로 상 주신다. 기도할 때 육체의 감각에 영향을 주는 소리나 감미로움이 선한 것인지 악한 것인지 식별하는 방법 / 213
49. 완전함이란 본질로 신한 의지이다; 이 세상에서 우리에게 영향을 주는 감각적인 소리와 위로와 향기는 부수적(附隨的)이다. / 218
50. 순결한 사랑이란 무엇인가? 어떤 사람들은 감각적인 위로를 거의 받지 못하는 데 반해 어떤 사람들은 자주 받는 것은 어찌된 일인가? / 220
51. 영적인 것을 육적인 방법으로 해석하지 않도록 조심해야 한다. / 224
52. 미숙한 초심자들이 "안에"라는 단어를 잘못 해석하게 되는 과정과 그로 인한 망상 / 227
53. 이 기도를 해본 경험이 없는 사람들의 꼴사나운 표면적 행위 / 230

54. 이 기도로, 몸과 영혼을 지혜롭고 품위 있게 다스리는 방법을 배운다. / 234
55. 지나친 열심 때문에 분별없이 정죄하는 것은 잘못이다. / 238
56. 교회의 가르침과 권고보다 지적 통찰이나 사변적인 신학자의 말을 중시하는 것은 잘못이다. / 243
57. 미숙한 제자들이 '위'(up)라는 단어를 제대로 이해하지 못한 데서 생겨나는 망상 / 246
58. 성 마틴과 성 스데반은 기도할 때 감각적인 상상을 하면서 위를 향하려고 노력한 사람의 본보기가 아니다. / 251
59. 기도할 때 감각적으로 상상을 하면서 위를 바라보는 본보기로 여겨서는 안 된다; 이 기도를 할 때는 시간과 장소, 몸 등을 완전히 잊어야 한다. / 258
60. 하늘나라로 가는 지름길은 길이로 측량되는 것이 아니라 갈망으로 측량된다. / 263
61. 육적인 것은 영적인 것에 종속된다. 육적인 것이 영적인 것을 따르는 것이 자연의 질서이며, 그 반대는 성립되지 않는다. / 267
62. 영적 활동이 자신의 외부나 밑에 있는 것에 관련되어 있는지, 자기 내면에 있으며 자신과 동등한 것과 관련된 것인지, 아니면 자기보다 위에 있으며 하나님보다는 밑에 있는 것에 관련되어 있는지를 아는 방법 / 271
63. 일반적으로 영혼의 능력에 관해서: 특히, 정신은 그 자체로 다른 능력을 포함하고 그들의 모든 활동을 포함하고 있는 주요한 능력이다. / 275
64. 주요한 능력인 이성과 의지, 그리고 원죄 전후 그것들의 활동 / 278
65. 부수적 능력인 상상에 관해서; 원죄 전후의 작용과 이성에의 복종 / 280
66. 감각이라고 불리는 능력; 원죄 이전의 활동 및 의지에의 순종 / 284

67. 영혼의 여러 가지 능력과 그 활동하는 방법을 알지 못하면, 영적인 말과 행동을 이해하는 데서 미혹되기 쉽다; 영혼은 은혜로 말미암아 하나님처럼 된다. / 287
68. 육체의 감각으로 볼 때는 어느 곳에도 존재하지 않지만 영성으로는 어디든 존재한다. 우리의 표면적 본성은 이 책에서 기술한 수행을 고려하지 않는다. / 290
69. 영적으로 무(無)를 경험함으로써 인간의 정감은 놀랍게 변화한다. / 295
70. 육신의 감각을 잠잠케 만들면 쉽게 영적인 것을 경험할 수 있다. / 291
71. 어떤 사람은 황홀 상태에서 이 기도의 완성을 경험하지만, 어떤 사람은 정상적인 의식 상태에서 원할 때마다 경험할 수 있다. / 304
72. 끊임없이 이 기도를 실천하는 사람은 다른 관상가들도 자기와 동일한 경험을 할 것으로 생각해서는 안 된다. / 308
73. 관상의 은혜는 언약궤 안에 예표되어 있다. 모세와 브살렐과 아론은 각기 관상의 은혜를 실천하는 세 가지 유형을 보여준다. / 310
74. 관상에 대해서 읽거나 말하거나 듣지 못할 때도 관상하려는 마음을 품을 수 있다. / 313
75. 하나님으로부터 이 기도를 하라는 부르심을 받았는지 시험해 볼 수 있는 확실한 표식 / 316

1. 기독교적 삶의 네 단계; 이 책의 저술 대상인 사람이 관상의 소명 안에서 진보하는 방법

서문

하나님 안에 있는 나의 영적 친구에게:

당신 자신의 소명과 부름 받은 길을 나아가는 데 깊은 관심을 기울이기를 바랍니다. 진심으로 하나님께 감사하십시오. 그리하면 하나님 은혜의 도움을 받아 육체의 원수와 영적 원수의 교묘한 공격에도 불구하고 당신이 충분히 고려하여 시작한 생활 방식과 상태와 단계 안에 견고히 설 수 있을 것이며, 승리하여 영원한 생명의 면류관을 얻게 될 것입니다. 아멘.

친구여, 기독교적인 삶에는 네 가지의 단계와 형태 즉, 즉 평범한 삶, 특별한 삶, 비범한 삶, 그리고 완전한 삶이 있음을 알아야 합니다.[1] 이것 중 처음 세 가지 삶은 이 세상에서 시작하여 이 세상에서 끝납니다. 은혜로 말미암아 이 세상에서 네 번째 단계의 삶을 시작할 수도 있는데, 그 삶은 천국의 행복 속에서 끝없이 지속될 것입니다. 각 단계의 삶은 이 세상에서 연속적으로 질서 있게 시작됩니다. 처음에는 평범한 삶, 다음에는 특별한 삶, 그 사람 다음에 비범한 삶, 그리고 마지막으로 완전한 삶이 이어집니다. 자비하신 주님은 당신을 부르실

---

1) 이 땅에서 예수님의 삶의 네 가지 형태를 설명한다. (1) "평범한 삶"(ordinary)이란 부모님 슬하에서 자랄 때를 말하며(눅 2:25 이하 참조); (2) "특별한 삶"(special)이란 예수님께서 세례를 받으신 후 공생애의 삶을 말하며(마 3:16-17); (3) "독거적 삶"(singular, solitary)이란 광야에서 홀로 40일 동안 금식하며 생활한 삶을 말하며(마 4:1-11 참조); (4) "완전한 삶"(perfect)이란 변화산에서 변모하시고(눅 9:.28 -29), 부활하시고, 승천하신 사건 등 아버지 하나님과 연합을 이룬 삶을 말한다.
  이 삶의 형태를 우리에게 적용하자면, 첫 번째의 삶은 평신도(laypeople)로서의 삶이며, 두 번째의 삶은 사제와 수도자 등 종교인의 삶을 말하며, 독거적인 삶은 카루투지오(Carthusian) 은둔 수도사(anchorite)로서의 삶을 말한다. 이 책이 카루투지오 수도사들을 위해 집필된 것으로 추정한다. 마지막 네 번째의 삶은 하나님 현존을 체험하는 관상적 삶을 말한다.

때도 같은 순서로 부르시며, 당신 마음의 소원에 따라 당신을 자신에게로 인도하십니다.[2]

당신은 자신이 세상에서 친구들과 함께 평범한 기독교적 삶을 살았다는 것을 잘 알고 있습니다. 무(無)에서부터 당신을 조성하시고 지으셨으며 당신이 아담 안에서 유기(遺棄)되어 있을 때 귀한 피 값을 치르고 당신을 사신 영원한 사랑의 하나님은 당신이 하나님에게서 멀리 떨어진 생활 방식이나 상태에 머무는 것을 원치 않으실 것입니다. 따라서 하나님은 큰 은혜로 당신에게 소원의 불을 붙이신 후에, 거기에 갈망이라는 가죽끈을 매시고[3] 그것을 사용하셔서 당신을 더 특별한

---

2) 저자는 네 가지의 삶이 순차적으로 일어나는 것으로 설명하지만, 실제로는 순차적으로 작용하지 않을 수 있다. 왜냐하면 세례를 받은 기독교인의 삶을 성령께서 주장하여 자유롭게 인도하시기 때문이다. 그리고 각 단계가 예리하게 분리된 것도 아니다. 각 단계 간에 공유지가 있을 것이며, 영적 요요현상(yoyo 現象)도 일어날 것이다. 그러므로 영적 성장 과정을 직선적으로 볼 때, 그리고 다음 단계로 나아가서는 영영 되돌아오지 않는다고 볼 때, 저자의 이러한 설명이 유효하다.

3) "내가 땅 끝에서부터 너를 붙들며 땅 모퉁이에서부터 너를 부

삶의 단계로, 즉 하나님의 특별한 종이 되도록 인도하셨습니다.[4] 그곳에서 당신은 평범한 방식으로 살 때보다 훨씬 더 특별하고 신령하게 하나님을 섬기며 사는 법을 배울 수 있었습니다. 더욱이 하나님은 당신이 처음 존재할 때부터 당신을 향해 항상 품고 계신 사랑 때문에 당신을 홀로 버려두려 하시지 않는 것 같았습니다. 하나님이 하신 일은 무엇입니까? 하나

르고 네게 이르기를 너는 나의 종이라 내가 너를 택하고 싫어하여 버리지 아니하였다 하였노라"(사 41:9). 하나님은 먼저 우리에게 소원을 주셨다. 자칫 우리는 이 소원이 우리 자신의 것으로 생각하기 쉽다. 그래서 저자는 소원에 이어서 곧장 우리 목에 "갈망이라는 가죽 끈"(a leash of longing)으로 묶어서 특별한 삶을 살도록 인도하셨다. 이 표현은 "너"가 아니라, "내가 너를 택했다"라는 말씀을 은유적으로 표현한 것이다.

4) 연합을 이루는 단계에 관해서, 제자들이 받은 유익을 묵상하는 것이 중요하다는 점을 강조한다. 첫 번째로, 성육신과 수난을 통한 창조와 구원에 대한 묵상과 두 번째로, (카르투지오 수도사들이) 세상에서 나오라는 부르심, 단순히 성 베네딕도나 어거스틴의 수도 규칙에 따라서 세상에서 나온 것이 아니라, 그들을 가장 축복받은 삶을 살게 하려고, 그들을 택하여 광야로 인도하셨음을 묵상하는 것이다. 그분은 우리를 섬김으로써, 종이 되는 것이 무엇인지를 보여주신 선행자이시다.

님이 어떤 사랑과 은혜로 당신을 세 번째 단계의 삶, 즉 비범한 삶으로 불러올리셨는지 알지 못합니까? 이 독거의 단계에서 당신은 마지막 단계인 완전한 삶을 향해 사랑의 발걸음을 내딛는 법을 배워야 합니다.

2. 겸손하게 이 책에 묘사된 기도를 실천하라는 짤막한 권면

연약한 피조물이여, 위를 올려다보며 자신이 어떤 존재인지 살펴보십시오. 당신은 어떤 존재입니까? 어떻게 주님의 부르심을 받을 자격을 얻었습니까? 게으르게 자는 사람[5]

---

5) 아케디아(*acedia*) 상태에 빠진 사람을 말한다. 아케디아란 우리말로 해태(懈怠)와 혼침(昏沈)에 해당한다. 해태는 당연히 해야 할 일에 게으르고 방만하고 실천하기를 꺼리는 것을 말하며, 혼침은 정신이 졸려서 혼미한 상태로서, 또는 한창 일해야 할 시간에 자리를 펴서 잠자는 상태를 말한다. 아케디아란 에바그리우스와 요한 카시아누스가 정립한 8정념 중 여섯 번째 정념으로서(『필로칼리아』 제1권 참조), 서방기독교에서 말하는바 7죄종(罪宗) 중 게으름, 또는 냉담(sloth)에 해당한다. 아케디아는 슬픔과 낙심이 연합하여 일어나는 것인데, "하나님의 일"(*Opus Dei*)에 흥미를 잃고, 게으르고 나태해서, 한창 일해야 할 정오(正午)에 자리를 펴고 잠을 청한다고 해서 "정오의 귀신"(demons of noon)이라고도 부른다.

아케디아라는 영적 질병에 걸린 사람은 하나님과 하나님 외 다른 데서 기쁨을 찾아 나선다. 그 결과 거룩한 교회(수도) 공동체를 떠나고, 하나님의 일을 관두고 세상의 일에 열심을 내고 끝내 배교((背敎)

이야말로 불쌍하고 피곤한 심령입니다. 그는 하나님의 사랑으로 이끄시는 힘에 의해서도, 그리고 부르시는 음성을 듣고서도 깨어나지 않습니다. 불쌍한 자여, 지금은 원수를 조심해야 할 때입니다. 이 소명이 귀중한 것이기 때문에, 그리고 당신이 처해 있는 이 비범한 삶 때문에 스스로 더 거룩하거나 더 선하다고 생각해서는 안 됩니다. 하나님의 은혜와 인도하심으로 말미암아 받은 소명에 따라 살기 위해 모든 일을 하지 않는 한, 당신 자신을 한층 더 불쌍하고 저주받은 사람이라고 생각해야 합니다. 당신의 영적 신랑, 즉 왕중왕이요 만유의 주이신 전능하신 하나님이 온유하고 사랑 많으신 것처럼 당신도 온유하고 사랑이 많아야 합니다. 당신과 동등하게 되기 위해서 자신을 낮추시는 것이 그분의 소원이었으며, 양 떼 중에서 당신을 선택하여 특별한 제자로 삼으려는 것이 그분의 뜻이었습니다. 그 후에 그분은 당신을 이 목장으로 데려가셨습니다. 그곳에서 당신은 그분의 달콤한 사랑을 먹고 살게 됩니다. 이것이 당신이 유업으로 받은 약속, 하나님 나라의 약

하기에 이른다.

속입니다.[6]

그러므로 속력을 내어 계속 전진하십시오. 뒤에 있는 것은 생각하지 말고 앞을 바라보십시오.[7] 당신이 가진 것을 보지 말고 당신에게 필요한 것을 보십시오. 그래야 빨리 온유함을 얻고 그것을 유지할 수 있습니다. 완전함에 이르는 길을 가려면 평생소원을 품어야 합니다.[8] 전능하신 하나님의 능력과 당신의 동의로 이 소원이 당신의 뜻 안에서 항상 작용해야 합니다. 여기에서 한 가지 강조해야 할 것이 있습니다: 하나님은 질투하시는 연인이시기 때문에 다른 것이 중간에 끼어드

---

6) 아 1:6, 2:16; 딤전 6:15; 빌 2:6-8; 시 22; 롬 13:11.

7) "형제들아 나는 아직 내가 잡은 줄로 여기지 아니하고 오직 한 일 즉 뒤에 있는 것은 잊어버리고 앞에 있는 것을 잡으려고 푯대를 향하여 그리스도 예수 안에서 하나님이 위에서 부르신 부름의 상을 위하여 달려가노라"(빌 3: 13-14).

8) 하나님은 신자들이 온전한 삶을 살게 하려고 마음에 거룩한 소원을 품게 하시고, 몸으로 그것을 행하게 하신다: "너희 안에서 행하시는 이는 하나님이시니 자기의 기쁘신 뜻을 위하여 너희에게 소원을 두고 행하게 하시나니"(빌 2:13).

는 것을 허락하지 않으시며, 당신의 의지 안에 하나님과 당신만 있지 않은 한 의지 안에서 역사하기를 원치 않으십니다.[9] 하나님은 다른 도움을 청하지 않으시며 당신만을 요구하십니다. 그분의 뜻은 그분만을 응시하는 것,[10] 그리고 그분이 홀로 행동하시도록 하는 것입니다. 당신의 역할은 파리와 원수

---

9) "선을 향한 그들의 열망은 그들의 상태를 형성하며 그들에게 행복을 줍니다. 그들은 자신이 열망하는 대상에 의해서 형성되므로 선을 예증하며, 하나님의 법이 요구하는 바와 같이 자기들이 소유하게 된 선한 선물을 기보다 하위에 있는 것들과 함께 나누어 가집니다"(『위 디오니시우스 전집』, [은성출판사, 엄성옥 역] 신의 이름들, 제4장 참조).

10) 하나의 선한 대상에 마음을 집중하는 것을 주님은 "눈은 몸의 등불이니 그러므로 네 눈이 성하면 온 몸이 밝을 것이요"(마 6:22)라고 하셨다. 여기서 "성한 눈"이란 "시선을 하나의 대상에만 둔 상태", 마치 궁수(弓手)가 표적에 눈을 떼지 않고 집중하는 상태, "하나의 시선"(single eye, άπλους), 영의 눈이 하나님에만 집중하는 상태, **술 취하지 않은 성(醒)한 정신 상태**를 말한다. 이에 상반되는 단어로는 두 마음(약 1:8)인데 헬라어로 δίψυχος(double minded) 즉, "마음이 하나의 대상에 집중하지 못하여 분심(分心)된 상태"를 말한다.

들의 공격[11]에 대비하여 창과 문을 닫는 것[12]입니다. 기꺼이 이런 일을 할 때 필요한 일은 오직 기도하면서 겸손히 그분에게 사랑으로 호소하는 것입니다. 그렇게 하면 그분은 즉시 도우실 것입니다. 그러므로 하나님께 청원하십시오. 그리고 당신이 성공하는 모습을 보여 주십시오. 그분은 항상 간절히 원하고 계시며, 오직 당신만을 기다리고 계십니다.[13] 이제 당신

---

11) 여기서 "파리"란 잡념(雜念), 또는 악한 생각들(λόγισμος, 마 15:19)을 말한다. 생각들은 마음의 생각들이 하나에 집중하지 못하도록 방해한다. 초기 기독교 수도사들은 분심을 일으키는 생각들을 정념이라고 부르며, 마귀 원수와 동의어로 사용했다.

12) 여기서 "창과 문"은 감각의 다섯 문(門) 즉, 오감(五感)과 마음(意)을 말한다. 눈은 물질을, 귀는 소리를, 코는 향기를, 혀는 맛을, 피부는 촉감을, 마음(意)은 생각들(法)을 대상으로 삼는다. "문을 닫는다"라는 뜻은 감각의 문을 단속함으로써 정신이 다른 대상으로 비산(飛散)하지 않도록 단속한다는 뜻이다. 주님은 기도할 때 마음을 단속 즉, 문단속하라고 하셨다. "너는 기도할 때 네 골방에 들어가 문을 닫고 은밀한 중에 계신 네 아버지께 기도하라 은밀한 중에 보시는 네 아버지께서 갚으시리라"(마 6:6).

13) 주님은 수고하고 무거운 짐을 진 우리를 기다리고 계신다: "수고하고 무거운 짐 진 자들아 다 내게로 오라 내가 너희를 쉬게 하

은 어떻게 하렵니까? 어떻게 그분의 마음을 움직이렵니까?

리라"(마 11:28).

3 이 기도를 실천하는 방법; 이것이 다른 수련보다 귀중한 이유

겸손한 사랑의 추진력을 가지고서 마음을 하나님께 들어올리십시오.[14] 하나님이 주시는 선물을 **목적**으로 삼지 말고 하나님을 **목적**으로 삼으십시오.[15] 하나님 외에 다른 것을 생

---

14) "마음을 드높이" 즉, 마음을 고양(高揚)한다는 뜻의 라틴어 *sursum corda*는 마음이 하나님 및 하나님의 나라를 지향(指向, inclination)한다는 뜻이다.

15) 4세기의 요한 카시아누스가 이집트 사막에 거주하면서 주변에 있는 사부 모세를 찾아갔을 때, 사부 모세는 목적과 목표의 다른 점을 일깨워주었다(『담화집』, 담화1, "수도사의 목적과 목표에 관하여", 31-34쪽). 우리말로 목적과 목표를 거의 구분 없이 사용하지만, 사부 모세는 목적을 "온전함"(마 5:48, τέλος) 즉, **궁극적 목표**를 의미하고, 그 궁극을 달성하기 위해서 **푯대**(빌 3:14, σκοπός)를 **당면한 목표**라고 했다. 사부 모세는 신앙고백의 목적은 하나님의 나라이며, 그것을 이루기 위해 당면한 목표는 깨끗한 마음(마 5:8)이라고 했다. 이 책의 저자 역시 신앙고백의 목적을 하나님이 주시는 선물이 아니라 하나님에게 두어야 한다고 했다.

각하지 마십시오. 그리하면 당신의 이성이나 의지가 하나님 외에 다른 것에 작용하지 않을 것입니다.

하나님이 지으신 모든 피조물과 그 작용을 잊기 위해서 할 수 있는 모든 일을 행하십시오. 당신의 생각이나 갈망이 그것들을 향하지 않게 하십시오. 그것들에게 관심을 두지 말고 내버려 두십시오. 이것이 하나님을 기쁘시게 하는 영혼의 행위입니다.[16] 모든 성인과 천사들은 기뻐하며 힘을 다해 그 일을 계속하도록 도와줄 것입니다. 당신이 그 일에 착수하면 마귀들은 불같이 화를 내며, 할 수만 있으면 그 일을 파괴하려 할 것입니다. 세상에 사는 많은 사람이 이 기도를 통해서 얼마나 큰 도움을 받는지 모릅니다. 이 수련으로 연옥에 있는 영혼들의 고통이 완화되며, 당신은 깨끗해지고, 고결해집니다. 영

---

16) **내버려 두다**(let it be, 또는 let it go)란 **방하**(放下), 또는 **초연**(超然)이라는 의미이다. 그것에 직접 처리하고자 하면 오히려 마음의 동요가 더욱 심하게 되므로, 차라리 무관심하게 "버려두고 (목적을 향해) 떠나는 것"이 마음의 평온을 위해 더 유익하다. "딸이여 듣고 보고 귀를 기울일지어다 네 백성과 네 아버지의 집을 **잊어버릴지어다** 그리하면 왕이 네 아름다움을 사모하실지라 그는 네 주인이시니 너는 그를 경배할지어다"(시 45:10-11).

혼이 간절히 원하는 상태에서 은혜의 도움을 받아 행할 때 그 수련은 가장 쉬운 수련이 되며 매우 쉽게 성취할 수 있습니다. 그렇지 않으면, 이 기도를 하기가 어려울 것입니다. 그러므로 그러한 갈망을 느낄 때까지 계속 노력하십시오. 처음 그 일에 착수할 때 발견하는 것은 어둠, 일종의 무지의 구름입니다. 의지 안에서 단순하게 하나님께 손을 뻗지 않는 한 그것이 무엇인지 식별할 수 없습니다. 당신이 무슨 일을 하든지 이 어둠과 구름은 항상 당신과 하나님 사이에 있으면서 당신이 지성의 빛에 의해서 이성적으로 그분을 보는 것을 방해하며, 사랑의 달콤함 속에서 감정적으로 그분을 경험하지 못하게 합니다. 그러므로 항상 사랑하는 분을 향해 소리치면서 되도록 오랫동안 이 어둠 속에 머무십시오.[17] 만일 당신이 이 세

---

17) 긍정의 길에서는 "밝음"(light illumination)이 주제이지만, 어둠은 부정의 길에서는 "어둠"(darkness)이 주제이다. 긍정의 길의 여정은 밝음에서 더 밝음으로 나아가는 것이며, 부정의 영성의 여정은 [밝음→어둠→더 밝음]으로 나아간다. 후자의 모델은 모세의 변화 과정에서 볼 수 있다: 시내산 아래까지 밝음→시내산 정상의 어둠→하산했을 때 얼굴에 나타난 광채(출 34장 참조).
어둠은 그동안 진리로 여겼던 것, 지고한 가치로 여겼던 것, 무

상에서 그분을 보거나 경험할 수 있다면 이 구름 속에서, 그리고 이 어둠 속에서 보게 될 것입니다. 내가 말한 대로 주의를 집중해서 노력한다면,[18] 당신은 그분의 자비 안에서 그러한 경지에 이를 것입니다.

상한 것을 상구(常久)한 것으로 여겨서 취착하던 것들이 무너질 때를 어둠의 시기라고 한다. 욥의 시련에 비견할 수 있다. 그것들이 무너질 때, 삶에 어두움이 홀연히 닥칠 때를 **우상파괴의 어두운 밤**(iconoclastic dark night)이라고 부른다. 저자는 여기서 어둠과 구름에 "머물다" 즉, "가만히"(시 46:10) 있으라고 한다.

18) "주의를 집중하다"란 우리가 일상에서 사용하는 표현이다. 그러나 영성 훈련에서는 이것은 전문적인 표현이 된다. 즉, 잡념이 없는 청정한 정신 상태, 마음이 깨끗한 상태(purity of heart), 마음이 하나의 대상에 집중한다는 뜻이다. "마음이 청결한 자는 복이 있나니 그들이 하나님을 볼 것임이요"(마 5:8).

4

이 기도의 본질; 이것은 지적 탐구나 상상력을 통해서 얻어지는 것이 아니다.

이 기도를 하면서 실수를 하거나 이 기도에 대해 잘못된 생각을 하는 일을 막기 위해서, 이 기도가 어떤 것인지 조금 더 이야기하겠습니다. 이 기도는 어떤 사람들이 생각하는 것처럼 오랫동안 행해야만 제대로 할 수 있는 것이 아닙니다. 이것은 우리가 생각할 수 있는 기도 중에서 가장 간단한 것입니다. 그것은 원자(atom)보다 길지도 짧지도 않습니다. 천문학자들의 정의에 의하면, 원자는 시간의 가장 짧은 순간을 말합니다. 이 순간은 너무 짧아서 더는 나눌 수 없으며 감지할 수도 없습니다.[19] 시간에 대해서 다음과 같은 글이 있습니다:

---

[19] 시간은 직선이 아니라 작은 시간 단위들의 연속하는 것이다. 예를 들면 우리나라 발전소에서 방출하는 전기는 양극과 음극이 1초에 60번 교차(交叉)한다. 이것을 60㎐(Hertz)라고 한다. 즉, 전등의 불빛은 1초에 60번 깜빡이지만, 우리는 연속된 것처럼 보인다.
 이처럼 저자는 우리가 느끼는 시간은 시간의 원자들(atoms)이 상

"당신에게 시간이 주어져 있습니다. 장차 당신은 그것을 어떻게 사용했느냐는 질문을 받을 것입니다."[20] 시간은 영혼의 주된 활동 능력인 의지 안에 있는 각각의 움직임보다 길지도 않고 짧지도 않으며, 정확하게 같으므로 당신은 그것에 대해 설

속(相續)하는 것으로 보았다. 중세 기독교 신학자는 한 시간이라는 길이에 22,560개의 시간의 원자들이 상속한다고 보았다(C. Du Cange, *Glossarium mediae et infimae Latinitatis*, tom 1, p. 114ff.). 동양종교에서 가장 짧은 시간의 단위를 찰나(刹那)라고 부르는데, 이것이 시간의 원자(原子)이다. 물질은 1초에 75 찰나 단위로 변화하며, 마음은 이보다 16배 더 빠르다고 한다. 즉 마음은 1,200분의 1초마다 변화한다고 본다.
　시간의 원자가 수치로는 얼마이든지 간에 그 요지는 시간의 원자는 너무 짧아서 인간으로서 어쩔 수 없다는 것이다. 인간이 어떤 대상을 의식하는 순간 이미 그것은 과거로 흘러가 버렸다. 그러므로 인간은 어느 한순간에 머물 수도, 그 순간을 잡을 수도 없다는 것을 저자는 강조하고 있다. 이 시간의 작음(littleness)에 관해 노리지의 줄리안(Julian of Norwich)은 그의 책 『하나님 사랑의 계시』(*Showings*, 은성출판사, 엄성옥 역)에서도 언급하고 있다.

20) "심판의 날에 '네가 사용했던 모든 시간, 그것이 아무리 짧은 순간일지라도, 어떻게 살았는가?' 라는 심문에 당신은 어떻게 대답할 것인가?"(S. Anselm, *Meditations*, 2). 리처드 롤(Richard Rolle)도 그의 책 *The Form of Perfect Living*에서도 비슷한 이야기를 했다.

명할 수 있어야 합니다. 한 시간 동안 당신의 의지 안에서 이루어지는 여러 선택과 소원보다 많지도 적지도 않고 같은 수의 원자가 그 시간 안에 존재합니다. 하나님의 은혜로 말미암아 당신이 원죄 이전의 인간이 지녔던 영혼의 상태로 된다면,[21] 하나님의 은혜로 항상 그러한 충동을 통제할 수 있을 것입니다. 그러한 충동에 주의를 기울이지 않을 수는 없지만, 모든 충동은 당신이 바라고 원하는 지고한 목표인 하나님을 향할 것입니다.

하나님은 자신의 신성을 우리 영혼에게 맞추어 조정하심으로써 우리 영혼과 동등하게 되셨습니다. 우리 영혼은 하나님의 모양과 형상으로 지음을 받았으므로 하나님과 조화를 이룹니다.[22] 하나님만이 우리 영혼의 뜻과 소원을 충분히 이루

---

21) 힐튼(Hilton)이 쓴 『완전의 저울』(Scale of Perfection)에서 "믿음과 느낌"(feeling)에서 영혼이 하나님의 완전한 모습(likeness)을 닮도록 변화하는 것이다. "느낌"의 완전한 닮음 이 삶을 가장 높은 관상의 상태를 말한다.

22) 선(善)과 미(美)에 대한 진정한 사랑의 그 힘이 너무나 커서 사람이 자기 본성적인 힘을 능가하여 하나님께로 올라가게 할 뿐만

어 주실 수 있습니다. 피조물, 즉 천사들과 인간 영혼이 가진 지적 능력으로는 하나님을 이해할 수 없지만, 우리는 변화시켜 주시는 하나님의 은혜와 사랑으로 말미암아 완전히 이해할 수 있습니다. 이것은 지식에 대한 말이지 사랑에 대한 말이 아닙니다. 그러므로 영혼을 아는 능력들(knowing powers)이라고 부르는 것입니다.23)

천사든 인간이든 모든 이성적 피조물은 두 가지 주요한 능력을 가지고 있습니다. 하나는 지적 능력이요, 또 하나는 사랑하는 능력입니다. 이 두 가지 능력을 만드신 분은 하나님이십니다. 첫 번째 지적 능력으로는 결코 하나님을 인식할 수

아니라, 하나님이 자신의 본성 그대로 남겨둔 채 아래로는 피조물에게로 내려가게 한다(Gallus, *Explanation on the Divine Name*, 제7장).

23) 찰나들의 생몰(生沒) 즉 "시간의 원자들"이 지극히 짧은 시간에 나타났다가 사라지는 시간을 사는 인간은 피조 만물을 알 수 없다. 그러나 영원하신 하나님은 순간마다 생몰을 반복하지 않으시고 영원하시다. 그러므로 우리는 영원하신 하나님과 함께, 그분의 성령의 도우심으로써 알 수 있게 된다. 이렇게 우리가 알도록 도우시는 성령의 역사를 조명(照明)이라고 부른다.

없습니다.[24] 그러나 두 번째 능력, 즉 사랑의 능력으로는 하나님을 완전히 인식할 수 있습니다. 사랑하는 영혼은 모든 인간과 천사들을 무한히 채워 주시기에 충분하신 하나님을 인식할 수 있습니다. 이것은 영원히 지속될 놀라운 사랑의 기적입니다. 하나님은 영원토록 쉬지 않고 그 일을 하실 것입니다. 우리는 은혜에 의해서 그것을 이해할 수 있습니다. 사랑의 기적을 경험하는 것은 끝없는 행복이며, 이에 반대되는 것은 끝없는 고난입니다.[25]

은혜로 변화되어 의지의 충동을 통제할 수 있는 사람은 이 세상에서 영원한 달콤함을 어느 정도 맛보며 천국의 행복을 충분히 누릴 것입니다.[26] 그렇다고 해서 본성적으로 그에게

---

24) 인간에게 하나님께로 나아가는 두 가지의 능력이 있다. 하나는 보편적인 능력으로서 인간 영혼의 이해하는 능력이며, 또 하나는 하나님을 사랑하는 능력으로서 이것을 정감(affection)이라고 한다.

25) 하나님을 사랑하는 것은 무한한 축복이다. 이 사랑을 놓치는 것을 "상실의 고통"이라고 한다.

26) "맛"이란 중세 기독교 영성에서 사용하는 특별한 언어로서, 관상 중에 하나님을 체험하는 것을 의미한다. "너희는 여호와의 선

이러한 충동이 전혀 없는 것은 아닙니다. 그러므로 내가 이 기도를 강력하게 권한다고 해서 놀라지 마십시오. 이것은 인간이 죄를 짓지 않았으면 지속해 왔을 기도입니다. 인간은 이 일을 하도록 지음을 받았으며, 다른 모든 일은 이 일을 하도록 도와주고 촉진하기 위한 것입니다.[27] 인간은 이 기도로 회복되어야 합니다. 이 기도가 부족하면, 죄에 더욱 깊이 빠지

하심을 맛보아 알지어다 그에게 피하는 자는 복이 있도다"(시 34:8); "너희가 주의 인자하심을 맛보았으면 그리하라"(벧전 2:3). "그러나 당신의 백성은 당신께서 천사들의 음식으로 먹여 살리셨습니다. 그들의 노고 없이 미리 준비된 빵을 하늘에서 마련해 주셨습니다. 그 빵은 갖가지 맛을 낼 수 있는 것, 모든 입맛에 맞는 것이었습니다"(지혜서 16:20).

27) "하나님이 그들에게 복을 주시며 하나님이 그들에게 이르시되 생육하고 번성하여 땅에 충만하라, 땅을 정복하라, 바다의 물고기와 하늘의 새와 땅에 움직이는 모든 생물을 다스리라 하시니라 하나님이 이르시되 내가 온 지면의 씨 맺는 모든 채소와 씨 가진 열매 맺는 모든 나무를 너희에게 주노니 너희의 먹을 거리가 되리라 또 땅의 모든 짐승과 하늘의 모든 새와 생명이 있어 땅에 기는 모든 것에게는 내가 모든 푸른 풀을 먹을 거리로 주노라 하시니 그대로 되니라"(창 1:28-30).

며 하나님에게서 더 멀어집니다. 인내하면서 이 기도를 계속하는 사람은 점차 죄에서 벗어나 하나님에게 더 가까이 가게 됩니다.

시간을 잘 활용하십시오. 시간보다 더 귀중한 것은 없습니다. 한순간에 천국을 얻을 수도 있고 잃을 수도 있습니다.[28]

---

28) 시간이라는 개념은 고대 그리스 신화에 등장하는 신들의 이름에서 비롯된다. 기회, 또는 호기(好機)라는 뜻을 지닌 카이로스(καιρός)는 남성신으로서 히오스의 비극 작가 이온에 따르면 제우스의 막내아들이라고 한다. 카이로스의 신상은 앞머리밖에 없다. 그 의미는 "그 순간이 지나면 다시는 그때는 오지 않는다"라는 뜻이다. 그러니까 결정적인 진실의 순간(the moment of truth)을 의미하며, 성경에서는 "세월"(엡 5:16)이라고 번역했다.

또 다른 시간의 개념으로 크로노스(Χρόνος)가 있는데, 가이아의 아들이며 제우스의 아버지이다. 오늘날 크로노스는 시각, 또는 시계의 시간을 말하는데, 크로노스의 본디 특징으로 모든 피조물을 잡아먹는 신으로 묘사된다. 즉, 유한하고 무상의 세상을 지배하는 신 크로노스를 아들 제우스가 죽임으로써 주신(主神)으로 등극한다. 그리스인들은 제우스를 세상과 천상을 지배하는 주신으로 섬긴다.

주님은 카이로스를 마태복음 25장 1-10절에서 비유로 설명하신다. 1세기 중동 지역에서 혼인 잔치는 신랑이 나타나는 때 시작된다. "신랑이로다"(6절)하는 순간이 혼인 잔치가 열리므로 신랑은 언제나 정각에 도착한다. 이때가 카이로스이다. 이때를 놓치면 다시는 신랑 시간이 귀중하다는 증거는 다음과 같습니다: 하나님은 시간을 주실 때 한꺼번에 두 개의 순간을 주시지 않고, 한 순간씩 차례로 주십니다.[29] 그 이유는 하나님 자신이 창조하신 것의 질서와 흐름을 혼돈(混沌)되는 것을 원치 않으시기 때문입니다. 시간이 인간을 위해 만들어진 것이지, 인간이 시간을 위해 지음을 받은 것이 아닙니다.[30] 그러므로 자연을 다스리시는 하나님은 인간 영혼 안에 있는 본성적인 충동을 앞질러 시간을 주시지 않습니다. 따라서 인간의 본성적인 충동은 정확하게 시간의 한 단편에 알맞은 것입니다. 그러므로 인간은 하

을 맞을 기회가 오지 않는다. "그런즉 깨어 있으라 너희는 그 날과 그 때를 알지 못하느니라"(마 25:13).

29) 인간이 시계의 시간(chronos)을 사는 동안 상반되는 감정, 다시 말해서 쾌고(快苦)의 감정을 동시에 느낄 수 없다. 마찬가지로 분노와 사랑이라는 느낌이 동시적으로 느껴지더라도, 실은 두 감정이 시간의 원자 단위로(즉, 찰나적으로) 교차하는 것이지 동시에 일어나는 것은 아니다.

30) "또 이르시되 안식일이 사람을 위하여 있는 것이요 사람이 안식일을 위하여 있는 것이 아니니"(막 2:27).

나님 앞에서 심판을 받을 때, 그리고 시간을 어떻게 사용했는지 보고할 때 핑계를 댈 수 없을 것입니다. 그는 "당신께서는 한 번에 두 개의 시간을 주셨지만, 나는 한 번에 하나의 충동만 소유합니다"라고 말할 수 없을 것입니다.

그런데 안타깝게도 당신은 다음과 같이 말합니다: "저는 어떻게 살아야 합니까? 당신의 말이 사실이라면, 지금까지 내가 살아온 많은 순간에 대해서 무어라고 설명해야 할까요? 나는 지금 24세인데 지금까지 한 번도 시간을 사용하는 데 관심을 기울인 적이 없습니다. 나는 자연적인 방법이나 평범한 은혜를 통해서는 앞으로 다가올 시간은 물론이요 이미 지나간 순간들을 통제하거나 보상할 수 없음을 당신이 잘 아십니다. 더욱이 나는 매우 약하고 영적으로 느리므로 앞으로 닥칠 수많은 순간 중에서 하나도 통제할 수 없을 것을 경험으로 잘 알고 있습니다. 이러한 생각들에 저항할 수 없습니다. 예수님의 사랑으로 저를 도와주십시오."

여기에서 "예수님의 사랑으로"라는 말은 아주 적절한 표현입니다. 왜냐하면 예수님의 사랑 안에 도움이 있기 때문입니다. 사랑에는 모든 것을 쉽게 만드는 힘이 있습니다. 예수님을 사랑하십시오. 그러면 예수님에게 있는 모든 것이 당신의 것이 될 것입니다.[31] 신이신 예수님은 시간을 만드신 분이며 주시는 분입니다. 인간이신 예수님은 시간을 관리하는 분이십니다. 그리고 신인(神人)이신 예수님은 시간을 어떻게 사용했는지 판단하시는 심판자요 회계원이십니다. 그러므로 사랑과 믿음에 의해서 예수님과 굳게 결합하십시오. 그 결합으로 예수님 및 예수님과 굳게 결합되어 있는 모든 사람과 하나가 될 수 있을 것입니다. 즉 시간을 관리함에 있어서 은혜가 충만했던 성모 마리아,[32] 시간을 상실하지 않는 하늘의 천사들,[33] 그리고 사랑 때문에 예수님의 은혜에 의해서 공의롭게 시간을 관리하는 하늘나라와 세상의 모든 성도와 연합하니

---

31) "아버지가 이르되 얘 너는 항상 나와 함께 있으니 내 것이 다 네 것이로되"(눅 15:31).

32) "그에게 들어가 이르되 은혜를 받은 자여 평안할지어다 주께서 너와 함께 하시도다 하니"(눅 1:28).

33) 흐르지 않는 시간(chronos)은 없다. 영원 안에 계시는 하나님만이 즉, 순수한 영혼에게는 시간의 처음도 마지막도 없다. "시간을 상실하지 않는"이라는 말은 라틴어로 *aevum*으로서 영원과 시간의 중간 상태에 놓인 존재를 말한다.

다.[34]

여기에 큰 위로가 있습니다. 이것을 신학자처럼 이해하여 유익을 얻으십시오. 한 가지 주의할 것이 있습니다: 시간을 소중히 여기는 은혜의 도움을 받아 할 수 있는 모든 일을 행하지 않는 사람은 예수님과 천사들과 성도들과 교제한다고 주장할 수 없습니다. 그런 사람을 완전한 교제를 위해 작지만 자기 나름대로 유익을 내는 사람이라고 여길 수 없습니다.

그러므로 이 기도에 깊은 관심을 기울이십시오. 그리고 이것이 당신의 영혼 안에서 작용하는 놀라운 방법에 주의를 기울이십시오. 올바르게 이해하자면, 그것은 하나의 갑작스러운 충동, 곧 타는 석탄에서 불티가 솟아오르듯이 아무런 경고도 없이 갑자기 등장하여 신속하게 하나님에게로 날아 올라

---

34) 저자는 예수님의 사랑으로 우리는 성도들과의 교통에 들어간다고 말한다. 그리고 노리지의 줄리안은 이렇게 기록했다: "주님의 사랑은 결코 우리가 시간을 잃는 것을 허락하지 않습니다."(『하나님 사랑의 계시』[Showings], 62장, 은성출판사, 엄성옥 역).

여기서 시간은 앞에서 언급한바 크로노스적 시간과는 달리 카이로스적 시간(kairos)을 말하며, 성경에서 세월(엡 5:16)을 말한다.

가는 충동입니다. 이 기도를 할 준비가 된 영혼 안에서는 한 시간 동안에 그러한 충동들이 엄청나게 많이 생겨날 수 있습니다. 그중 하나가 활동할 때 그는 갑자기 피조된 것들을 완전히 잊을 수 있습니다. 육이 부패했기 때문에, 하나의 충동이 지나가면 영혼은 즉시 자신이 해야 할 것이나 하지 않은 것들을 생각하며 행동하게 됩니다. 그러나 그것은 문제가 되지 않습니다. 왜냐하면 전처럼 갑자기 불꽃이 다시 타오를 것이기 때문입니다.

여기에서 우리는 이 일이 이루어지는 방법을 알 수 있으며, 그것이 환상이나 그릇된 상상이나 교묘한 견해와는 거리가 먼 것임을 분명히 깨달을 수 있습니다. 왜냐하면 이것들은 경건하고 겸손하고 단순한 사랑의 충동으로 초래된 것이 아니라 교만하고 사변적이고 지나치게 상상적인 추론에서 생겨난 것이기 때문입니다. 깨끗한 정신으로 이 기도를 이해하려면, 교만하고 교묘한 생각들을 억제하여 활동하지 못하게 해야 합니다.

이 기도에 대한 글을 읽거나 듣는 사람 중에는 지적인 노력으로 그것을 성취할 수 있다거나 또는 그렇게 해야 한다고 생각하는 사람도 있을 것입니다. 그런 사람은 그것을 성취하는 방법을 세우려고 머리를 짜냅니다. 그런 식으로 독창적인 추론을 하면서 상상력을 혹사하여 육체나 영혼 어디에도 적합하지 않은 그릇된 작업 방식을 만들어 냅니다. 그런 사람은 크게 미혹된 사람입니다. 지극히 선하신 하나님이 크신 자비를 나타내셔서 속히 그를 그러한 상상에서 끌어내어 이 기도에 능숙한 사람의 지도를 받게 해주시지 않으면, 그는 광포해지거나 여러 가지 악, 영적인 죄, 마귀의 속임수에 빠질 것입니다. 그것들 때문에 그는 영원토록 영과 육을 강탈당할 수도 있습니다. 하나님의 사랑으로 부탁합니다. 이 기도를 할 때는 감각이나 상상력을 조금도 발휘하지 않도록 주의하십시오. 이 기도는 그런 것들에 의해서 성취되는 것이 아닙니다. 그러니 그런 것들과 함께 일하지 말고 내어 버리십시오.

 이 기도를 어둠 혹은 구름이라고 부른다고 해서, 그것이 대기 중에 떠도는 수증기들로 이루어진 구름이라거나 밤에 촛불이 꺼졌을 때 실내에 임하는 것과 같은 어둠이라고 생각해서는 안 됩니다. 밝은 대낮에도 그러한 구름이나 어둠이 눈앞에 있는 것처럼 상상할 수 있습니다. 또 캄캄한 겨울밤에도 빛을 상상할 수 있습니다. 그러한 거짓을 버려야 합니다. 내가 의미하는 것은 그런 것이 아닙니다. 내가 말하는 "어둠"은 영적 눈으로 볼 수 없어서 초래된 지식의 결여입니다. 그것은 우리가 알지 못하거나 기억하지 못하는 모든 것이 어둡게 느껴지는 것과 같습니다. 그러므로 당신과 하나님 사이에 있는 것은 공중에 떠다니는 구름이 아니라 "무지의 구름"입니다.

5 이 기도를 하는 동안 과거와 현재 또 미래의 모든 피조물과 그 행위는 "망각의 구름" 속에 넣어 두어야 한다.

　　이 구름을 만나서 그 안에서 살고 일하려면, 이 "무지의 구름"이 당신의 머리 위, 즉 당신과 하나님 사이에 있듯이 당신의 밑, 즉 당신과 모든 피조물 사이에 망각의 구름(cloud of forgetting)을 두어야 합니다.[35] 아마, 이 무지의 구름이 당신과 하나님 사이에 있으므로 하나님으로부터 아주 멀리 떨어져 있는 것처럼 보일 것입니다. 그러나 잘 생각해 보면, 모든 피조물과 당신 사이에 망각의 구름을 두지 않으면 하나님에게서 더 멀어집니다. 여기에서 "모든 피조물"에는 피조물뿐만 아니라 그들의 작용과 상황까지도 포함됩니다. 여기에는 육적인 피조물이나 영적인 피조물, 선한 것이든 악한 것이든

---

35) 무지의 구름에 들어간다는 것은 정신(mind)을 초월하여 눈앞에 있는 모든 것에 대한 인식을 망각의 구름 속에 던져넣음으로써 정신으로부터 숨기는 것이다.

피조물의 모든 상태와 활동이 포함됩니다. 간단히 말하자면 모든 것을 망각의 구름 속에 감추어야 합니다.[36]

경우에 따라서 특정한 피조물의 상태와 작용을 생각하는 것도 유익하지만, 이 기도를 실천하는 데는 전혀 유익하지 않습니다. 하나님이 지으신 어떤 피조물이나 그 작용을 생각하거나 기억하는 것은 일종의 영적인 빛(spiritual light)입니다. 활을 쏘는 사람이 표적에 시선을 고정하듯이, 영혼의 눈을 표적에 집중(集中)[37]해야 합니다. 그리고 이렇게 하는 동안 당신

---

36) 정념에 오염((汚染))된 기억과 생각들을 "무지의 구름"으로 개념화했다. 이 구름은 사악한 선입견을 만들고, 이 선입견은 악순환적으로 모든 피조물과 삶의 정황을 사악하게 인식하고 판단하게 만든다. 그러므로 감각적이며 이성적인 모든 활동뿐만 아니라, 그 대상을 의지해서 하나님을 설명하지 말아야 한다.

37) "집중(集中)"이란 보통 사용하는 단어지만, 영적 훈련에서는 특별한 용어이다. 집중이란 동양종교 수행에서 삼매(三昧)에 해당한다. 마음이 여러 대상에 꺼둘림으로써 흩어진 마음을 하나의 선(善)한 대상에게 모으는 것이 집중이다. 마음이 하나의 대상에만 집중한 상태를 성경에서는 "마음의 청결함"(마 5:8; purity of heart), "성한 눈"(마 6:22, single eye) 등으로 표현한다. 여기서 "성(醒)하다"란 동방기독교 영성에서 매우 중요한 단어로서 "술취하지 않은 상태, 맑은

의 머리 위에 있는 것, 당신과 하나님 사이에 있는 것을 생각해야 합니다. 이로 인하여 마음속에 하나님이 아닌 다른 것이 있는 만큼 하나님에게서 멀어집니다.

이 기도를 할 때는 하나님이나 천사들이나 천국에 있는 성도들의 자비와 귀중함, 또는 천국의 기쁨 등을 생각하는 것은 유익하지 못합니다.[38] 다시 말해서, 그것에 집중해서 생각

정신 상태, 깨어 있어 경계하다."(watchfulness, νηφις)라는 의미를 가진다.

4세기 초대 기독교 수도사들은 이러한 마음의 상태를 헬라철학 용어인 무정념(apatheia)이라고 한다. "집중 수련"은 누구나 할 수 있지만, 기독교 전통에서는 인간의 능력으로는 불가능하다는 것을 인정하여 "기도"와 연합해서 실천한다. 주님은 제자들에게 "깨어 있어 기도하라"(막 14:38)고 하셨다. "깨어 있음"(watchfulness)과 "기도"(prayer)가 연합해서 마음이 하나님 아닌 대상을 좇아 분심되지 않도록 쉬지 않는 기도를 실천해야 한다. 이러한 기도를 서방기독교에서 "거둠의 기도"(recollective prayer)라고 한다.

38) 저자는 여기서 묵상과 관상의 차원이 다름을 강조하고 있다. 묵상은 어떤 대상을 두고 깊이 고려하는 것이다. 묵상할 때는 주로 정신(mind), 또는 이성(reason, διάνοια)을 이용한다. 묵상할 때 그 대상, 또는 비슷한 상황을 기억에서 "끄집어내서"(recall) 깊이 생각하고, 그 결과를 다른 상을 지어서 "기억에 담는다"(to memorize).

함으로써 자신의 목적을 달성하려는 것은 옳지 못합니다. 왜냐하면 하나님의 자비를 생각하고 그분을 사랑하고 찬양하는 것도 좋은 일이지만, 단순히 하나님의 존재를 생각하고 그로 인하여 그분을 사랑하고 찬양하는 것이 훨씬 더 좋은 일이기 때문입니다.[39]

그러나 이 책에서 저자가 말하는바 이 기도의 수행 즉, 관상적 기도는 마음의 지향에 중점을 둔다. 이때는 마음(heart, καρδίας)의 지성(intellect, νοῦς)을 이용함으로써 개개의 상황에 머물지 않고 궁극의 대상을 지향하는 기도이다.

그리고 묵상할 때 이미 형성된 기억을 활용하는데, 그 기억들(또는 "생각들")은 사악한 정념에 물든 상태에서 경험한 것으로써, 혹시 오류(誤謬)된 것을 대상으로 삼아서 묵상하게 된다. 그렇게 되면 묵상이 궁극의 대상을 지향하는 데 해(害)로 작용한다. 그래서 저자는 관상적 기도를 실천할 때는 아무리 선하다고 여겨지는 것일지라도 그것을 "버려두라"고 충고하고 있다.

39) 좋은 일에는 세 가지 차원이 있다: "좋은 일" 〈 "더 좋은 일" 〈 "가장 좋은 일". 마르다의 삶은 세상을 살아가는 동안 좋고 필요하지만, 가장 좋은 것은 마리아의 태도라는 것을 말하고 있다. 저자는 하나님에 대한 것 즉, 하나님의 속성인 자비를 사랑하는 것은 좋은 일이지만, 하나님 존재 자체를 생각하고 그로 인하여 하나님을 사랑하고 찬양하는 것은 가장 좋은 일이라고 한다.

6 이 기도에 대한 간단한 평가

이제 당신은 "하나님에 대해서 어떻게 생각해야 하며, 하나님은 어떤 분이십니까?"라고 질문할 것입니다. 이 질문에 대해서 "나는 모릅니다"라고 대답할 수밖에 없습니다. 이 질문에 의해서 당신은 내가 당신에게 들어가라고 한 곳, 즉 무지의 구름 속으로 나를 데려갑니다. 우리는 은혜로 말미암아 모든 피조물과 그것의 작용, 그리고 하나님의 일을 충분히 알 수 있으며, 그것에 대해 깊이 묵상할 수 있습니다. 그러나 하나님에 대해서 생각함으로 하나님을 알 수 있는 사람은 없습니다.[40] 그러므로 나는 내가 생각할 수 있는 것은 모두 버려두고 생각할 수 없는 것을 사랑의 대상으로 선택하고 싶습니

---

[40] 하나님에 대해서 생각하는 것은 묵상의 영역이다. 관상의 목적은 하나님을 아는 것 즉, 하나님을 친지(親知)하는 영역이다. 묵상은 하나님과 비슷한 피조물(또는 매체)을 토대로 생각하는 것이므로, 묵상으로써 하나님을 충분히 알 수 없다.

다.⁴¹⁾ 왜냐하면 하나님은 우리가 생각할 수는 없지만, 사랑할 수 있는 분이시기 때문입니다.⁴²⁾

우리는 생각으로는 하나님을 알 수 없지만, 사랑으로 그분을 온전히 알 수 있습니다. 그러므로 이따금 하나님의 자비

---

41) "당신을 앎은 온전한 정의이고 당신의 권능을 깨달음은 불사의 뿌리입니다"(지혜서 15:3). 그리고 하나님을 찬양하고 정신적으로, 그리고 적절한 때 음성으로 믿음으로 감사하는 것 말고는 하나님으로 하나님을 알 수 있겠는가? 그러나 하나님의 탁월한 능력이시므로 우리는 진정한 찬양할 수 없다. "주님께 영광을 드리고 그분을 높이 받들어라 아무리 높이 받들어도 그분께서는 그보다 더 높으시다. 그분을 높이 받들 때 네 온 힘을 다하고 지치지 마라. 아무리 찬미하여도 결코 다하지 못한다. 누가 그분을 뵙고 정확하게 묘사할 수 있으며 누가 그분께 맞갖은 찬양을 드릴 수 있겠느냐? 이러한 것들보다 큰 일들이 많이 숨겨져 있으니 우리는 그분의 업적 가운데 조금만을 보았을 뿐이다"(집회서 43:30-32).

42) 인간의 생각으로 만들어진 하나님에게 만족해서는 안 된다. 왜냐하면 생각들이 멈춰지면, 하나님 또한 소멸하기 때문이다. 하나님은 존재이시다(Gott esse!). 인간의 사념으로 인해 소멸하시는 하나님이 아니시다! 하나님은 모든 존재(substance)와 지식(knowledge) 너머 아득한 곳에 계신다. 인간의 생각과 어떠한 기술로도 하나님을 알 수 없다. 그러므로 하나님은 지식과 생각의 대상이 아니라 사랑의 대상이다. 하나님과 이웃을 사랑할 때 우리는 하나님을 알 수 있다.

와 가치를 생각하는 것이 유익하며 또 그것이 하나의 빛이요 관상의 일부이기는 하지만, 기도를 할 때는 그것을 내던지고 망각의 구름으로 덮어야 합니다.[43] 사랑으로 용감하게 그것을 뛰어넘어야 하며, 경건하고 흡족하고 추진력 있는 사랑으로 우리 위에 드리워 있는 어둠을 꿰뚫으려고 노력해야 합니다. 우리는 갈망하는 사랑이라는 예리한 화살로 두꺼운 무지의 구름을 공격해야 합니다.[44] 어떤 일이 있어도 포기해서는 안 됩니다.

---

43) 성경 전체가 진실이라는 것은 절대적으로 확실하다. "바로 그분께서 만물에 관한 어김없는 지식을 주셔서 세계의 구조와 기본 요소들의 활동을 알게 해 주셨다"(지혜서 7:17). 아무리 지혜자가 지식이 있다고 하더라도 그분을 찾지 못할 것이다. 깨달음을 주시는 하나님이 지식을 허락하지 않으신다면, 하나님의 신비를 알 수 없다. 그러므로 안다고 하는 것을 망각의 구름 속에 던져 넣을 때, 하나님의 신비 지식에 더 가까이 갈 수 있다.

44) 그러므로 하나님을 소유하기 위해서 사유와 세상의 물질에 관한 생각에서 벗어나야 한다. 그리고 오롯이 하나님을 바라보고 사랑해야 한다. 저자는 이러한 태도를 "망각의 구름으로 덮음"이라고 표현한다.

7   이 기도를 하는 동안 떠오르는 생각, 특히 탐구와 지식과 본성적 통찰에서 생겨난 생각을 다루는 법

만일 어떤 생각들[45]이 떠올라 당신과 어두움 사이에 계속 끼어든다면, 그리고 그 생각들이 "너는 무엇을 찾고 있으

---

45) 이 책에서 사용하는 "생각들"이란 "정념에 영향을 받은 기억들"이다. "기억"은 마음의 주요 기능으로서, 이전에 경험했던 것을 상(image)으로 지어 기억에 저장된 생각들이라고 한다. 이것들은 장기 기억에 담겨 있어서 평소에는 무의식 상태로 있다가, 그후 이와 같거나 비슷한 상황을 당하면, 이 생각들이 작용 기억으로 활성화되면서 현재의 대상을 인식하는 데 결정적인 역할을 한다. 기억 안에 생각들이 없으면 마치 이스라엘 백성들이 광야에서 처음 만나를 보았을 때, 그것이 무엇인지 몰라서, "이것이 무엇이냐"(출 16:15)라고 묻게 된다. 처음 사악에 물든 정신은 사악한 생각들로 조성된다. 이것들이 악순환적으로 사악한 생각들을 켜켜이 쌓아둔다. 저자는 이러한 생각들이 자신과 어두움 사이에 개입하려고 할 때, 그것을 "부인하고 물리쳐야 한다"라고 한다. 이것이 "사악에 물든 생각들을 망각의 구름 속에 던져넣어라"는 뜻이다.

며,⁴⁶⁾ 무엇을 구하려 하느냐?"라고 물으면, "하나님"이라고 대답해야 합니다: "나는 하나님을 탐(貪)하며, 그분을 찾고 있다. 하나님 외에 다른 것은 원하지 않는다." 그리고 그 생각들이 "그 하나님은 어떤 분이냐?"라고 물으면, "그분은 나를 지으시고 대속하신 분이시며, 은혜로 나를 불러내어 그의 사랑 안에 거하게 하신 분이다"라고 대답하십시오.⁴⁷⁾ 그리고 그 생각에게 "네가 할 일은 없으니, 썩 물러가라"고 소리치십시오. 비록 그 생각들이 선한 것 같고,⁴⁸⁾ 하나님을 찾는 데 도움

---

46) "예수께서 돌이켜 그 따르는 것을 보시고 물어 이르시되 무엇을 구하느냐 이르되 랍비여 어디 계시오니이까 하니"(요 1:38).

47) "그리스도께서 이미 육체의 고난을 받으셨으니 너희도 같은 마음으로 갑옷을 삼으라 이는 육체의 고난을 받은 자는 죄를 그쳤음이니"(벧전 4:1). 이 말씀은 그리스도의 육신의 신비는 사다리와 같아서 우리를 하나님 사랑을 관상하는 데까지 올라가게 하신다.

48) 가장 위험하며 속기 쉬운 생각들은 선으로 위장한 정념들이다. 어떤 생각들이 떠오르면 영적 지도를 받아서 분별해야 한다. "너희는 이 세대를 본받지 말고 오직 마음을 새롭게 함으로 변화를 받아 하나님의 선하시고 기뻐하시고 온전하신 뜻이 무엇인지 분별하도록 하라"(롬 12:2); "사랑하는 자들아 영을 다 믿지 말고 오직 영들

이 될 것이 보여도, 사랑의 충동으로써 그것을 신속히 억제하십시오.[49] 아마 그 생각들은 하나님의 자비를 보여주는 여러 가지 훌륭한 예를 당신의 정신에 넣어주거나, 하나님은 매우 관대하시고 사랑이 많으시며 은혜로우시며 자비로우신 분이라고 말할 것입니다.

그렇지만, 그 생각들이 원하는 것은 오직 당신이 그 말에 마음을 쏠리게 하는 것입니다. 그것은 쉬지 않고 속삭여서 마침내 당신이 영적 시선을 낮추게 하여 하나님의 수난을 생각

이 하나님께 속하였나 분별하라 많은 거짓 선지자가 세상에 나왔음이라"(요일 4:1).

49) 대 그레고리(Gregory the Great)는 관상의 단계를 말하면서, 세 번째 단계는 마음이 스스로 위로 솟아올라 보이지 않는 생명체에 관한 관상으로 눈을 돌리는 것이다. 그러나 그것이 감각적 자극과 상상을 통해 마음 안으로 들어오는 것을 모조리 거부하고 짓밟아 버리는 것을 배우지 않으면 이 관상의 단계를 시작할 수 없다. 긍정(kataphatic)의 영성 전통에서는 감각과 느낌을 적극적으로 이용하지만, 부정(apophatic)의 영성 정통에서는 감각적 자극이나 느낌을 부인하고 거부한다.

하게 하고,50) 거기서 하나님의 놀라운 자비하심을 보게 할 것입니다. 그 생각들은 쉬지 않고 계속 속삭임으로써 당신이 그 음성에 귀 기울이게 할 것입니다. 그런 후 곧장 당신이 과거에 비참했던 모습을 보게 할 것입니다.51) 그 생각들은 당신의 지난 모습을 보게 하여 당신이 과거에 살았던 곳을 생각하게 할 것입니다.52) 이렇게 당신이 무의식중에 일련의 생각들이 정신을 이리저리 끌고 다니는 동안 정신이 산만하게 될 것입

---

50) 저자는 관상적 기도를 실천하는 동안 정화와 조명의 단계에서 실천하는 방법을 하지 말라고 가르치고 있다. 그렇지만 드 발마(de Balma)는 수련수사(novice)에게 정화 단계에서 주님의 수난에 대한 성찰이 필요하다고 했다. 여기서 수련수사란 수도사가 되기 위해서 교육을 맡은 사람을 말하는데, 수도원 제도가 없는 개신교회 독자들은 "초보자"로 이해해도 될 것이다.

51) 주님의 수난에 대한 그러한 묵상에 앞서, 수련수사(novice)는 먼저 자신의 죄악, 특히 과거에 저지른 중대한 죄를 상기(想起)해야 한다.

52) 이냐시오 로욜라의 『영신수련』에서 첫 번째 주간에서 정화의 길을 다루는데, 이 기간에 "자신의 죄를 시간대로 추적하면서 회개를 촉구"하는 과정이다.

니다. 이렇게 분심(分心)하게 되는 원인은 그 생각들에 귀를 기울이고, 대화하고, 그것들이 제안하는 것에 동의하고, 조심성 없이 정신을 내버려 두는 데 있습니다.[53]

그러나 그 생각들이 속삭이는 것은 선하고 거룩한 것이기도 합니다. 자기 자신의 비참한 상태, 주님의 고난, 하나님의 자비하심과 선하심과 훌륭하심 등에 대해 묵상하지 않고 관상적 기도를 실천하는 사람은 미혹(迷惑)될 것이며, 이 기도의 목표를 이루지 못할 것입니다.[54] 오랫동안 묵상을 실천한 사

---

53) 이 어둠의 관상을 실천하는 사람은 하나님께로 올라가는데 긴장을 풀어서는 안 된다. 필요할 때만을 제외하고는 절대 의도적으로 집중(concentration) 상태를 풀어서는 안 된다. 여기서 집중이란 보통 사용하는 단어이지만, 영성 수련에 사용할 때는 "마음을 하나의 선한 대상에 모은다" 라는 뜻으로 삼매(三昧)에 해당한다.

54) 여기서 저자는 묵상과 관상을 구분하고 있다. 묵상은 마음의 대상을 탐구함으로써 지식과 지혜를 얻으며, 관상은 일어나는 생각들을 멈추게 함으로써 마음의 대상에 머물게 한다. 묵상은 하나님과 그의 피조물에 대한 통찰을 통해 지혜를 얻지만, 관상은 그것에 마음 집중을 통해 감추어진 하나님(성품으로서의 하나님)을 철견(徹見)하는 것이다.

하나님을 아는 길에 묵상과 관상이라는 한 쌍이 필요하다. 그런

람이 자신과 하나님 사이에 놓인 무지의 구름을 꿰뚫으려 할 때, 묵상을 망각의 구름으로 덮어야 합니다.

그러므로 이 기도에 착수하여, 하나님의 은혜로 말미암아 자기자 이 기도에 부르심을 받았음을 알게 될 될 때, 겸손한 사랑의 충동으로써 마음을 하나님께 들어올리며, 하나님은 나를 지으셨고 대속하셨고 은혜로써 이 기도에 부르셨다고 생각하십시오. 하나님에 대한 어떤 생각도 하지 말고, 경우에 따라서는 그런 것을 생각한다는 것 자체도 잊어버리십시오. 하나님 외에 다른 것에 관심을 갖지 말고 **오직 하나님을 지향**하십시오. 그것으로 충분합니다. 원한다면, 하나님을 지향하는 태도를 **한 단어로 표현**할 수도 있습니다.[55] 되도록 짧고

데 기독교 영성에서 말하는바 묵상과 관상 사이에 공유지가 있는데, 여기가 바로 기도하는 곳이다. 기도 없이는 묵상에서 관상으로 나아가지 못한다.

[55] 정념, 사악한 생각들의 주된 목적은 마음을 분산시켜서 하나님을 지향(指向)하지 못하게 하는 것이다. 마음은 영적인 눈(眼)이다. 눈이 지향하는 곳으로 몸도 간다. 눈이 지향하는 곳, 눈의 과녁을 목적(目的)이라고 한다. 사악한 생각들은 감각적인 쾌락을 이용하여 눈

단순한 단어가 좋습니다. 짧을수록 이 관상적 기도에 더 효과적이기 때문입니다.[56] 예를 들면, "하나님", "사랑" 등입니다. 당신이 원하거나 좋아하는 단순한 단어를 택하십시오. 그 단어를 마음에 깊이 간직하십시오. 그렇게 하면 어떠한 생각들이 떠올라도 이 단어는 마음에서 떠나지 않을 것입니다. 이 단어는 당신이 평화로울 때나 전쟁할 때 당신의 창과 방패가

을 두리번거리게 함으로써 하나님께 지향하지 못하게 한다. 이것이 정념의 목적이다.

영혼의 눈인 마음을 선한 하나의 대상에 머물게 하는 방편으로 저자는 거룩한 단어를 하나 선택하고, 마음이 하나님이 아닌 다른 것으로 인해 분주해질 때마다 거룩한 단어를 떠올리게 함으로써 "마음을 챙길 수 있다"라고 한다. "마음을 챙긴다"란 "마음을 거룩한 단어에 묶어둔다"라는 뜻이다. 마치 푸줏간 앞을 서성거리는 개를 목줄로 묶어 두는 것을 상상해보라.

56) 위-디오니시우스의 전집에 『신비신학』(은성출판사, 엄성옥 역), 제3장에서 "그러나 이제는 낮은 것에서 초자연적인 것으로 올라가면서 논증하는데, 논증이 진행됨에 따라 점점 더 말을 더듬게 됩니다. 그리하여 논증이 정점에 달하면 **완전히 침묵**할 것입니다. 왜냐하면 나의 논증은 **마침내 무어라 묘사할 수 없는 분과 하나가 될 것이**기 때문입니다"라고 기록되어 있다.

되어줄 것입니다.[57] 이 단어로 당신 위에 드려져 있는 무지의 구름과 어두움을 공격해야 하며, 이 단어로 망각의 구름 밑에 있는 모든 생각들을 죽여야 합니다.

어떤 생각들이 당신을 계속 공격하면서 당신이 소유하고자 하는 것이 무엇이냐고 묻는다면, 그 단어로 대답하십시오. 만일 그 생각들이 당신을 위해서 그 단어를 분석하고 그 의미를 말해 주겠다고 제안한다면, 그 단어를 분해하거나 풀어놓기 보다 기억하기를 원한다고 말하십시오.[58] 이 목적을 굳게 붙

---

57) 요한 카시아누스의 『담화집』(*Conference*, 은성출판사, 엄성옥 역)에 "영구히 하나님에 대한 의식을 소유하는 데 절대적으로 필요한 말씀은 '하나님이여 나를 건지소서 여호와여 속히 나를 도우소서'(시 70:1)입니다. …이 구절은 마귀들의 공격을 받고 있는 사람들을 위한 난공불락의 성벽이요, 꿰뚫을 수 없는 호심경이요 튼튼한 방패입니다"(제10장 2번, 4번)라고 기록되어 있다.

58) "거룩한 단어"에 집착하여 그것을 해석하고, 그것을 토대로 계속 생각하면 또 다른 분심이 된다. 그러므로, 거룩한 단어를 있는 그대로 "버려두고 떠나는 것"이 그 단어 자체를 온전히 유지하는 것이며, 있는 그대로 "버려두고 떠남"이란 초연(超然), 초탈(超脫), 방하(放下)하는 태도이다.

초연에 관한 초기 기독교 수도사들의 『금언』에 좋은 이야기가 있

들고 있으면, 그 생각은 그다지 오랫동안 머물지 않고 사라질 것입니다. 그 이유는 무엇일까요? 그것은 앞에서 언급된 감미로운 묵상에 매달려 지내는 것을 당신이 허락하려 하지 않기 때문입니다.

다: 어느 제자가 스승을 찾아와서 말했다. '분심이 되어서 기도가 안 됩니다.' 스승은 방 안에 있는 항아리를 가리키며 '그 안에 있는 코브라를 잡아내라'고 했다. 제자는 사납고 맹독 코브라를 잡으려고 애썼지만 결국 잡아내지 못했다. 그때 스승이 제자에게 말했다. '그냥 뚜껑으로 덮어놓게.' 순간 깨달은 제자는 기도실로 돌아갔다(『사막 교부들의 금언』 중에서, 해설자의 리텔링).

여기서 저자는 **묵상**에서 단순한 단어로 쉬지 않고 바치는 기도를 통해 **관상**으로 나아가는 길을 설명하고 있다. 이것이 관상적 기도의 주요 태도로서 이 책에서 설명하는바 중에서 매우 중요한 부분이다.

이 기도를 하는 동안 생기는 의심에 대한 질문과 답변; 이성적인 탐구, 지식, 지적 통찰 등의 억제; 활동적인 생활과 관상생활의 여러 단계

이제 "이 기도를 하는 동안 계속 나를 공격하는 이 생각들은 대체 어떤 것입니까? 선한 것입니까, 악한 것입니까?"라고 질문할 것입니다. 당신은 이렇게 말합니다: "그 생각들이 신앙생활을 향상하는 데 기여하는 것을 볼 때, 그것이 악한 것이라고 한다면 매우 놀라게 될 것입니다. 때로는 그것들이 속삭이는 소리에 귀를 기울이는 것이 큰 위로가 되기도 합니다. 어떨 때는 그 생각들이 내가 고난당하신 그리스도로 인해 눈물을 흘리게 하며, 또는 나 자신의 비참한 모습을 보면서 울게 하기도 하며, 그 밖에 여러 가지 이유로 울게 만듭니다. 이러한 상황을 미루어 볼 때 생각들은 거룩한 것이며 영혼에 매우 유익합니다. 그러므로 이러한 생각들은 절대 악한 것이 아니라고 믿습니다. 이 생각들은 선한 것이며, 이것이 속삭이는 이야기들은 많은 유익을 주지만, 망각의 구름 속

에 묻어두라고 하십니다."[59]

이 질문은 매우 유익합니다. 그러므로, 연약한 나는 그것에 대답하기 위해서 깊이 생각해 보아야 합니다. 첫째, 이 기도를 하는 당신을 도와주려 하면서, 이 기도를 하는 동안 집요

---

[59] 이 몸에 하나님의 나라 구현(具現)하는 길은 크게 두 가지가 있다: (1) 하나는 감각과 지성을 이용해서 하나님의 성품을 내면에 형성하는 방법이며; (2) 또 하나는 감각적 자극과 생각들을 제어하고 하나님 및 말씀에 집중함으로써 피조물 근저에 감추어진 하나님의 성성(聖性)을 보는 길이다.
첫 번째 길은 피조물을 객체로 삼아서 창조주 하나님에 관한 명지(明智)를 얻는 길이며, 두 번째 길은 여태 알았던 모든 것을 비움으로써 하나님을 직관(直觀)하는 길이다. 첫 번째 길에는 깊은 생각과 탐구와 묵상이 필수이지만, 두 번째 길에는 어떤 생각들, 심지어 거룩한 생각들조차 **버려두고 떠나야** 한다. 이 둘은 한 쌍을 이루어 균형 있게 상조(相助)하도록 해야 한다. 그러므로 한 쪽에 치우치면 결코 온전함을 이루지 못한다. 예를 들면 탐구할 때 그 대상에 집중하지 못하면 깊은 지혜를 얻지 못할 것이며, 바른 지식에 토대를 두지 않고 마음을 모으고 집중할 때는 삿(邪)된 결과를 얻는다.
이 책은 두 번째의 길, 마음을 집중하는 길에 대한 지도서로서, 저자는 아무리 선한 생각들이라도, 이것들을 망각의 구름에 던져넣으라고 충고한다. 그렇다고 해서 선한 생각들을 전적으로 사악한 것으로 여기거나, 그것에 대적하라는 뜻은 절대 아니다. 이 생각들은 첫 번째의 길에서는 유익하게 작용할 수도 있기 때문이다.

하게 공격하는 생각들이 무엇이냐고 묻는다면, 그것은 영혼 안에 있는 이성에 새겨진 본성적인 지성의 분명하고 명확한 시각이라고 대답하겠습니다. 그것이 선한 것인지 악한 것인지 묻는다면, 그것은 하나님 모습의 빛이므로 본질로 선한 것이라고 대답하겠습니다.[60] 그러나 그것을 이용하는 것은 선한 것일 수도, 악한 것일 수도 있습니다. 은혜의 조명을 받을 때는 선한 것이며, 비참한 상태, 그리스도의 수난, 영적인 피조물이나 육적인 피조물 안에 나타난 하나님의 자비와 놀라운 솜씨 등을 볼 수 있을 것입니다. 이때 헌신이 증가합니다.

그러나 신학자들과 같은 교묘한 사변과 지식―그것은 그들로 하여금 겸손한 성직자요 거룩하고 헌신적인 사람이 되기보다 교만한 마귀의 학자이며, 허영과 거짓의 대가(大家)가 되기를 원하게 만든다―에서 생겨나는 호기심과 자만심으로 부

---

60) 관상 중에 떠오르는 생각들이 선한지, 아닌지에 관한 질문이다. 이 생각들은 영혼 안에 새겨진, 즉 개념에 대한 기억들이다. 이 생각들이 새로운 환경을 접할 때 순환적으로 작용해서 또 다른 생각들을 일으키고…또 일으킨다. 이 생각들은 성령의 역사하심을 받을 때 선하게 작용한다.

풀어 오르게 한다면 그것은 악한 것입니다.[61] 그리고 종교인이거나 세속인이거나 상관없이, 이러한 본성적인 지성이 세상의 것이나 사상(思想)에 대한 지식으로 인하여 교만해진다면, 그것은 악한 것입니다. 이는 세상의 부귀와 명예, 그리고 아첨에서 일어나는 허영을 갈망하기 때문입니다.

다음으로, 당신은 그러한 생각들이 선한 것이며, 제대로 사용하기만 하면 많은 유익을 주며 당신의 신앙생활을 진작시킬 수 있지만, 망각의 구름 속에 묻어야 하는 이유를 질문한다면, 이에 대한 나의 대답은 이렇습니다. 당신은 거룩한 교회 공동체 생활에는 두 종류가 있음을 명심해야 합니다. 하나

---

61) 묵상적(meditative) 기도를 통해 얻는 지식과 관상적(contemplative) 기도를 통해 얻는 지식은 다르다. 전자는 자칫 이성적(reason, διάνοια) 지식 즉, 하나님에 대한 지식인데, 이 지식은 자칫 허영과 교만을 부추기므로 항상 삼가 조심해야 한다. 이에 반하여 지성적(intellect, νοῦς) 지식 즉, 하나님을 아는 지식인데, 이는 우리를 겸손으로 인도한다. 그러므로 이성적 지식과 지성적 지식의 차이는 그것이 허영과 교만으로 인도하느냐, 아니면 겸손으로 인도하느냐로 분별할 수 있다. "그러므로 너희는 그 열매를 보고 그 사람들을 알아야 한다"(마 7:20, 새번역).

는 활동적 생활이고, 또 하나는 관상생활입니다. 관상생활이 활동적 생활보다 고귀합니다. 활동적인 생활과 관상생활에는 각기 두 단계로 나뉩니다. 이 두 가지의 삶은 밀접하게 연결되어 있으므로 두 개의 부분을 공유하지 않으면 두 가지 삶은 각각 완전하지 못합니다. 활동적인 생활의 높은 단계는 관상생활의 낮은 단계와 겹칩니다.[62] 그러므로, 이 세상에서 완전한 활동가가 되려면 부분적으로는 관상가가 되어야 하며, 어느 정도 활동하지 않으면 완전한 관상가가 될 수 없습니다.

---

62) 활동적인 삶과 관상적인 삶이 전혀 상관없이 별개로 존재하지 않는다. 이 두 부분이 상존하는 공유지이다. 이 공유지는 실천적 영역의 상부에, 관상생활의 하부에 위치한다. 『필로칼리아』 제1권에서 이 영역에 대해 폰투스의 에바그리우스는 "무정념"(apatheia)이라고 했으며, 요한 카시아누스는 "깨끗한 마음"(마 5:8 참조)이라고 했다. 사다리의 요한은 그의 책 『거룩한 등정의 사다리』에서 마지막 서른 번째 계단에서 "무정념과 사랑은 동의어"라고 했다.
이 공유지를 유형적인 교회이며, 무형적인 교회로서 신앙생활, 또는 성사(sacraments)에 해당한다. 세상에서 하늘나라가 공유하는 이곳은 천상의 은혜가 내리는 통로이며, 낮은 세상에서 높은 하나님의 나라로 올라가는 통로이다. 그러므로 깨끗한 마음을 통하지 않고는 하늘의 은혜가 내려오지도, 하나님의 나라로 올라갈 수도 없는 필연적인 관문이다.

활동적인 삶은 본질상 이 세상에서 시작되어 이 세상에서 끝나지만, 관상생활은 이 세상에서 시작하여 하늘나라까지 계속됩니다. 그러므로 마리아가 선택한 것은 빼앗기지 않을 것입니다. 활동적인 생활을 하는 사람은 많은 일로 염려하고 고민하지만, 관상생활을 하는 사람은 오직 한 가지 일에 전념합니다.[63]

활동적인 삶의 하위 단계는 육체적으로 행하는 선하고 정직한 자선 행위와 자비 행위로 이루어집니다. 활동적인 생활의 상위 단계와 관상생활의 하위 단계는 선한 영적 묵상, 애통하고 통회하는 마음으로 자신의 비참한 상태를 진지하게

---

63) 저자는 신앙생활을 두 가지 형태: (1) 활동적인 생활과 (2) 관상생활로 나눈다. 초기 기독교 수도사들은 첫 번째를 수덕 실천(*Praktikē*)이라고 하고, 두 번째를 신비적 관상(*Mystikē*)이라고 하며, 이 둘이 겹치는 공유지(公有地)를 무정념(apatheia)의 영역이라고 부른다. 이 공유지는 활동적인 생활의 상위 부분이고, 관상생활의 하위 부분에 속한다.
20세기의 에블린 언더힐(Evelyn Underhill; 1875~1941)은 이 부분을 실천적 신비(Praktical Mystic)라고 했다. 이 세상의 삶, 거룩한 교회 공동체 일원으로 진실되이 사는 사람을 "실천적 신비가"라고 한다. 실천적 신비가는 이 땅에서 하나님의 나라를 구현하는 것이다.

생각하는 것, 그리스도와 그의 종들이 당한 고난을 긍휼히 여기면서 진지하게 묵상하는 것, 그리고 감사하고 찬양하면서 모든 피조물 속에 나타난 하나님의 솜씨와 놀라운 선물과 자비하심을 묵상하는 것 등으로 이루어집니다. 그러나 이 세상에서 가능한 관상의 상위 단계는 어두움과 무지의 구름 속에 있으며, 오직 하나님의 단순한 존재만을 응시하는 어두움과 사랑의 충동이 함께 합니다.[64]

활동적인 생활의 하부(下部)에 있는 사람은 자신의 외면, 자신의 하부에 있습니다. 활동적인 생활의 상위 단계 및 관상생활의 하부에 있는 사람은 자기 안에 있으며, 자신과 동등합니다. 그러나 관상생활의 상부(上部)에 있는 사람은 자신을 초월하며 하나님 아래에 있습니다. 그는 본성만으로는 절대 갈 수

---

64) 이 관상(적) 기도의 실천에서 지성뿐만 아니라 정감(또는, 사랑, affection)이 정화될 때, 이 사랑 속의 영혼이 하나님만을 지향(指向)하게 된다. "거룩한 생각"(십자가의 요한의 표현)은 하나님께로 인도하기보다는 영혼에 달콤함과 편안함을 주므로 종종 갈망한다. 그러므로 영혼은 "그분은 모든 존재를 초월하시므로, 이러한 긍정의 표현을 모두 부정해야 한다"(*ab amni absoluto*)(『위-디오니시우스 전집』, "신비신학", 제1장).

없는 곳을 은혜로써 도착하려는 목적—다시 말해서 영적으로, 사랑의 일치와 의지의 연합 안에서 하나님과 결합하는 것—을 가지고 있으므로 자신을 초월합니다.

활동적인 생활의 하위 단계에서 상승하지 않고서는 상위 단계로 들어갈 수 없다는 것은 누구나 알 수 있습니다. 마찬가지로, 관상생활의 하위 단계를 벗어나지 않으면, 상위 단계에 이를 수 없습니다.[65] 건성으로 묵상하며, 비록 그 자체로는 거룩한 것일지라도 자신이 행하거나 행해야 하는 표면적

---

65) 여기서 "상위 단계"는 관상의 영역을 말한다. 초기 기독교 수도사들과 중세 영성가들(아빌라의 테레사, 십자가의 요한 등)은 관상을 몇 단계로 나누어서 설명한다. 이 영역은 인간의 노력과 의지와 상관없이 성령의 강권 없이는 영적 여정을 할 수 없다. 그리고 관상의 영역을 나눈다고 하지만, 그 기준은 성령의 역사에 인간의 활동이 협동하는 정도에 따라서 나뉜다. 인간의 노력이 전혀 작동하지 않은 상태에 관해 사도 바울을 이렇게 기록했다: "무익하나마 내가 부득불 자랑하노니 주의 환상과 계시를 말하리라 내가 그리스도 안에 있는 한 사람을 아노니 그는 십사 년 전에 셋째 하늘에 이끌려 간 자라 (그가 몸 안에 있었는지 몸 밖에 있었는지 나는 모르거니와 하나님은 아시느니라)"(고후 12:1-2). 이러한 상태를 신비신학에서는 엑스타시(ἔκατσις)라고 하며, 주부적인 관상(infused contemplation) 상태라고도 한다.

이고 유형적인 것을 생각하는 것은 바르지 않으며 오히려 방해가 됩니다. 마찬가지로, 오직 하나님을 향한 사랑의 충동으로써 어두움과 무지의 구름 속에서 실천하는 사람이 하나님의 은사나 자비, 또는 피조물에 나타난 솜씨 등을 생각하거나 묵상하는 것, 그리고 비록 그것이 행복과 위안을 주더라도 그것이 하나님과 자기 사이에 끼어드는 것을 허락하는 것은 옳지 않으며, 이 기도를 실천하는 데 방해가 됩니다.

그러므로 그처럼 분명하고 교묘히 환심을 사는 생각들이 떠오르면, 비록 그것이 거룩한 생각들이거나 당신이 노력하는 데 도움을 주겠다고 약속하더라도, 그것에 집착하지 말고 억누르고 두꺼운 망각의 구름 속에 묻어두어야 합니다. 현세에서 하나님께 도달할 수 있는 것은 지식(knowing)이 아니라 사랑뿐이기 때문입니다. 영혼이 이 썩을 몸 안에 거하는 동안에는 모든 영적인 것, 특히 하나님을 관상할 때 작용하는 이해력에는 상상이 섞이기 마련이며, 그 때문에 기도가 오염되기 쉽습니다. 만일 그 때문에 우리가 큰 오류에 빠지지 않는다면, 그것이야말로 놀라운 일일 것입니다.

9 이 기도를 하는 동안에는 하나님의 가장 거룩한 피조물을 기억하는 것도 방해가 된다.

그러므로 이 어두운 관상(dark contemplation)을 행할 때 항상 당신을 공격하는 끈질긴 지력(知力)의 활동을 억제해야 합니다. 그러지 않으면 그것에 정복될 것입니다. 당신 스스로 이 어두움 속에서 잘 적응하고 있다고 여겨질 때조차도 자세히 살펴보면, 정신이 이 어두움에 감싸져 있는 것이 아니라 하나님보다 열등한 것에 사로잡혀 있음을 발견할 것입니다. 그럴 경우, 자신을 사로잡고 있는 것은 머리 위와 하나님 사이에 있는 어떤 것입니다. 그러므로 그것이 거룩하고 좋은 것으로 보이더라도 그 상(image)을 제어해야 합니다.

한 가지 이야기하겠습니다. 하나님만을 향한 이 **맹목적인 사랑의 충동**, 즉 무지의 구름을 공격하는 이 은밀한 사랑은 근본적으로 가치가 있으며, 당신의 영혼을 구원하는 데 매우 유익하며, 하나님과 하늘에 있는 모든 성도와 천사들이 기뻐하는 것입니다. 물론 살아 있거나 이미 죽었거나 당신의 모든 친구, 육신의 친구들이나 영적인 친구들에게 더 유익합니다. 관상적 기도를 실천하면서 천국에 있는 모든 천사와 성도들을 보거나 지복(至福) 중에 있는 사람들의 웃음소리와 노랫소리를 듣는 것보다 사랑 안에서 영적으로 이것을 경험하는 것이 더 좋은 일입니다.

내가 이렇게 말한다고 해서 놀랄 필요가 없습니다. 은혜로 현세에서 이것을 만지거나 경험하여 그것을 분명히 볼 수 있다면, 당신도 나처럼 생각할 것입니다. 그러나 현세에서는 아무도 그것을 분명히 볼 수 없으며, 다만 하나님이 허락하실 때 은혜를 통해서 느낄 수 있을 뿐이라고 생각해서는 안 됩니다. 그러므로 당신의 사랑을 그 구름으로 들어올리십시오.[66] 더 정확하게 말하자면, 하나님이 당신의 사랑을 그 구름에게 이끄시는 대로 맡기십시오. 그리고 하나님 은혜의 도움을 받

---

66) "들어올리다"란 라틴어 *Sursum corda*로서 미사 중에 성찬 기도가 시작될 때 사제가 "마음을 드높이"(Lift up your hearts)라고 낭송한다. 여기서 "맡기다"란 "가만히 있어"(be still, *vacatio*, 시 46:10)에 해당한다. 이 말은 인간의 어떤 노력에 의지하지 않고, 하나님이 하시는 대로 내어 맡기고 "잠잠히 있으라"는 뜻이다.

아 다른 것은 모두 잊으십시오.

하나님이 아닌 저급한 것에 관한 생각이 당신의 의지와 의식 속을 비집고 들어오려 할 때 당신은 그러한 생각이 없을 때보다 더 하나님에게서 멀어질 것입니다. 그것은 당신이 하나님의 사랑의 열매를 경험하고 느끼는 것을 방해합니다. 하물며 고의로 당신 자신에게 의식을 집중하는 것은 이 기도를 행하는 목적에 얼마나 방해가 되겠습니까? 특별한 성인이나 완전히 영적인 것에 대한 의식도 그처럼 방해가 되는데, 이 비참한 세상에 사는 사람이나 세상적인 것에 대한 의식은 얼마나 큰 장애가 되겠습니까?

하나님 외에 다른 선하고 신령한 것에 관한 생각이 갑자기 당신의 의지와 지성에게 영향을 주거나 당신의 경건을 진작시키기 위해서 당신의 정신을 사로잡는다면, 그것은 이 기도에 방해는 되더라도 악한 것은 아닙니다. 하나님은 그런 식으로 이해하는 것을 금하십니다. 그러나 선하고 거룩한 것임에도 불구하고 그것은 이 기도를 실천하는 데는 방해가 됩니다. 하나님을 완전히 소유하고자 하는 사람은 천국에 있는 천사나 성도들을 생각하면서 안식하지 않을 것입니다.

10 선한 생각과 악한 생각을 분별하는 방법; 악한 생각이 심각한 것인지 사소한 것인지를 분별하는 방법

생존해 있는 사람이 생각나거나, 육적이고 세상적인 것이 생각날 때는 상황이 매우 다릅니다.[67] 자기 뜻이나 의식과는 상관없이 떠오르는 이러한 생각들은 당신에게 전가(轉嫁)된 죄는 아니지만, 원죄의 결과로서 당신이 통제할 수 없는 것입니다. 물론 당신은 세례를 받음으로써 원죄로부터 깨끗이 씻음을 받았습니다. 그러나 이렇게 갑자기 솟아난 충동이나 생각이 즐거운 것일 때 즉시 그것을 물리치지 않으면, 육

---

67) 바로 앞장 마지막 부분에서 언급한바, 거룩한 생각들조차도, 그것이 악한 생각들이 아닐지라도, 이 기도를 실천할 때는 차선으로도 미루라고 했다. 하물며, 육적인 것 및 세상적인 생각들이 떠오를 때는 적극적으로 부인해야 한다. 인간의 노력으로는 이 생각들 하나라도 물리칠 수는 없지만, 정신을 거룩한 생각, 특히 예수 이름에 매어놓을 때 가능하다. 이것을 "마음 챙김", 또는 "마음 단속"이라고 부른다. 주님은 이에 대해 "너는 기도할 때 네 골방에 들어가 문을 닫고"(마 6:6)라고 하셨다.

적이고 연약한 심령은 즉시 쾌락(快樂)의 영향을 받을 것입니다.[68] 만일 그 생각이 불쾌한 것과 관련된 것이라면, 분노의 영향을 받을 것입니다.[69] 큰 죄 속에서 살아온 세상적인 사람

---

68) 『필로칼리아』의 의 용어 해설 중 "유혹(또는 시험)"을 참조하라. 이 문장의 의미는 사악한 생각들이 인간을 유혹하는 여섯 단계 중 1~2번째 단계로서 "최초 도발"과 "순간적 동요"에 해당한다. 이것은 인간 존재의 원초적인 것이어서 정념의 형성과 상관없다. 초대 교부들은 예수님의 고통과 불의에 대한 감정을 **정념의 전초(propassion)**라고 했다. 이 상태가 하와가 뱀과 (선악과를 따먹기 전에) 대화하는 단계이다. 이 단계에서 도발을 감지하여 거부할 때 정념으로 진행하지 않고 종식된다. 그러나 그 도발에 관심을 두고, 그것에 동의하고, 즐거이 교제한다면 감각적 자극에 영향을 받아서 정념을 형성된다.

69) 인간이 느끼는 쾌고(快苦)의 느낌이 이성의 작용에 영향을 끼치는 것을 정념이라고 한다. 인간은 **쾌**(快)를 느끼는 대상을 거머쥐고자 하므로 **탐욕**이 일어나고, **고**(苦)를 느끼는 대상은 밀쳐내고자 하므로 **증오와 분노**가 일어난다. 이성은 이러한 감정에 휘둘리지 않은 때 바르게 작동하므로 이때를 **무정념**이라고 한다. 저자는 이러한 스토아 철학(Stoic)의 논리를 채택하여 설명하고 있다.

바로 앞에서 설명한 바와 같이 **교제** 다음에 그 대상에 염오(厭惡)를 느낀다면 **분노의 감정**이 일어날 것이다. 이것이 **분노**라는 **정념**이 형성된다.

들에게서는 그러한 악한 감정이 큰 영향을 줄 수도 있습니다. 육적인 사람의 내면에서 쾌락이나 분노를 일으키는 생각이라도, 세상을 버리고 은밀하게 또는 공개적으로 거룩한 교회의 경건 생활을 따르며 자기 뜻이나 지성의 지배를 따르지 않고 종교적으로나 세상적으로 윗사람들의 뜻과 권고를 따르려 하는 사람에게는 큰 영향을 미치지 못하는 사소한 죄가 됩니다. 이는 당신이 지금과 같은 상태의 삶을 살기 시작했을 때부터 당신의 의도가 하나님 안에 기초를 두고 있었기 때문입니다. 그러나 만일 당신의 육적인 심령 안에서 즐거움이나 분노를 야기하는 감정을 즉시 물리치지 않고 내버려 둔다면 그것은 결국 영적인 심령(말하자면 의지)에 고정될 것인데, 그때 그것은 **죄종**(罪宗, deadly sins)[70]이 됩니다.

---

70) 초기 기독교 수도사 에바그리우스와 요한 카시아누스는 죄의 동인이 되는 것을 여덟 가지 정념이라는 개념으로 정립했다: 식탐, 음란, 탐욕, 분노, 슬픔, 권태, 허영, 교만. 이것을 서방기독교에서 허영과 교만을 하나로 통합하여 일곱 개로 재정립하였고, 이것을 칠죄종(七罪宗, Seven Deadly Sins)이라는 불렀다. 칠죄종에 관한 유익한 책으로 『칠극』(七克, 빤또하 저)을 참조하라.

의도적으로 살아 있는 사람, 또는 유형적이고 세상적인 것을 생각할 때 이런 일이 일어납니다. 만일 그것이 과거에 당신을 슬프게 했거나 지금 슬프게 하는 것이라면, 당신의 내면에서 불평하거나 복수하려는 생각이 솟아날 것인데 그것은 **격노**입니다. 또는 원망이나 비난하는 생각과 더불어 어떤 사람에 대한 혐오감이나 경멸하는 생각이 일어날 수도 있는데, 그것은 **질투**입니다. 또는 육적이든 영적이든 모든 선한 일에 대해 지루함이나 반감을 느끼는데, 그것이 **권태**(sloth, 헬 acedia)입니다. 만일 그것이 과거에 당신을 기쁘게 했거나 지금 기쁘게 해주는 것에 관한 생각이라면 그것을 생각할 때마다 당신의 내면에서 즐거움이 솟아오를 것이며, 당신은 그 생각 속에서 안식을 취할 것이며, 결국 당신의 마음과 의지는 그것에게 고정될 것인데, 그 때문에 육적인 사랑이 성장할 것입니다. 그동안 당신은 자신이 원하는 것은 자신이 생각하고 있는 것과 더불어 쉬며 그 평화 안에서 사는 것뿐이라고 생각합니다. 만일 이렇게 떠오른 생각, 또는 기뻐하면서 받아들인 생각이 본성적이거나 지적인 재능, 지위에 대한 자부심, 아름다움 등과 관련된 것이라면, 그것은 **교만**이라고 볼 수 있습니다. 그것이 세상의 재산, 부귀, 가축, 사람이 소유하여 다스릴 수 있는 것과 관련된 것이라면, 그 생각은 **탐심**입니다. 먹을 것이나 마실 것, 또는 미각의 즐거움과 관련된 것이라면, 그것은 **탐식**입니다. 남녀 간의 희롱이나 연애의 즐거움과 관련된 것일 때, 그것을 **음란**이라고 합니다.

11 각각의 생각과 충동을 제대로 평가해야 한다. 하찮은 죄라도 그 동인에 대해서 부주의해서는 안 된다.

이 말을 하는 이유는 당신이 그러한 죄를 지었기 때문이 아니라, 당신이 각각의 생각들과 충동을 제대로 평가하며 죄의 원인(또는, 죄종[罪宗])이 될 수도 있는 일에 대한 충동이나 생각이 떠오를 때 그것을 제거하기 위해 진지하게 노력하기를 바라기 때문입니다.[71] 당신에게 꼭 말해 주어야 할 것이 있

---

71) 10~11장에서는 죄가 내면에 형성되는 심리적 상황을 설명하고 있다. 동방기독교에서는 이 부분을 중요하게, 그리고 자세하게 다루고 있다.
여기서 "충동"이란 『필로칼리아』에서 유혹(πειρασμός; temptation)과 동의어로서 "감각적 자극"과 같은 뜻으로 사용되기도 한다. 필로칼리아에서는 충동(또는, 유혹)을 매우 중요하게 다루고 있는데, 여기서는 유혹을 부정적인 의미로 "시련", 또는 "시험"이라고 하기도 한다. 필로칼리아 교부들은 인간을 유혹(충동)하여 범죄하게 만들려는 "마귀의 제안"으로 본다. 즉 유혹으로 인해 죄가 형성되는 과정을 여섯 단계로 보아서 영적인 전문 용어를 사용하여 설명한다 (『필로칼리아』 용어설명 중 "유혹"을 참조하라).

습니다: 비록 죄가 되지 않는 생각이라도 처음 생각들이 떠오를 때 주의를 기울이지 않는 사람은 작은 죄를 부주의하게 다루는 일을 피할 수 없을 것입니다. 이 썩어 없어질 세상에서 작은 죄를 조금도 짓지 않고 살 수 있는 사람은 없습니다.[72] 그러나 완덕에 이르려 하는 참된 제자들은 하찮은 죄라도 부

이 중에 첫 번째가 마귀의 도발(προσβολή; provocation)인데, 악을 향한 최초의 자극(충동)을 말한다. 이 단계에서는 심상이 동반되지 않으므로, 인간을 죄의식에 포함하지 않는다. 예를 들면 "뱀이 여자에게 물어 이르되 하나님이 참으로 너희에게 동산 모든 나무의 열매를 먹지 말라 하시더냐"(창 3:1)라고 말을 거는 순간이다. 이러한 상황에서 인간은 마귀의 유혹이 자신을 공격하는 것을 막을 수 없다. 인간의 능력으로 행할 수 있는 것은 항상 깨어 경계하며, 그러한 도발이 의식에 떠오르는 즉시, 다시 말해서 그것이 정신이나 지성 안에 하나의 생각으로 모습을 처음 드러낼 때 거부하는 것이다. 만일 그가 이러한 도발을 거부한다면, 유혹의 고리가 단절되어 유혹의 과정은 종식된다. 그러므로 항상 깨어 있어야 할 것이다.

72) "죄를 짓는 자는 마귀에게 속하나니 마귀는 처음부터 범죄함이라 하나님의 아들이 나타나신 것은 마귀의 일을 멸하려 하심이라"(요일 1:8).

주의하게 다루지 않도록 조심해야 합니다.[73] 그렇지 않으면 곧 큰 죄를 범할 수도 있습니다.[74]

---

73) "예수께서 이르시되 네가 온전하고자 할진대 가서 네 소유를 팔아 가난한 자들에게 주라 그리하면 하늘에서 보화가 네게 있으리라 그리고 와서 나를 따르라 하시니"(마 19:21). 세상의 재물을 모두 팔아서 천국을 얻어야 한다.

74) 토마스 아퀴나스의 『신학대전』(*Summan Theologiae*), 2a-2ae, 88을 참조하라.

12 이 기도로 죄를 죽이고 덕을 얻는다.

만일, 당신이 이러한 노력을 쉬지 않고 계속하며, 넘어지지 않고 든든히 서기를 원한다면,[75] 갈망이라는 **사랑의 예리한 화살**로 당신과 하나님 사이에 있는 이 무지의 구름을 쉬지 말고 공격하십시오. 하나님이 아닌 것은 생각도 하지 말며, 어떤 일을 당하더라도 이 기도를 멈추지 마십시오. 이 기도만이 죄의 뿌리와 근원을 파괴할 수 있습니다.[76] 금식하고

---

75) "그런즉 선 줄로 생각하는 자는 넘어질까 조심하라"(고전 10:12).

76) "우리가 알거니와 우리의 옛 사람이 예수와 함께 십자가에 못 박힌 것은 죄의 몸이 죽어 다시는 우리가 죄에게 종 노릇 하지 아니하려 함이니"(롬 6:6) 참조.
　죄악(sins)과 죄(Sin)와의 차이를 말하고 있다. **죄악**은 악행을 말하며, 죄는 악행의 동인(動因), 죄의 근원, 또는 **죄종**(罪宗)을 말한다. 잡초에 비견하자면 그 뿌리가 죄종에 해당한다. 잡초를 제거하기 위해서는 뿌리(죄종)를 뽑아야 한다. 거미줄을 치우기 위해 거미를 잡는 것과 같다.

철야하고, 일찍 일어나고, 바닥에서 자고, 거친 고행복을 입는다고 해도, 심지어 두 눈을 뽑고 혀를 자르고 귀와 코를 틀어막고 성기를 자르는 등[77] 갖은 고통을 육체에 가해도, 이 모두가 소용없을 것입니다. 죄를 향한 충동과 성향은 항상 내면에 존재할 것입니다.

또 자기 죄로 인하여, 또는 그리스도께서 당하신 고난으로 인해 슬퍼하고 눈물을 흘리거나 천국의 기쁨을 기억하는 것이 당신에게 무슨 유익이 되겠는지요?[78] 물론 그것은 큰 유익함과 도움과 은혜일 것입니다. 그러나 사랑의 맹목적인 충동(blind impulse of love)에 비하면, 그러한 슬픔이나 기쁨이 이룰 수 있는 것은 없습니다. 이것이 바로 마리아가 선택한 "좋은 편"입니다. 이것이 없는 슬픔이나 기쁨은 어떤 유익이 되지

---

[77] "어머니의 태로부터 된 고자도 있고 사람이 만든 고자도 있고 천국을 위하여 스스로 된 고자도 있도다 이 말을 받을 만한 자는 받을지어다"(마 19:12).

[78] "내가 내게 있는 모든 것으로 구제하고 또 내 몸을 불사르게 내줄지라도 사랑이 없으면 내게 아무 유익이 없느니라"(고전 13:3).

못합니다. 그것은 이 세상에서 가능한 범위 안에서 죄의 근원을 파괴할 뿐만 아니라, 덕을 얻게 합니다.[79] 그것이 진정으로 심어질 때, 모든 덕이 완전하고 세밀하게 심어지고, 경험되고, 거기에는 어떤 인간적인 동기가 섞이지 않기 때문입니다.[80] 또 사람이 아무리 많은 덕을 가지고 있더라도, 이것이

---

79) 저자는 여기서 활동적(active) 정화와 피동적(passive) 정화에 관해서 언급하고 있다. 활동적인 정화 과정은 성령의 역사하심에 인간의 노력이 연합하는 것과 달리(synergysm), 수동적 정화 과정은 오롯이 하나님의 역사하심만 작용한다. 후자를 피동적이라는 표현은 자유의지를 가진 인간에게 적용하는 것은 맞지 않고, 차라리 하나님의 역사하심을 수용하는 태도가 적합하다. 이를 영성학에서는 하나님이 일방적으로 은혜를 부어주신다고 해서 주부적(注賦的, infused)이라고 한다. 수용적이며 주부적인 태도를 주님을 맞이하는 마리아의 태도에서 볼 수 있다. 그러나 이 세상에서 육신을 입고 사는 우리에게는 마르다와 마리아의 태도가 연합하고 조력하는 삶이 필요하다는 것을 이 책에서 말하고 있다.

80) 이 문장을 이해하기 위해서, 먼저 덕(德, ἀρέτη)에 관한 개념을 이해하는 것이 중요하다. 덕이란 인간 본연의 존재 목적에 부합하게 하는 기능을 말한다. 아리스토텔레스는 사회적 인간이 갖추어야 할 중추가 되는 네 가지 덕을 지의용절(智義勇節)을 들었다. 중세 신학자 토마스 아퀴나스는 여기에다 복음의 삼 덕 믿음, 소망, 사랑을

없으면 사악한 동기가 섞여 불완전한 덕이 될 것입니다.

덕이란 오직 하나님을 대상으로 삼는 통제되고 절제된 정감(affection)입니다.[81] 하나님이 모든 덕의 순수한 원인이십니

추가해서 기독교인의 일곱 가지의 덕으로 정립했다.

기독교적 덕이란 하나님의 성품 즉, **성성(聖性**, 벧후 1:6-7 참조)을 말한다. 인간 **실존**은 그 **본질**에 못 미치는데, 이것은 원초적으로 원죄로 인하여 부덕(不德)의 소치(所致)이다. 실존 인간이 본디 인간 존재의 목적에 부합하려면 덕을 닦아야 하는데, 이를 수덕(修德, ascetic)이라고 하며, 이것을 **영성형성훈련**이라고도 한다.

81) 정감(affection)이란 어떤 대상에 대해 갖는 호감(好感)을 말한다. 마음은 호감을 느끼는 것에 향하고 그것을 취(取)하려고 한다. 반대로 악감(惡感)의 대상은 미워하거나 혐오한다. 그러므로 호감은 마음의 기울기(inclination) 즉, 지향(指向)을 나타낸다, "하나님을 정감한다"라는 말은 "하나님을 사랑함으로 마음이 하나님을 향하고 있다"라는 것을 표현하는 것이다. 사도 베드로는 여덟 가지 신성한 성품 중 마지막 여덟 번째로 "사랑"을 나열했다: "그러므로 너희가 더욱 힘써 너희 믿음에 덕을, 덕에 지식을, 지식에 절제를, 절제에 인내를, 인내에 경건을, 경건에 형제 우애를, 형제 우애에 사랑을 더하라"(벧전 1:,5-7).

관상적 기도는 사악에 물든 정념을 길들이고 절제하는 "하나님의 일"(聖務, Opus Dei)이며, 이 기도를 통해서 하나님의 성품 즉, 성덕이 내면에 형성한다.

다. 따라서 하나님이 주된 원인이 되신다고 하더라도 여기에 하나님이 아닌 다른 것이 섞여 있다면, 그 덕은 불완전한 것입니다.[82] **겸손과 사랑**이 좋은 본보기입니다. 이 두 가지 덕을 함께 소유한 사람에게는 다른 덕이 필요하지 않습니다. 그는 모든 덕을 소유하고 있기 때문입니다.

---

82) 순수한 정감이란 깨끗한 마음으로 사랑하는 마음을 말한다 (마 5:8). 그러나 깨끗한 마음, 순수한 사랑에 오염물이 섞이면 그것은 완전한 것이 못 된다. 초기 기독교 수도사들은 이 오염물을 정념(pathos)이라고 했다. 그러니까 정념은 순수하고 깨끗한 마음에 장애를 일으키고 순수성을 잃게 하여 완전한 사랑을 훼손한다.

정념에 대항하는 것은 인간의 조건을 겸허하게 받아들임으로써 **겸손**한 것, 그리고 천지를 지으시고 우리를 사악한 정념에서 구해주실 전능하신 하나님을 **사랑**하는 것이 으뜸되는 하나님의 성품이다.

13 겸손의 본질: 완전한 겸손과 불완전한 겸손

먼저 겸손이라는 덕[83]을 살펴보겠습니다. 비록 하나님이 그 주된 원천이라고 해도, 주된 원천과 섞여 있는 다른 원

---

83) 초대 사막의 수도사들은 여덟 가지의 악덕(정념) 중 마지막이 교만인 데 반해 서방기독교의 칠죄종에서는 첫 번째로 교만을 꼽는다. 그래서 서방기독교 전통에 속한 저자는 교만이라는 악덕의 치료제인 겸손의 덕을 먼저 다루고 있다.
초기 기독교 수도사 에바그리오스와 요한 카시아누스는 죄의 원인으로 여덟 가지 정념으로 정립했다. 정념이란 성경 용어가 아니지만, 그 내용상으로는 "가라지"(마 13:25), "악한 생각들"(막 7:21)에 해당한다. 이들에 의하며 여덟 가지 정념(생각들)은 군대와 같이 조직적이며 서로 상조하여 작전을 펼치며, 정적인 것이 아니라 동적인 세력으로 보아서 "마귀"와 동의어로도 사용한다(『필로칼리아』 제1권 "에바그리오스", "요한 카시아누스" 관련 텍스트 참조).
여덟 가지 정념 중에서 가장 고약한 것은 허영(일곱 번째)과 교만(여덟 번째)인데. 이 두 정념을 대적하는 데 가장 효과적인 것은 겸손이다. 겸손(humility)이란 자신을 티끌, 흙(*humus*), 하나님의 피조물, 죽음 등 인간의 조건(human conditions, 창 3:16-19 참조)을 철저히 인식하는 태도를 말한다.

천에서부터 흘러나오는 겸손은 불완전한 것입니다.[84] 하나님만을 원천으로 하는 겸손은 완전한 것입니다. 이 문제를 제대로 이해하려면, 먼저 겸손의 본질을 알아야 합니다. 그래야 겸손의 원인이 되는 정신을 분명히 이해할 수 있을 것입니다. 겸손이란 사람이 자신의 참모습을 바로 의식하고 이해하는 것입니다. 자신의 참모습을 알고 이해하는 사람은 겸손할 것입니다.[85] 우리를 겸손하게 하는 원인이 두 가지가 있습니다. 하나는 자신이 죄로 인하여 비참하고 더럽고 연약함을 깨닫는 것입니다. 아무리 거룩한 사람이라도 이 세상에 사는 동안에는 항상 이것을 기억해야 합니다. 또 하나는 하나님의 넘치

---

84) 가장 고약한 정념은 허영에 오염된 교만이다.

85) 겸손에 두 가지의 의미가 있다. 하나는 **자발적인 겸손**(voluntary humility)이며, 또 하나는 **헌신적인 겸손**(devout humility)이다(Walter Hilton, 『완전한 저울』 II, 제37장 참조). 이 둘은 각기 인간의 **지적인 능력**(knowing power, *intelligentiae*)과 **사랑의 능력**(loving power, *affectionis*)에 기인한다. 자발적인 겸손은 이성의 능력을 동원해서 자신의 연약함과 죄성을 인식함으로써 겸손해지는 것이며, 헌신적인 겸손은 하나님의 은혜로 말미암아 완전하게 겸손해지는 것이다.

는 사랑과 탁월하심입니다.[86] 이러하신 하나님을 볼 때 자연은 두려워 떨며, 지식 있는 사람은 바보가 되며, 성인들과 천사들은 눈이 멀게 됩니다. 지혜로운 하나님이 관상과 은혜로 주어진 본성적인 능력 사이에 균형을 이루게 해주지 않으신다면, 그들에게 어떤 일이 일어날지 모릅니다.

겸손하게 해주는 이 두 번째 원인은 영원히 지속될 것이기 때문에 완전합니다. 첫 번째 원인은 불완전합니다. 그것은 이 세상이 끝날 때 사라질 것이며, 또 하나님이 허락하시기만 하면 소원을 증가시켜 주는 풍성한 은혜를 통해서 이 썩을 육신 안에 사는 영혼이 갑자기 자신의 존재에 대한 모든 의식과 경험을 상실하거나 망각하며 자신의 거룩함이나 비참함을 전혀 생각하지 않을 수도 있기 때문입니다. 그러한 망각이나 상실의 경험이 얼마나 자주 일어나는지는 모르지만, 그러한 경

---

86) 인간을 망치는 세 가지 원인은 **무지, 망각, 게으름**이다. 이 셋은 인간 영혼의 세 가지 기능(지식, 기억, 부지런함)에 **역기능적**이다. 이 중에 인간의 죽음과 연약함과 죄성을 망각하고, 하나님의 선하심과 무한한 사랑을 망각할 때 허영과 교만이 닥친다. 그러므로 하나님과 죽음을 기억하는 사람은 어디에 있든지 죄를 지을 수 없다.

험이 아주 잠시 지속된다고 생각합니다. 그 경험을 하는 동안, 영혼은 철저히 겸손해집니다. 왜냐하면 영혼은 주된 원인이 되시는 하나님 외에 다른 것은 알지도 못하고 경험하지도 못하기 때문입니다. 그러나 영혼이 **주된 원인인 하나님** 외에 다른 것을 경험하고 알게 될 때마다, 겸손은 불완전하게 됩니다.[87] 그렇지만 불완전한 겸손도 선한 것이며, 우리는 항상 그것을 가지고 있어야 합니다. 하나님은 겸손을 달리 이해하는 것을 금하십니다.

---

87) 어떤 대상을 경험할 때, 그 결과가 기억에 담긴다. **마음은 기억 장치**이다. 다시 말해서 사악한 것을 정신이 경험하는 순간 그것이 어떤 상으로 지어져서 **마음의 생각들**로 형성된다. 사악을 경험하는 만큼 마음이 오염되므로 진정한 겸손에서 멀어지게 된다는 사실을 알아야 한다.

14 현세에서 먼저 불완전한 겸손을 이룬 다음에 완전한 겸손에 이른다.

비록 불완전한 겸손이라고 하지만, 나는 비참한 존재인 자신에 대한 이 참된 지식과 경험을 소유하겠습니다.[88] 왜냐하면 그것을 통해서 빨리 겸손의 완전한 원인과 덕을 획득할 수 있기 때문입니다. 하늘나라의 모든 성도와 천사, 그리고 세속적인 사람이나 종교적인 사람을 통틀어 세상에서 거룩한 교회 안에서 사는 모든 사람이 삶의 모든 단계에서 내가 이 완전한 덕을 획득할 수 있도록 기도만 해줄 때보다 더 빨리 완전한 겸손을 획득할 수 있습니다. 죄인이 불완전한 겸손을 거치지 않고서 완전한 겸손에 이르거나 그 덕을 보존할 수는 없습니다.

---

88) 노리지의 줄리안의 『하나님 사랑의 계시』(*Showings*, chap. 78)에서 "자비하신 주님은 사랑스럽고 은혜로우신 빛에 의해서 우리의 죄와 연약함을 계시해주십니다"라고 했다.

그러므로 비참한 존재인 자신에 대한 참된 지식과 경험을 얻기 위해서 힘껏 노력하고 수고하며, 그 방법을 알아야 합니다. 그렇게 하면 곧 본래의 하나님은 경험하지 못하나, 하나님의 참모습을 경험하고 알게 될 것입니다. 하나님 외에는 본래의 하나님을 경험할 수 없고,[89] 당신은 하늘나라의 축복 속에서도 그것을 경험하지 못할 것입니다. 당신은 하나님이 이 썩을 육신 안에 사는 겸손한 영혼에게 기꺼이 허락하시는 만큼만 그분을 경험할 것입니다.[90]

---

[89] "본래 하나님을 본 사람이 없으되 아버지 품 속에 있는 독생하신 하나님이 나타내셨느니라"(요 1:18). 여기서 "본래(at any time, πώποτε)의 하나님"이란 "하나님의 본질"(substance, οὐσια)을 의미한다. 우리 인간은 위체(또는 위격)로서의 하나님(hypostasis, ὑπόστασις)을 체험하고 느끼고 인식할 수 있지만, 하나님의 본질은 알 수 없다. 하나님만이 하나님의 본질을 아실 뿐이다. 하나님은 우리에게 위체로서의 하나님 즉, 성자(제2위)를 보내주셨다. 신학적인 용어로 특별계시라고 부른다. 이 계시는 겸손한 자에게 주어진다.

[90] "내 아버지께서 모든 것을 내게 주셨으니 아버지 외에는 아들을 아는 자가 없고 아들과 또 아들의 소원대로 계시를 받는 자 외에는 아버지를 아는 자가 없느니라"(마 11:27).

겸손의 원인에는 완전한 것과 불완전한 것이 있다고 주장했다고 해서, 내가 불완전한 겸손을 추구하지 않고 완전한 원인을 추구하는 일에만 전념하기를 원한다고 생각해서는 안 됩니다. 사실 나는 당신이 완전한 겸손에 이를 수 있다고 생각하지도 않습니다. 그렇지만, 나는 사람이 은혜로 말미암아 수행하거나 수행할 수 있는 모든 육신적, 영적 기도를 능가하는 이 영적 기도의 가치를 알게 해주려는 의도로 이 글을 씁니다. 하나님보다 못한 것을 보지 않는 깨끗한 영으로 하나님과 당신 사이에 놓인 이 어두운 무지의 구름 위로 들어 올린 감추어진 사랑 안에 완전한 겸손이 들어 있다는 것을 당신에게 알려 주고 싶습니다. 또 완전한 겸손이 무엇인지 당신이 알게 되며, 그것을 하나의 증표로써 당신 마음의 사랑에 두되, 당신과 나를 위해서 그렇게 행하기를 바랍니다.[91] 당신이 그것을 앎으로써 더욱 겸손해지기를 원합니다. 종종 지식의 부족은 큰 교만의 원인이 됩니다.

---

91) "사랑아 네가 어찌 그리 아름다운지, 어찌 그리 화창한지 즐겁게 하는구나"(아 7:6).

만일 당신이 완전한 겸손이 어떤 것인지 모른다면, 내가 불완전한 겸손이라고 말한 것을 잘 알지 못하고 경험하지 못했기 때문에 자신이 완전한 겸손에 거의 도달했다고 생각할는지도 모릅니다. 당신은 미혹되어 실제로는 더럽고 냄새나는 교만에 싸여 있으면서도 스스로 매우 겸손하다고 생각할 것입니다. 그러므로 완전한 겸손을 얻도록 노력하십시오.[92] 완전한 겸손을 소유한 사람은, 그것을 가지고 있는 동안에는 범죄하지 않을 것이며, 그 후에 범죄한다고 해도 크게 범죄하지는 않을 것입니다.

---

[92] 인간(human)이라는 라틴어 어원은 *humus*라고 한다. 휴무스란 흙(earth, soil), 또는 낮은(*humilis*)이라는 뜻이 있는데, 여기서 파생된 것이 겸손(humility)이다. 어느 영성가는 인간은 흙(*humus*)이며, 자신의 존재가 흙이라는 사실을 기억하는 것이 겸손(humility)이라고 했다. 그러므로 모름지기 인간이란 자신이 티끌임을 망각하지 않는 것, 그리고 "하나님이 지으신 피조물임을 기억하는 것이 겸손한 인간의 참모습이다"라고 했다. "너는 흙이니 흙으로 돌아갈 것이니라"(창 3:19).

15 겸손에 이르는 가장 좋은 방법은 자기의 사악함을 기억하는 것이라는 잘못된 주장에 대한 간단한 논박

앞에서 언급한 것과 같은 완전한 겸손이 분명히 있다는 것, 그리고 현세에서 은혜를 통해 그것을 획득할 수 있음을 굳게 믿으십시오. 이것은 과거에 지은 죄와 자신의 비참함을 의식하는 것이 완전한 겸손의 원인이라고 주장하는 사람들의 잘못을 반박하기 위해 하는 말입니다.

습관적으로 죄를 짓는 사람들이 활용할 수 있는 가장 필요하고 편리한 원인은 다음과 같습니다. 자신의 비참함 및 과거에 지은 죄를 의식하여 양심과 영적 지도자의 증언에 따라 죄가 거의 완전히 제거될 때까지 자신을 낮추는 일입니다.[93]

---

[93] 정화의 과정에서 먼저 자신의 죄와 잘못을 회상하고 애통하며 하나님께 고백하는 겸손을 행하는 일이 선행(先行)되어야 한다. 이는 철 표면에 슨 녹을 사포로 문질러서 제거하듯이, 은혜로써 영혼에 슨 죄를 제거하는 것과 같다. 이것은 하나님의 은혜로 가능하다. 실천적인 면에서는 영적 지도자의 지도가 매우 중요하다. 영적 지도에 관

그러나 어느 면으로 보나 죄가 없는 사람들, 알면서 고의로 범죄한 것이 아니라 약하고 무지해서 범죄한 사람들, 관상생활을 하려고 노력하는 사람들, 그리고 자기 양심과 영적 지도자로부터 거룩한 교회의 법과 명령에 따라 회개하고 통회하며 그에 합당한 보속을 실천함으로써 개심했다는 증거를 확보했으며 관상생활을 하라는 감동과 소명을 받았음을 깨달은 사람들에게는 겸손해야 하는 또 다른 원인이 있습니다.[94] 그

해서 『사막 교부들의 금언』(은성출판사, 엄성옥 역)을 참조하기를 바란다.

94) 사악한 정념을 대적해서 싸우는 사람 중에 어느 정도 높은 경지에 오른 사람을 대상으로 삼는데, 영적으로 높이 오른 만큼 더 거세게 작용하는 정념이 있다. 그것이 바로 허영과 교만이다.
예를 들면 식탐이라는 정념을 대적하기 위해서 금식으로 싸우는데, 어느 정도 그것을 물리치면, 패배한 금식은 제2차 전장(戰場)으로 물러나서 허영이라는 교활한 정념으로 변장해서 나타난다. 이때 허영의 강도(强度)는 금식에 능숙한 정도와 비례하는데, 그만큼 자신의 금식을 자랑하게 만든다. 대부분 기독교인은 제2차 전장에서 패배하기 쉽다. 허영은 교만이라는 딸과 항상 동행한다. 사막 교부들은 허영과 교만을 모녀 관계로 정의하는데, 모든 수덕적이 활동에 대해 두 번째 전선에서 교활하게 활동한다. 허영과 교만의 치료제는 겸손이다.

것은 첫 번째 원인보다 훨씬 고귀한 것입니다. 그것은 그리스도의 삶이 이 세상에 사는 모든 사람의 삶보다 고귀하며, 연약함을 알지 못하는 하늘나라 천사들의 삶이 이 세상에 사는 매우 연약한 사람의 삶보다 고귀한 것과 같습니다.

자신의 비참함을 보거나 경험하는 것이 겸손의 완전한 원인이라고 주장하는 사람들에게, 자신의 비참함이나 죄의 요동을 보거나 깨닫지 못한 사람들은 어떤 원인 때문에 겸손해지느냐고 묻고 싶습니다. 예수 그리스도께서는 이러한 겸손, 그리고 온갖 종류의 완전함에 이르라고 말씀하십니다. 복음서에서 주님은 자신이 본질적으로 완전하신 것 같이 우리도 은혜로 말미암아 완전하게 되어야 한다고 말씀하십니다.[95]

저자는 이러한 차원에서 겸손을 강조하고 있다. 저자가 가르치고자 하는 기도 실천에 어느 정도 진보한 사람에게 가장 먼저 찾아온 원수가 바로 허영과 그녀의 딸 교만인데, 이 정념들에 대적하기 위해서는 겸손을 강조하고 있다. 겸손하기 위해서는 창조주 **하나님**과 인간의 조건인 **죽음을 항시 기억하는** 것이 효과적이다.

95) "그러므로 하늘에 계신 너희 아버지의 온전하심과 같이 너희도 온전하라"(마 5:48).

16 진심으로 회심하여 관상의 소명을 받은 죄인은 이 기도로 신속하게 완전에 이르고, 하나님으로부터 속히 죄 사함을 받는다.

살아 있는 사람 중에서 가장 비참한 죄인이 진심으로 회심하고, 관상생활의 소명을 받았음을 자기 양심과 영적 지도자로부터 인정을 받은 후 자신과 하나님 사이에 놓인 무지의 구름을 은밀히 두드리면서 하나님께 겸손한 사랑을 바치는 것을 주제넘은 일이라고 생각해서는 안 됩니다. 관상생활의 소명을 받은 모든 죄인을 대표하는 죄 많은 여인 막달라 마리아에게 주님은 "네 죄사함을 얻었느니라"고 말씀하셨습니다.[96] 이것은 막달라 마리아가 자기 죄를 깨닫고 크게 슬퍼했기 때문이 아니고, 자신의 비참함을 보고 겸손해졌기 때문

---

96) "이러므로 내가 네게 말하노니 그의 많은 죄가 사하여졌도다 이는 그의 사랑함이 많음이라 사함을 받은 일이 적은 자는 적게 사랑하느니라 이에 여자에게 이르시되 네 죄 사함을 받았느니라 하시니"(눅 7:47-48).

도 아니라, 주님을 매우 사랑했기 때문입니다.[97] 여기서 우리는 이 **감추어진 사랑의 충동**이 주님에게서 무엇을 얻어낼 수 있는지 알 수 있습니다. 그것은 우리가 행할 수 있다고 생각하는 모든 기도를 능가합니다.

어쨌든, 막달라 마리아는 자기의 죄 때문에 크게 애통해하고 슬피 울었으며,[98] 자신의 비참함을 깨닫고 매우 겸손해졌습니다. 평생 비참하게 살아왔고 상습적으로 죄를 범해온 우리도 막달라 마리아처럼 행해야 합니다. 지은 죄로 인해 애통해야 하며, 자신의 비참함을 깨닫고 깊이 겸손해져야 합니

---

97) 하나님은 우리가 죄로 인하여 슬퍼한다고 해서가 아니라 사랑함으로써 용서하신다. 이 사랑의 원천은 하나님의 은혜이다. 왜냐하면 "그가 먼저 사랑하셨고" 우리가 사랑할 수 있도록 은혜를 주셨기 때문이다. 우리가 자신의 죄악성은 성령을 통해서만 알 수 있으므로 특별한 죄를 회상하는 것은 좋은 것이다. 그렇지 않으면 우리는 교만에 빠진다. 그러므로 우리는 마음에 지은 죄가 떠오를 때마다 슬퍼해야 한다. 그러나 이 관상을 수행하는 데 있어서 이 슬픔이 방해하도록 버려두어서는 안 된다. 더 높은 사랑의 경지로 승화하기 위해서는 이 **슬픔을 버려두고 떠나야** 한다.

98) 눅 7:37-38; 22:61-62 참조.

다.[99]

어떻게 하면 그렇게 할 수 있을까요? 막달라 마리아처럼 하면 됩니다. 막달라 마리아는 자기 죄로 인한 깊은 슬픔을 마음에서 제거할 수 없었지만, 마치 다발로 묶어 마음의 동굴 속에 은밀히 보관하듯이[100] 평생 그것을 지니고 다녔으며 절대로 잊지 않았습니다. 성경에 막달라 마리아는 자기 죄를 깨닫고 슬퍼한 것보다 사랑이 부족한 것 때문에 더 크게 슬퍼했습니다. 막달라 마리아는 큰 사랑을 품고 있었지만, 사랑이

---

[99] "내가 일어나 아버지께 가서 이르기를 아버지 내가 하늘과 아버지께 죄를 지었사오니"(눅 15:18); "세리는 멀리 서서 감히 눈을 들어 하늘을 쳐다보지도 못하고 다만 가슴을 치며 이르되 하나님이여 불쌍히 여기소서 나는 죄인이로소이다 하였느니라 내가 너희에게 이르노니 이에 저 바리새인이 아니고 이 사람이 의롭다 하심을 받고 그의 집으로 내려갔느니라 무릇 자기를 높이는 자는 낮아지고 자기를 낮추는 자는 높아지리라 하시니라"(눅 18:13-14).

[100] "나의 사랑하는 자는 내 품 가운데 몰약 향주머니요…바위 틈 낭떠러지 은밀한 곳에 있는 나의 비둘기야 내가 네 얼굴을 보게 하라 네 소리를 듣게 하라 네 소리는 부드럽고 네 얼굴은 아름답구나"(아 1:12; 2:14).

부족하여 거의 죽을 정도로 슬퍼했습니다. 이것은 결코 놀라운 일이 아닙니다. 참된 연인은 사랑하면 할수록 더욱더 사랑하기를 원하는 법입니다.

그렇습니다. 막달라 마리아는 참 진리 안에서 경험을 통해서 자신이 누구보다 악하고 비참한 사람이라는 것, 그리고 죄가 자신이 그처럼 사랑하는 하나님과 자기 사이를 갈라놓았다는 것을 잘 알고 있었습니다. 그리고 사랑의 부족으로 인한 이 만성병의 원인도 죄라는 것을 알고 있었습니다. 그래서 막달라 마리아는 어떻게 행동했습니까? 그녀는 자기가 바라던 가장 높은 곳에서부터 죄악된 삶의 계곡으로 내려가서 더럽고 악취가 나는 죄의 구렁텅이 속에서 헤매고 다니면서 죄를 하나씩 차례로 들어올리며 슬퍼하고 눈물을 흘렸습니까? 그렇지 않습니다. 막달라 마리아는 그런 일을 하지 않았습니다. 그 이유는 무엇입니까? 그렇게 해서는 아무것도 이룰 수 없으리라는 것을 하나님이 알려 주셨기 때문입니다. 이런 방법을 사용했다면, 죄사함을 받기보다는 오히려 그녀의 내면에 있는 죄를 향한 성향을 증대시켰을 것입니다.

막달라 마리아는 자신의 사랑과 간절한 열망을 이 무지의 구름 속에 묶어 두었고, 현세에서 이성적인 지성의 빛으로는 분명히 볼 수 없지만, 감성적인 사랑 안에서 경험하는 것, 사랑하는 법을 배웠습니다. 그리하여 그녀는 자신이 과거에 죄인이었다는 사실에는 거의 관심을 두지 않았습니다. 그녀는 주님의 거룩한 사랑에 매우 감동하여 자신에게 말씀하시는 주님의 귀하고 복된 육체의 아름다움에는 관심을 기울이지 않았을 것입니다. 육체적이든 영적이든 그 외의 다른 것은 바라보지 않았을 것입니다. 이것이 복음이 증언해 주는 사실입니다.

17 참된 관상자는 활동적인 생활에 관여하기를 원하지 않으며, 자기를 비방하는 말이나 행동에 관심을 두지 않는다.

누가복음에는 주님이 마르다의 집에 가셨을 때의 일이 기록되어 있습니다.[101] 마르다는 바삐 음식을 준비하고 있었고, 마리아는 주님의 발아래 앉아 있었습니다. 마리아는 주님의 말씀을 듣는 데 몰두해 있었기 때문에 바쁘게 일하는 언니 마르다를 도와주지 않았습니다. 물론 마르다의 활동은 **활동적 삶의 하위 단계**로서 선하고 거룩한 것입니다. 마리아는 주님의 복된 몸의 소중함에도 관심을 두지 않았습니다. 또 **활동적인 삶의 상위 단계이며 관상생활의 하위 단계**로서 더 선하고 거룩한 일, 즉 주님의 말이나 음성에 주의를 기울이는 일도 하지 않았습니다. 마리아는 마음으로 사랑을 다 하여 인성의 어두운 말로 표현된 신성의 지고한 지혜를 관상하고 있었

---

101) 누가복음 10장 38-43절을 참조하라.

습니다. 마리아는 주위에서 일어나는 일로 인해 주님의 곁을 떠나고 싶지 않았습니다. 마리아는 꼼짝도 하지 않고 주님 곁에 앉아서 자신과 하나님 사이에 드려져 있는 높은 무지의 구름을 공격하기 위해서 감미롭고 갈망하는 사랑을 올려보냈습니다.

여기서 당신에게 말해야 할 것이 있습니다. 하나님을 사랑하고 관상하는 데 몰두한 사람, **자신과 하나님 사이에 놓인 무지의 구름**을 발견하지 못할 정도로 순수한 피조물은 없습니다. 마리아는 이 구름 속에서 자신의 감추어진 사랑을 내보내고 있었습니다. 그것이 현세에서 소유할 수 있는 관상의 가장 신성하고 거룩한 부분이었으며, 마리아는 그것을 무엇과도 바꾸고 싶지 않았습니다. 그러므로 마르다가 주님께 와서 마리아에 대해 불평하면서 자기를 도와주라고 명령해 달라고 요구했을 때도 마리아는 한 마디도 대꾸하지 않고 앉아 있었습니다. 마르다가 아무리 불평해도 마리아는 얼굴을 찌푸리지 않았습니다. 마르다는 알지 못했지만, 마리아에게는 해야 할 일이 있었습니다. 그러므로 마리아는 마르다의 불평에 귀

를 기울이거나 대꾸할 여유가 없었습니다.[102]

친구여, 우리 주님과 이 두 자매 사이에서 이루어진 이 모든 행위와 말과 표정은 그때 이후로 거룩한 교회 안에서 살아왔고, 앞으로 심판의 날까지 살게 될 모든 관상가와 활동가의 본보기로 주어진 것입니다. 마리아는 모든 관상가를 대표합니다. 관상가들은 자신의 행위를 마리아의 행위에 일치시켜야 합니다. 마르다는 활동가를 대표합니다.

---

[102] "그에게 마리아라 하는 동생이 있어 주의 발치에 앉아 그의 말씀을 듣더니 마르다는 준비하는 일이 많아 마음이 분주한지라 예수께 나아가 이르되 주여 내 동생이 나 혼자 일하게 두는 것을 생각하지 아니하시나이까 그를 명하사 나를 도와 주라 하소서 주께서 대답하여 이르시되 마르다야 마르다야 네가 많은 일로 염려하고 근심하나 몇 가지만 하든지 혹은 한 가지만이라도 족하니라 마리아는 이 좋은 편을 택하였으니 빼앗기지 아니하리라 하시니라"(눅 10:39-42).

18

마르다가 마리아에게 불평한 것처럼 활동가는 관상가에게 불평하는데, 그것은 무지(無知) 때문이다.

마르다가 동생 마리아에게 불평한 것처럼, 오늘날까지도 모든 활동가는 관상가에 대해서 불평합니다.[103] 이 세상에서 종교적인 사람들이나 세속적인 사람들과 어울려 지내면서 하나님의 은혜와 지도자의 충고를 받아 모든 표면적인 일을 관두고 완전히 관상생활을 하도록 감화받고 있음을 의식하는 사람[104]은 자기의 양심과 영적 지도자가 어떻게 충고하는지를 잘 압니다. 또 형제자매, 좋은 친구들, 그리고 그의 생

---

103) 이 책은 14세기, 그러니까 종교개혁 전에 집필되었으므로, 오늘날 복음주의적 개신교회 전통에서 수도원 제도 및 수도생활에 대한 비판적인 태도를 염두에 둔 것은 아니다. 그러나 지금 이 책을 읽는 개신교 독자라면 **수도자적인 신앙생활 태도**에 관해 한번 깊이 생각해 볼 필요가 있다.

104) 카르투지오 수도사들(Carthusians)을 지칭한다. 카르투지오 수도생활에 관해서 영화 『위대한 침묵』에서 볼 수 있다.

활 방식과 내면의 움직임을 알지 못하는 많은 사람이 자기에게 많은 불평을 한다는 것도 압니다. 그런 사람들은 그가 아무 일도 하지 않는다고 신랄하게 책망합니다. 그리고 관상생활을 하다가 그만둔 사람들에 대해서 여러 가지 이야기를 해주는데, 거기에는 실제의 이야기도 있고 꾸며낸 이야기도 있습니다. 그러나 꾸준히 관상생활을 유지한 사람들에 대해 이야기는 하지 않습니다.

세상을 버린 것처럼 보이는 사람, 과거에 타락했던 사람, 참된 영적 조언을 따르지 않았기 때문에 하나님의 종이요 관상가가 되지 않고 마귀의 종이 된 사람이 많습니다. 그런 사람들은 위선자나 이단자로 판명되거나, 광신자가 되거나, 불행한 일을 당하여 거룩한 교회에 오명을 남깁니다. 그들에 대해서 이야기하는 것은 곁길로 빠지는 일이기 때문에, 이만큼만 이야기하겠습니다. 하나님의 뜻이라면, 나중에 그들이 변절하게 된 원인과 그 본질에 관해서 이야기하겠습니다.

19 저자의 간단한 변론: 활동가들이 관상자의 행위와 말에 대해 불평해도 관상자들은 그들을 용서해야 한다.

내가 마리아에 대한 마르다의 불평을 세상 사람들의 말과 비교한다고 해서, 내가 특별한 성도인 마르다를 존경하지 않는다고 생각하는 사람들도 있을 것입니다. 그러나 나는 조금도 마르다나 세상 사람들을 무시하려는 뜻이 아닙니다. 하나님은 이 책에서 하나님의 종들, 특히 특별한 성도들을 비난하는 말을 하지 못하게 금하셨습니다. 마르다가 불평을 한 시대와 방법을 참작해 보면, 그녀가 불평한 데 대해 여러 가지 구실을 제시할 수 있습니다. 그녀가 불평한 원인은 무지였습니다. 그 당시 마리아가 주님에게 얼마나 몰두해 있었는지 마르다는 알지 못했습니다. 그때까지만 해도 마르다는 이러한 완전한 관상에 대해서 들은 적이 없었습니다. 또 마르다는 공손하고 간단히 불평했습니다. 그러므로 마르다에게는 충분한 구실이 있습니다. 마찬가지로, 이 세상에서 활동적인 생활을 하는 사람들이 앞에서 언급한 방식으로 불평할 때, 그들에게는 충분한 구실이 있습니다. 우리는 그들의 무지를 참작해야 합니다. 동생 마리아가 무엇을 하고 있는지 알지 못했기 때문에 마르다가 불평한 것처럼, 오늘날 하나님의 제자들이 세상일을 버리고 거룩하고 의로운 정신을 가진 하나님의 특별한 종이 되려 할 때 세상 사람들은 이들이 무엇을 하는지를 알지 못합니다. 알았다고 하더라도 그렇게 말하거나 행동하지 않을 것입니다. 그들이 자신이 영위하는 삶보다 더 **좋은** 생활 방식을 알지 못하고 있다는 것을 우리는 참작해야 합니다. 게다가 과거에 내가 무지해서 말이나 행동으로 범한 많은 잘못을 생각해 보면, 내가 무지해서 범한 허물을 하나님으로부터 용서받으려 한다면, 나 또한 다른 사람들의 무지한 말과 행동을 불쌍히 여겨서 용서해야 합니다. 그렇게 하지 않으면 나는 사람들이 나를 관대하게 대해 주기를 원하면서도, 나 자신은 사람들을 그렇게 대하지 않는 것입니다.[105]

---

105) "그러므로 무엇이든지 남에게 대접을 받고자 하는 대로 너희도 남을 대접하라 이것이 율법이요 선지자니라"(마 7:12).

20 자기변명을 위해서 하나님을 사랑하는 일을 그만두기를 원하지 않는 사람들을 대신하여, 전능하신 하나님이 충분히 대답해 주실 것이다.

　　관상생활을 하는 사람은 자기에 대해 불평하는 활동적인 사람들을 이해해 주어야 하며, 그뿐만 아니라 영적인 일에 몰두하여 사람들의 말이나 행동에 관심을 기울이지 말아야 합니다. 마리아가 그렇게 행동했습니다. 마르다가 주님께 와서 불평했을 때, 마리아가 보인 태도는 우리의 본이 됩니다. 우리가 마리아처럼 행동한다면, 주님은 우리를 위해서 과거에 마리아에게 하셨던 것처럼 행하실 것입니다.

　마르다는 주님에게 재판관으로 행동하여 마리아에게 일어나서 자기를 도와주라고 명령해 달라고 부탁했지만, 사랑이 많으신 주 예수님은 자기의 사랑에서 떠나지 않으려는 마리아를 변호하기 위해서 정중하고 합리적으로 대답하셨습니다. 그것은 마리아가 영적으로 주님의 신성을 사랑하여 몰두해 있는 것을 아셨기 때문입니다. 그러면 주님은 어떻게 대답하셨습니까? 주님은 마르다의 고소를 담당한 재판관으로서만 아니라 자기를 사랑하는 마리아를 위한 변호인으로서 변호하셨습니다. 그리고 "마르다야 마르다야"라고 말씀하셨습니다. 마르다가 주님의 말을 듣고 주의를 기울이기를 원하셨기 때문에 다급하게 두 번이나 마르다의 이름을 부르신 것입니다. "너는 많은 일로 염려하고 근심하고 있다." 활동가들은 항상 여러 가지 일에 몰두하여 바삐 활동합니다. 그들은 처음에는 자신을 위해서, 나중에는 동료 기독교인을 위한 자비로운 행위에 몰두합니다. 주님은 마르다가 하는 일이 그녀의 영혼 구원에 유익하고 선한 것임을 알게 하고 싶어서 그렇게 말씀하셨습니다. 그러나 그것이 사람이 할 수 있는 최선의 일이라고 생각하는 것을 막기 위해서 "한 가지만이라도 족하니라"라고 덧붙여 말씀하셨습니다.

그 한 가지는 무엇입니까? 사람이 행할 수 있는 육체적·영적인 모든 일을 관두고 오직 하나님을 사랑하고 찬양하는 일입니다. 하나님을 사랑하고 찬양하면서 동시에 이 세상에 필요한 일도 바삐 행할 수 있다고 생각하지 않게 하려고, 주님은 육적인 일과 영적인 일을 동시에 하면서 하나님을 완전하게 섬길 수 없다고 분명히 가르쳐 주셨습니다. 물론 불완전하게 섬길 수는 있지만, 완전하게 섬길 수는 없습니다. 그래서 주님은 "마리아는 이 좋은 편을 택하였으니 빼앗기지 아니하리라"라고 말씀하셨습니다. 이 세상에서 시작된 완전한 사랑의 활동은 모든 면에서 천국에서 영원히 지속될 것과 동등하므로, 그 둘은 하나입니다.[106]

---

106) "시온의 딸들아 나와서 솔로몬 왕을 보라 혼인날 마음이 기쁠 때 그의 어머니가 씌운 왕관이 그의 머리에 있구나"(아 3:11).

21 "마리아는 이 좋은 편을 택하였으니"의 정확한 해석

"마리아는 이 좋은 편을 택하였으니"라는 말씀은 무엇을 의미합니까? 가장 좋은 것을 밝히거나 거론하려면, 좋은 것과 더 좋은 것이 먼저 있어야 합니다. 순서로는 가장 좋은 것이 마지막 세 번째입니다. 마리아는 가장 좋은 것을 선택했는데, 그렇다면 이 세 가지 좋은 것은 무엇입니까? 세 종류의 생활은 아닙니다. 왜냐하면 거룩한 교회는 활동적인 생활과 관상생활만 있기 때문입니다.[107] 이 두 종류의 삶은 마르다와 마르다의 이야기에서 풍유적으로 이해됩니다. 마르다는 활동

---

107) 저자는 여기서 **관상의 두 상태**에 관해서 말한다: **활동적(수득적) 관상; 주부적 관상**. 수득적(acqired)이란 인간의 노력이 하나님의 은총에 협동하는 영역이며, 주부적(infused)이란 하나님이 일방적으로 강권하시는(고후 5:14) 관상 상태이다. 에바그리우스는 전자를 **실천**, 후자를 **신비**의 영역이라 하면서, 이 두 영역이 겹치는 부분을 **실천적 신비**(무정념)라고 했다. 저자는 수득적이 **좋은 것**, 실천적 신비는 **더 좋은 것**, 주부적 관상생활이 **가장 좋은 것**이라고 말한다.

적인 생활을, 마리아는 관상생활을 상징합니다. 이 두 종류의 삶에서 벗어난 사람은 구원받을 수 없습니다.[108] 또한 선택의 대상이 두 개뿐일 때는 가장 좋은 것을 선택할 수 없습니다.

거룩한 교회에서는 두 종류의 삶이 있는데, 이 두 종류의 삶은 다시 세 부분으로 나누어집니다. 이 세 부분에 관해서는 이 책 앞에서 이미 다룬 바 있습니다. 앞에서 말한 것처럼, 첫 부분은 자비와 사랑으로 행하는 선하고 정직한 육체적 행위로서 활동적 생활로서 첫 단계입니다. 이 두 가지 삶의 둘째 부분은 인간의 비참함, 그리스도의 고난, 천국의 기쁨 등에 대한 선하고 신령한 묵상입니다. 첫째 부분은 **좋은 것**이지만, 둘째 부분이 **더 좋은 것**입니다. 이것은 **활동적 생활의 두 번째 단계**이면서 **관상생활의 첫 단계**입니다. 이 부분은 활동적

---

108) "마리아는 이 좋은 편을 택하였으니"(눅 10:42)에 대해 쉽게 오해하는 부분을 지적한다. 마리아적인 삶(관상적)은 마르다의 것(활동적)에 비해 수승(殊勝)하지만, 이 세상에 사는 동안 이 둘이 연합하고 상조해야 한다. 마르다적 삶이 없이는 마리아적 삶이 불가능하다. 지상의 교회, 세상에서의 믿음을 실천하는 삶은 두 자매가 협력하는 삶이어야 한다.

인 생활과 관상생활이 영적인 관계로 결합합니다. 그 둘은 마리아와 마르다처럼 자매 관계가 됩니다. 특별한 은혜를 받지 않는 한, 활동가는 더는 진보된 관상생활을 하지 못할 것입니다. 한편, 이 단계에 도달한 관상가는 특별히 필요한 경우가 아니면 활동적인 생활로 내려가지 않을 것입니다.

이 두 가지 삶의 세 번째 부분은 무지의 구름 안에 있으며, 하나님을 향하는 많은 은밀한 사랑의 충동을 가지고 있습니다. 첫째 부분은 좋고, 둘째 부분은 그보다 더 좋지만, **셋째 부분이 가장 좋습니다.** 셋째 부분이 바로 마리아가 선택한 부분입니다. 그러므로 주님이 "마리아는 가장 좋은 생활을 선택하였다"라고 말씀하지 않았음을 분명히 알아야 합니다. 왜냐하면 거룩한 교회의 생활은 두 가지뿐이기 때문입니다. 주님은 "마리아는 이 좋은 편을 택하였으니 빼앗기지 아니하리라"고 말씀하셨습니다. 첫 부분과 둘째 부분은 모두 좋고 거룩한 것이지만, 이 세상에서 끝이 납니다. 내세에서는 우리가 자선하거나 자신의 비참함이나 그리스도의 수난 때문에 울 필요가 없습니다. 그때는 굶거나 목마른 사람이 없고, 추위나 병 때문에 죽는 사람도 없고, 감옥에 갇히는 사람도 없고 장사 지낼 필요도 없을 것입니다. 왜냐하면 그때는 누구도 죽지 않기 때문입니다.[109] 그러나 마리아가 선택한 세 번째 부분을 선택하는 소명을 받은 사람, 더욱 정확하게 말하자면 하나님의 택함을 받아 그것을 선택한 사람들은 그것을 간절히 바랍니다. 왜냐하면 그것은 절대 빼앗기지 않을 것이며, 이 세상에서 시작되어 영원히 지속될 것이기 때문입니다.

주님께서 과거에 마리아를 위해 마르다에게 "마르다야, 마르다야"라고 말씀하셨던 것처럼, 오늘도 이러한 활동가들에게 말씀하신다고 여겨야 합니다. "활동가들아, 활동가들아, 너희는 지금 첫째 부분과 둘째 부분을 오가며 바삐 행하고 있구나. 그리고 원할 때는 한꺼번에 두 부분의 일을 행하는구나. 그렇지만 관상가들을 방해하지는 말아라. 너희는 그들이 무슨 일에 전념하고 있는지 알지 못한다. 그들이 세 번째 부분, 마리아가 택한 부분을 선택하여 가만히 앉아 지내도록 내버려 두어라."

---

109) "모든 눈물을 그 눈에서 닦아 주시니 다시는 사망이 없고 애통하는 것이나 곡하는 것이나 아픈 것이 다시 있지 아니하리니 처음 것들이 다 지나갔음이러라"(계 21:4).

22 진정으로 회심한 모든 죄인을 대표하는 마리아를 향한 그리스도의 놀라운 사랑

주님과 마리아가 주고받은 사랑은 참으로 달콤했습니다. 마리아는 주님을 크게 사랑했지만, 마리아를 향한 주님의 사랑은 그보다 더 컸습니다. 결코 거짓일 수 없는 복음서의 증거에 따라서 주님과 마리아 사이에 있었던 모든 일을 올바르게 관상하는 사람은 마리아가 주님을 철저히 사랑했기 때문에 주님이 아닌 다른 것에서 위로받을 수 없었다는 것, 그리고 주님에게서 마음을 뗄 수 없었다는 것을 알 수 있을 것입니다. 여기에 등장하는 마리아가 무덤 앞에서 눈물을 흘리며 예수님을 찾으면서 천사들의 위로를 거부했던 여인입니다.[110] 천사들이 "어찌하여 산 자를 죽은 자 가운데서 찾느냐 여기 계시지 않고 살아나셨느니라 갈릴리에 계실 때 너희에

---

110) 요 20:7-18 참조

게 어떻게 말씀하신 것을 기억하라"고 말했지만, 마리아는 그곳을 떠나려 하지 않았습니다. 진실로 천사들의 왕을 찾는 사람들이라면, 천사들 때문에 그 일을 멈추어서는 안 된다고 생각했기 때문입니다.[111]

또, 복음서의 이야기를 자세히 조사해 보면, 우리에게 교훈이 되는 완전한 사랑의 본보기를 많이 발견할 수 있습니다.[112] 그것들은 마치 바로 이 목적을 위해서 기록된 것인 듯이, 이 책에 기록된 기도와 일치합니다. 제대로 이해할 수만 있다면, 그것들은 이 목적에 기여할 것입니다.

만일 복음서에서 상습적인 죄인이었지만 진심으로 회개하고 관상의 은혜로 부름을 받은 사람을 나타내는 마리아를 향한 주님의 크고 놀라운 사랑을 보기를 원하는 사람은, 어떤 사람이라도, 친언니라도 마리아를 비난하는 말을 하는 것을

---

111) 마 28:1; 요 20:11 참조.

112) "어머니의 태로부터 된 고자도 있고 사람이 만든 고자도 있고 천국을 위하여 스스로 된 고자도 있도다 이 말을 받을 만한 자는 받을지어다"(마 19:12).

주님은 용납하실 수 없었다는 것을 발견할 것입니다. 주님은 문둥병자인 시몬의 집에서 마리아에 대해 좋지 않은 생각을 품은 시몬을 책망하셨습니다.[113] 마리아를 향한 주님의 사랑은 크고 놀라운 사랑이었습니다.

---

113) 눅 7:36 이하; 막 14:1이하 참조.

23 하나님의 사랑에 몰두하여 자신을 위해서 준비하거나 답변하려는 갈망을 갖지 않은 사람들을 위해서 영적으로 준비하고 응답하는 것이 하나님의 뜻이다.

그러므로 우리가 하나님의 은혜와 지도를 받아 우리의 사랑과 삶을 마리아의 사랑과 삶에 일치시킬 마음의 준비가 되어 있다면, 주님은 날마다 우리를 비방하는 말을 하거나 생각하는 사람들의 마음속에서 영적으로 우리를 변호해 주실 것입니다. 과거에 사람들이 마리아를 비난했듯이,[114] 우리가 이 고통스러운 세상에서 사는 한 우리에 대해 좋지 않은 생각을 하거나 행동을 하는 사람은 항상 있을 것입니다. 그러나 우리가 그런 사람의 생각들이나 말에 관심을 두지 않으며, 또 그의 생각들이나 말 때문에 이 은밀한 사역을 포기하지 않는

---

114) "나로 말미암아 너희를 욕하고 박해하고 거짓으로 너희를 거슬러 모든 악한 말을 할 때는 너희에게 복이 있나니 기뻐하고 즐거워하라 하늘에서 너희의 상이 큼이라 너희 전에 있던 선지자들도 이같이 박해하였느니라"(마 5:11-12).

다면, 주님이 영적으로 우리를 대신하여 답변해 주실 것입니다. 그리하여 며칠이 지나면, 그는 자기 말과 생각을 부끄럽게 여기게 될 것입니다.115)

주님은 이렇게 영적으로 우리를 변호해 주실 것입니다. 그리고 우리가 음식이나 의복 등 이 세상에서 필요한 것을 위해서 일하려고 주님 사랑의 사역을 포기하지 않을 때, 주님은 영적으로 다른 사람들에게 지시하셔서 그런 것을 우리에게 공급하게 하실 것입니다.116) 이것은 먼저 육신을 위해 필요한 것을 확보했다고 확신하지 않는 한 관상생활을 하면서 하나님을 섬기는 일에 헌신하는 것은 옳지 못하다는 잘못된 주장을 반박하기 위해서 하는 말입니다. 그런 주장을 하는 사람

---

115) "내 모든 원수들이 부끄러움을 당하고 심히 떨이여 갑자기 부끄러워 물러가리로다"(시 6:10 참조).

116) "그러므로 염려하여 이르기를 무엇을 먹을까 무엇을 마실까 무엇을 입을까 하지 말라 이는 다 이방인들이 구하는 것이라 너희 하늘 아버지께서 이 모든 것이 너희에게 있어야 할 줄을 아시느니라 그런즉 너희는 먼저 그의 나라와 그의 의를 구하라 그리하면 이 모든 것을 너희에게 더하시리라"(마 6:31-33).

들은 하나님이 우리에게 필요한 것을 주시지만, 그 일을 주도하시지는 않는다고 말합니다. 그러나 이것은 옳지 않은 말이며, 그들도 이것이 옳지 않다는 것을 잘 알고 있습니다. 만일 당신이 참으로 회심하여 세상을 버리고 하나님에게 돌아왔다면, 당신이 주의를 집중하지 않아도 하나님이 당신에게 필요한 것을 충분히 주시거나, 그것들이 없어도 참고 견딜 수 있는 육체적·영적인 힘을 주실 것이라고 믿어야 합니다. 그렇다면, 이 두 가지 중 어느 것을 소유하느냐가 문제가 됩니다. 참 관상가에게 있어서는, 어느 것을 소유하든지 마찬가지입니다. 만일 이것을 의심하는 사람이 있다면, 비록 그가 아무리 거룩하고 그럴듯한 이유를 제시한다고 해도, 마귀가 그 사람의 마음속에 있으면서 믿음을 강탈했거나, 아니면 그는 참으로 회심하여 하나님께 돌아가지 않은 사람입니다.

그러므로 마리아처럼 관상가가 되려는 사람은 불완전한 자신의 비참함 때문에 겸손해지기보다는 놀랍고 완전한 하나님의 가치와 고귀하심을 보고 겸손해져야 합니다.[117] 다시 말해

---

117) "그러므로 하나님의 능하신 손 아래에서 겸손하라 때가 되

서, 자신의 비참함이 아니라 하나님의 탁월하심을 특별한 관상의 목적으로 삼아야 합니다. 완전한 겸손에 이른 사람에게는 육체적이나 영적인 것이 전혀 부족하지 않을 것입니다.[118] 이는 그들은 지극히 풍성하신 하나님을 소유하고 있기 때문입니다. 이 세상에서 하나님을 소유한 사람에게는 다른 것이 필요하지 않습니다.[119]

면 너희를 높이시리라"(전 5:6). 두 가지의 겸손에 관해서 앞의 **풋노트 86**을 참조하라.

118) "마리아가 이르되 내 영혼이 주를 찬양하며 내 마음이 하나님 내 구주를 기뻐하였음은 그의 여종의 비천함을 돌보셨음이라 보라 이제 후로는 만세에 나를 복이 있다 일컬으리로다 능하신 이가 큰 일을 내게 행하셨으니 그 이름이 거룩하시며 궁휼하심이 두려워하는 자에게 대대로 이르는도다 그의 팔로 힘을 보이사 마음의 생각이 교만한 자들을 흩으셨고 권세 있는 자를 그 위에서 내리치셨으며 비천한 자를 높이셨고 주리는 자를 좋은 것으로 배불리셨으며 부자는 빈 손으로 보내셨도다"(눅 1:46-53).

119) "선하신 하나님, 나에게 하나님 자신을 주십시오. 나는 당신으로 족하며, 내가 요청할 수 있는 다른 것들로는 당신에게 완전히 경의를 표시할 수 없습니다. 만일 내가 당신보다 못한 것을 요청한다면, 나에게는 항상 무엇인가 부족할 것입니다. 나는 오직 당신 안에서만

24 사랑의 본질: 그것은 이 책에 설명된 관상적 기도에 포함되어 있다.

앞에서 다른 모든 것을 잊어버리고 무지의 구름을 공격하는 작고 맹목적인 사랑(love)의 충동 안에 겸손이 온전히 포함되어 있다고 말한 바 있습니다. 다른 덕, 특히 박애(charity)에 대해서도 동일하게 이해할 수 있습니다. 그것은 피조물보다 하나님을 사랑하는 것, 하나님을 우리 자신처럼 사랑하는 것입니다.[120] 이 기도를 실천할 때는 어떤 피조물보다 하나님을 더 사랑합니다. 이미 말한 것처럼, 이 기도의 본질은 단순하고 하나님을 친히 뵙는 데 있습니다. 이 기도를 하는 사람은 고통에서 풀려나는 것이나 상급이 증가하기를 구

모든 것을 소유합니다"(『하나님 사랑의 계시』 제5장).

120) "크고 첫째 되는 계명"(the Greatest Commandment; 마 22:35-40; 막 12:28-34 참조). 어거스틴의 *De Doctrina Christiana*(III, 16)에서 언급된다.

하지 않고 다만 다만 하나님을 구합니다. 그는 고통 속에 있거나 즐거움 안에 있거나 상관하지 않으며, 다만 자신이 사랑하는 하나님의 뜻이 이루어지기를 원합니다. 이 기도를 실천하는 사람은 피조물보다 하나님만을 완전히 사랑합니다. 이 기도를 완전히 행하는 사람은 하나님이 지으신 가장 거룩한 피조물도 의식하지 않습니다. 경험에 의하면, 이 기도에서는 더 낮은 단계의 박애(charity)인 이웃 사랑이 완전하게 성취됩니다. 이 기도를 완전히 행하는 사람은 친척이건 낯선 사람이건, 친구건 원수건 간에 개인에게는 특별한 관심을 나타내지 않습니다.[121] 그에게는 낯선 사람이 없으며 모든 사람이 친척입니다. 또 그에게는 원수가 없으며 모든 사람이 친구입니다. 그는 이 세상에서 자신에게 고통을 주며 해를 가하는 사람들까지도 특별한 친구로 여기며, 사랑하는 친구에게 행하듯이 선을 행하려는 마음을 품습니다.

---

121) "나는 너희에게 이르노니 너희 원수를 사랑하며 너희를 박해하는 자를 위하여 기도하라 이같이 한즉 하늘에 계신 너희 아버지의 아들이 되리니 이는 하나님이 그 해를 악인과 선인에게 비추시며 비를 의로운 자와 불의한 자에게 내려주심이라"(마 5:44-45).

25 완전한 영혼은 이 기도를 실천하는 동안 누구에게도 특별한 관심을 갖지 않는다.

이 기도를 실천하는 사람은 친구든 원수든, 친척이든 낯선 이든, 살아 있는 누구에게든지 특별한 관심을 두지 말아야 합니다. 하나님 외에 모든 피조물을 완전히 잊어야 이 기도를 완전히 실천할 수 있듯이 이 기도를 완전히 행하려면 모든 사람에 관한 관심을 끊어야 합니다. 그것이 이 기도에 알맞은 태도입니다.[122] 그러나 그가 이 기도로 고결하고 사랑이

---

[122] "성 시므온은 이렇게 말했다: 어떤 사람도 특별하게 사랑하지 말라. 특히 삶이 지극히 선하여 책망할 것이 없는 것처럼 보인다고 해서 결코 그를 특별히 사랑하지 말라. 왜냐하면 신령한 사랑이 정욕적인 사랑으로 변하여 당신은 무익한 고난에 빠지게 될 것이기 때문이다. 이런 일은 대체로 신령한 생활을 하려고 애쓰는 사람들에게 발생한다. 공동체 안의 모든 형제, 특히 당신을 알고 있는 세상 사람들에 대해서 자신을 이방인처럼 여기며, 모든 사람을 똑같이 사랑하라"(『원형경기장: 신앙인의 영적 전투장』, 은성출판사, 이그나티 브랸차니노프 저, 엄성옥 역, 제15장, 이웃을 사랑함으로 하나님의 사

풍성해져서 자주 동료 신자들을 만나거나 그들을 위해서 기도하게 된다면 그는 원수를 친구처럼, 낯선 이를 친척처럼 여겨서 그들에게 특별한 관심을 기울일 수 있게 될 것입니다. 이것은 그가 이 기도에서 완전히 전락한다는 의미가 아니라 (큰 죄가 없는 한 그렇게 될 수 없습니다), 관상(적) 기도의 고지에서 내려온다는 의미입니다. 사랑이 요구한다면, 관상가는 가끔 이렇게 행해야 합니다. 때때로, 그의 뜻이 친구보다 원수를 향해야 합니다.[123]

그러나 이 기도를 하는 동안에는 한가하게 친구나 원수, 친척이나 낯선 사람을 생각해서는 안 됩니다. 이것은 한두 사람을 나머지 사람들보다 더 사랑해서는 안 된다는 뜻이 아닙니다. 그것은 여러 근거에서 정당한 것이며, 사랑이 요구하는 것이기도 합니다. 우리 주 예수님은 요한과 마리아와 베드

랑을 얻는다.)

[123] 눅 6:27-36 참조: "…너희 원수를 사랑하며 너희를 미워하는 자를 선대하며 너희를 저주하는 자를 위하여 축복하며 너희를 모욕하는 자를 위하여 기도하라. …"

로를 다른 많은 사람보다 특별히 사랑하셨습니다.[124] 그러나 이 기도를 하는 사람은 모든 사람을 똑같이 소중히 여겨야 합니다. 그래야 하나님 외에 다른 사랑의 원인을 경험하지 않게 될 것입니다. 그리하여 단순히 하나님 때문에 모든 사람을 내 몸처럼 사랑하게 될 것입니다.

인간은 모두 아담 안에서 타락했으며[125] 구원에 대한 소원을 선행으로 증언하는 모든 사람은 그리스도의 고난의 능력에 의해서 구원을 받는 것처럼, 이 기도를 행하면서 완전한 사랑을 발휘하여 영적으로 하나님과 연합하는 영혼은 모든 사람을 완전하게 만들기 위해서 전력을 기울입니다. 우리 몸의 한 부분이 아프면, 다른 부분도 그 영향을 받아 아프듯이, 또 한 부분이 건강하면 나머지 부분도 모두 건강하듯이, 영적으로 볼 때 거룩한 교회의 지체들도 그와 마찬가지입니다.[126]

---

124) 요 13:23; 19:26; 20:2; 21:15-17 참조하라.

125) 롬 5:12-21을 참조하라.

126) "몸은 하나인데 많은 지체가 있고 몸의 지체가 많으나 한 몸임과 같이 그리스도도 그러하니라…그뿐 아니라 더 약하게 보이는 몸

우리가 사랑 안에 거하는 한, 그리스도는 머리요, 우리는 그 지체입니다.[127] 주님이 십자가 위에서 자기 몸을 들어 올리신 것처럼, 주님의 완전한 제자가 되기를 원하는 사람은 모든 형제자매의 구원을 위해서 이 영적 기도 안에서 자기의 영을 들어 올리라는 부름을 받습니다. 그렇게 하려면 어떻게 해야 합니까? 친구와 친척, 자기를 극진히 사랑하는 사람들을 위해서가 아니라, 특별히 어떤 사람에게 관심을 두지 않고 인류

의 지체가 도리어 요긴하고"(고전 12:12, 22).

교회 공동체는 유기체(有機體)이다. 유기체 조직은 각 지체가 유기적으로 연결되어 있으며, 다른 조직의 고통이나 즐거움이 전달되고 그것에 참여한다. "한 지체가 고통을 당하면, 모든 지체가 함께 고통을 당합니다. 한 지체가 영광을 받으면, 모든 지체가 함께 기뻐합니다"(고전 12:26, 새번역).

이에 반해 이웃의 아픔과 고통을 전해 모르거나 각 지체끼리 상관없는 단세포 조직을 아메바(entamoeba)에 비견한다. 이러한 공동체에 대해서 주님은 말씀하신다: "이 세대를 무엇에 비길까? … 우리가 너희에게 피리를 불어도 너희는 춤을 추지 않았고, 우리가 곡을 해도, 너희는 울지 않았다"(마 11:16-17, 새번역).

127) "이는 남편이 아내의 머리 됨이 그리스도께서 교회의 머리 됨과 같음이니 그가 바로 몸의 구주시니라"(엡 5:23).

전체를 위해서 그리 해야 합니다. 죄를 버리려 하며 자비를 구하는 사람들은 그리스도의 고난의 능력을 통해서 구원받아야 합니다.

겸손과 사랑에 대해서 지금까지 한 말은 다른 모든 덕을 이해하는 데도 적용됩니다. 그 덕들은 모두 앞에서 말한 바 이 사랑의 작은 충동 안에 포함되어 있기 때문입니다.

26 특별한 은혜를 받지 못했거나 평범한 은혜와 끊임없이 협력해오지 않은 사람에게는 이 기도가 매우 어려울 것이다. 이 기도에서는 은혜의 뒷받침을 받는 영혼의 활동과 오직 하나님만이 행하시는 활동이 구분된다.

 잠깐 힘써 이 높은 무지의 구름을 공격하고 나서는 잠시 휴식을 취하십시오. 특별한 은혜를 받지 못했거나, 오랫동안 이 기도를 하여 이것이 습관이 되지 않은 한, 이 기도에 익숙해질 때까지 계속 힘써 노력해야 합니다.[128]
 그러나 당신은 이 노력은 무엇으로 구성되어 있느냐고 물을 수 있습니다. 그것은 의지 안에서 계속 작용하는 경건한

---

128) 이 기도가 몸에 습관으로 밸 때까지 한동안 쉬지 않고 노력해야 한다.
 이러한 실제 사례를 『순례자의 길』(무명의 저자, 은성출판사, 엄성옥 역)에서 읽을 수 있다: "어느 날 아침 일찍 여느 때와 마찬가지로 **기도가 나를 깨웠습니다**."
 기도가 몸에 습관이 배기 전에는 기도자가 기도했지만, 습관으로 배게 되면 **기도가 기도자를 인도**한다.

사랑의 충동 안에 있는 것이 아니며, 영혼이 홀로 행하는 것이 아니라, 하나님의 전능하신 손에 의해 이루어지는 것입니다. 하나님의 전능하신 손은 항상 원하는 모든 영혼 안에서 이 일을 수행할 준비가 되어 있으며,[129] 이 기도를 하는 소원을 품으려고 오랫동안 가능한 모든 일을 해왔고, 또 지금도 할 수 있지 않습니까? 또 정확하게 그 일은 어디에서 이루어집니까? 그것은 하나님이 지으신 모든 피조물에 대한 의식을 억제하여 망각의 구름 속에 가두어 두는 데 있습니다.[130] 어려

---

129) 하나님에 대한 사랑은 세례를 통해 그리스도에게 연합한 사람들의 마음에 심어진 첫 번째 충동이다: "너희 안에서 행하시는 이는 하나님이시니 자기의 기쁘신 뜻을 위하여 너희에게 소원을 두고 행하게 하시나니"(빌 2:13). 이 사랑을 통해 마음은 하나님께 향해 다가가고, 그분과 더 깊은 연합을 이룬다.

130) 하나님과의 연합을 추구하면서 처음에는 신성한 하나님의 빛을 받게 된다. 그러나 곧장 여러 환상이 내면에서 일어나면서 그 빛이 오염되기 시작하고 결국 하나님과의 연합이라는 열매를 상실하게 된다. 이때 세상에 대한 모든 기억과 그동안 형성된 개념들을 망각의 구름에 묻어야 한다는 것이 저자가 말하는바 중요한 요점이다.

예를 들면, 창을 통해서 정원의 아름다운 꽃을 보고 있다는 상황을 설정한다면, 여기서 창은 묵상의 대상 피조물이며, 꽃은 묵상의 궁

움은 바로 거기에 있습니다. 그러므로 그것은 사람이 **은혜의 도움을 받아서 실천해야** 합니다. 이것을 초월하는 것이 **사랑의 충동**인데, 그것은 하나님이 홀로 행하시는 일입니다. 우리가 스스로 해야 할 일을 열심히 계속하면, 하나님께서도 하나님의 일을 행하실 것입니다.

그러므로 용기를 가지고 열심히 행하십시오. 하나님이 서서 당신을 기다리고 계시는 것이 보이지 않습니까? 부끄러운 줄 아십시오.[131] 열심히 노력하면, 곧 그 일이 어렵고 힘들지 않게 될 것입니다. 처음에 헌신하는 마음이 없이 시작할 때는 어렵고 강압적인 듯하지만, 나중에 몰두하게 되면 전보다 훨

극의 목적 하나님이다. 그런데 시선이 창에 머물게 되면 꽃을 볼 수 없다. 그러므로 시선은 창을 버려두고 떠나 꽃을 행해야 한다는 것이 요지이다.

131) 우리말에 염치(廉恥)와 수치(羞恥)가 있다. 거의 비슷하게 사용하는 단어지만, 염치는 자기 스스로를 성찰할 때 부족하거나 감추고 싶은 부분이 있다면 염치 즉, 부끄러움을 느낄 것이며, 수치는 올바르지 못한 행위에 대해 심판받을 때 수치를 당한다고 한다. 여기서 저자는 자신을 성찰할 때 느끼는 부끄러움, 즉 염치를 말하고 있다.

씬 어려운 일이라도 매우 쉽고 편안하게 행할 수 있게 될 것입니다.[132] 그렇게 되면 그다지 애쓰지 않아도, 또는 전혀 애쓰지 않고서도 그 일을 행할 수 있습니다.[133] 왜냐하면 하나님 혼자서 모든 일을 행하실 것이기 때문입니다. 그러나 항상 그런 것은 아니며, 또 오랫동안 그런 것도 아니고, 다만 하나님이 원하실 때, 하나님이 원하시는 방법으로 행하십니다. 그렇게 되면 하나님께 그 일을 맡기는 것이 즐거울 것입니다.[134]

---

[132] 이 문장을 이렇게도 해석할 수 있다: "처음에 육체에 가해지는 고난을 감당할 수 없을 것 같지만, 곧 사랑하는 사람의 기쁨 속에서 여러분이 찾고 있는 것을 발견할 것이다."

[133] 하나님과 연합이란 경건한 마음으로 하나님과 함께하는 것을 즐거워하며, 하나님 안에서 안식하는 것을 의미한다. 우리는 이러한 정신을 드높이는 관상의 길에서 마음의 상태는 정감(또는 사랑; affection)이므로, 모든 어려움을 쉽게 극복할 수 있다. 그리고 경건한 사랑의 충동이 내면에 작용하고, 그로 인하여 신성한 성품(벧후 1:4)이 내면에 형성되면, 그때부터 복음의 계명을 실천하기가 쉽고 저절로 된다. "내 멍에는 편하고, 내 짐은 가볍다"(마 11:30, 새번역).

[134] 자비의 아버지이신 하나님, 그리고 모든 위로를 주시는 분, 이 사랑스러운 선함 속에서 그를 찾는 영혼을 위해 구름 틈을 통해 가

아마 하나님은 하나님과 당신 사이에 있는 무지의 구름 사이로 신령한 빛을 비추어 주실 것이며, 말할 수 없는 하나님의 비밀을 보여주실 것입니다.[135] 그때, 당신은 자신이 하나님에 대한 사랑으로 타오르는 것을 느낄 것입니다. 지금 나는 그것에 대해서 무엇이라 말할 수 없습니다. 왜냐하면 어눌하게 말하는 나의 육신의 입으로는 하나님에게 속한 일을 이야기할 수 없기 때문입니다. 간단히 말해서, 나는 말하고 싶어도 말할 수 없습니다. 그러나 인간이 은혜의 도움과 감화를 받아 행할 수 있는 일에 대해서는 기꺼이 말하겠습니다. 하나님에게 속한 일을 말하는 것보다는 사람에게 속한 일에 대해 말하는 것이 덜 위험하기 때문입니다.

끔 얼굴을 내미신다. 이러한 틈을 통해 나타나시는 하나님의 선함은 가끔 연합하려는 갈망을 북돋우어주신다. 즉, 사랑이라는 짧고 날카로운 화살로 구름을 꿰뚫는 영혼에게 사랑을 쏟아부어 주신다.

135) "그가 낙원으로 이끌려 가서 말로 표현할 수 없는 말을 들었으니 사람이 가히 이르지 못할 말이로다"(고후 12:4).

27 이 기도를 실천해야 할 사람은 누구인가?

우선 누가, 언제, 어떤 방법으로 이 기도를 해야 하는지, 그리고 어떤 방향을 지향해야 하는지를 말하겠습니다. 이 기도를 해야 할 사람은, 세상을 버리려는 진지한 뜻을 가진 사람, 활동적인 생활보다는 관상생활에 헌신하려는 사람입니다. 지금까지 끊임없이 죄를 범해온 죄인이었든지 아니든지, 이런 사람들은 이 기도에 전념해야 합니다.

| 28 | 양심에 비추어 특별한 죄를 용서받지 못한 사람이 이 기도를 해서는 안 된다. |

언제부터 이 기도를 시작해야 하느냐고 묻는다면, "거룩한 교회의 지도를 받아[136] 양심에서 과거에 지은 죄를 깨끗이 씻기 전에는 이 기도를 시작할 수 없습니다"라고 대답할 것입니다.[137]

---

136) 누구나 모든 죄를 기억하는 것은 어렵거나 불가능하다. 그러나 가능한 한 죄를 고백함으로써 죄로 오염된 양심을 씻을 수 있다. 그래서 저자는 "거룩한 교회의 지도를 받아"라고 했다.

137) 이 기도는 정화의 과정을 거친 다음에 실천하는 정신 기도(mental prayer)이다. 정화의 과정에서 모든 죄를 기억하고 그것을 회개할 수는 없지만, 특별한 대죄는 반드시 회개한 후에 이 기도를 실천해야 한다. 그렇지 않으면 이 특별한 대죄가 기도자의 양심을 찌르고 고발하여 감옥에 집어넣을 것이기 때문이다: "너를 고소하는 사람과 함께 법정으로 갈 때에는, 도중에 얼른 그와 화해하도록 하여라. 그렇지 않으면, 고소하는 사람이 너를 재판관에게 넘겨주고, 재판관은 형무소 관리에게 넘겨주어서, 그가 너를 감옥에 집어넣을 것이다"(마 5:25, 새번역).

이 기도를 하면, 죄를 고백한 후에도 영혼 안에 남아 있는 죄의 뿌리가 완전히 시들고 사라집니다.[138] 그러므로 이 기도를 하려는 사람은 먼저 양심을 깨끗이 해야 합니다. 그리고 교회법에 따라서 가능한 모든 일을 한 후, 담대하고 겸손하게 이 기도를 실천해야 합니다. 그는 자신이 너무 오랫동안 이 기도를 멀리했다고 생각해야 합니다. 왜냐하면 이것은 심각한 죄를 범한 적이 없는 사람이라도 평생 실천해야 하는 기도이기 때문입니다.

사람이 멸망할 육신 안에 거하는 동안 항상 자신과 하나님 사이에 놓인 이 두꺼운 무지의 구름을 보고 느낄 것입니다. 그뿐만 아니라 그는 항상 하나님이 지으신 피조물이나 그것으로 인한 상황들이 항상 의식 안에, 그리고 하나님과 그 자기 자신 사이에 끼어들어 있는 것을 발견할 것인데, 이는 원

---

138) 우리가 도덕적인 삶을 사는 한, 원죄로 인한 방해를 받을 것이다. 그러나 이 기도를 실천하는 사람에게는 원죄로 인한 방해 거리가 점점 사그라질 것이다.

죄로 말미암은 결과입니다.[139] 이것은 모든 피조물을 다스리는 주권을 소유한 인간이[140] 고의로 자기보다 저급한 것에 대한 갈애(渴愛)에 복종하여 자기를 지으신 하나님의 명령을 저버린 데 대한 공정한 심판입니다. 그러나 이제 그는 하나님의 명령을 성취하기를 원하므로 자기 아래에 있어야 하는 모든 피조물이 교만하게도 하나님과 자기 사이에 있는 것을 보고

---

[139] 피조되지 않은 빛(uncreated light) 가운데 계시는 하나님과 인간 사이에 놓인 두 가지의 구름을 언급하고 있다. 하나는 아담의 타락으로 인해 유전된 보편적 어두움과 그후 자죄(自罪)로 인한 본성의 어두움이다. 어둠, 빛 없음을 무명(無明)이라고 한다. 무명의 원인은 진리의 빛의 부재(不在)이다: "태초에 '말씀'이 계셨다. 그 '말씀'은 하나님과 함께 계셨다. 그 '말씀'은 하나님이셨다. 그는 태초에 하나님과 함께 계셨다. 모든 것이 그로 말미암아 창조되었으니, 그가 없이 창조된 것은 하나도 없다. 창조된 것은 그에게서 생명을 얻었으니, 그 생명은 사람의 빛이었다. 그 빛이 어둠 속에서 비치니, 어둠이 그 빛을 이기지 못하였다"(요 1:1-5, 새번역).

[140] "여호와 하나님이 흙으로 각종 들짐승과 공중의 각종 새를 지으시고 아담이 무엇이라고 부르나 보시려고 그것들을 그에게로 이끌어 가시니 아담이 각 생물을 부르는 것이 곧 그 이름이 되었더라"(창 2:19);

느끼게 됩니다.

29 남을 판단하지 말며, 고통스러워도 인내하면서 이 기도를 계속해야 한다.

그러므로 습관적인 죄인이었든지 아니든지 간에 죄 때문에 잃은 깨끗함을 되찾고 모든 슬픔이 사라지는 행복에 이르기를 원하는 사람은 고통을 참고 인내하면서 이 기도를 꾸준히 실천해야 합니다.

죄인이건, 심각한 죄를 범한 적이 없는 무죄한 사람이건 상관없이 누구나 이 기도는 어렵습니다. 무죄한 사람들보다 계속 죄를 지은 사람들에게는 훨씬 어려울 것입니다. 그러나 간혹 악하고 습관적으로 죄를 범하던 사람이 그렇지 않은 사람보다 더 빨리 이 기도를 완전하게 실천하는 경우가 있는데, 그것은 주님의 자비에 기인한 기적입니다.[141] 주님은 이렇게

---

141) 기적이란 자연 현상(the nature)을 초월하는 상황을 말한다. 영적 상태로는 아담이 실낙원(失樂園)하기 이전의 상태를 자연이라고 한다. 우리는 그 자연의 현상으로 회귀하기 위해서는 주님의 자비로

특별한 방법으로 은혜를 주시어 온 세상에 놀라운 일을 행하십니다. 나는 하나님과 하나님이 주시는 모든 선물을 분명하게 보게 될 심판 날의 기쁨을 고대합니다.[142] 그날에는 지금 무가치한 죄인으로 여겨져 멸시와 천대를 받는 사람들이 하나님 앞에서 성도들과 함께 앉을 것입니다. 반면에 지금은 천사 같은 행동 때문에 사람들에게 존경받으며 아주 거룩한 것처럼 보이는 사람들, 심각한 죄를 지은 적이 없는 사람 중에서 지옥에 떨어져 슬피 우는 사람들이 있을 것입니다.

가능하다는 믿음을 가지고 있다. 그래서 이 책의 저자가 "기적"이란 표현은 이러한 취지라고 여겨진다.

142) "심판의 날"을 고대하는 사람은 없을 것이다. 그러나 이 세상에서 주님의 말씀에 순종하고 잘 지킨 신자라면 주님의 날을 기다리고, 그의 심판의 날이 즐거울 것이다. 마치 시험 준비를 잘한 성실한 학생이, 시험의 날에 그의 실력이 증명되므로, 시험을 즐거워하며 기다리듯이 말이다. 노리지의 줄리안(Julian of Norwich, 1343~1416)은 그의 『하나님 사랑의 계시』(Showings, 은성출판사, 엄성옥 역)에서 "그분에 대한 영적 갈증은 사랑 안에 있는 갈망으로서 심판 날에 우리가 그분을 볼 때까지 항상 지속될 것입니다"(계시 15)라고 했다.

그러므로 이 세상에서는 절대 선행이나 악행을 보고 그것으로 사람을 판단하지 말아야 합니다. 행동에 대해 선악 간의 분별은 합당한 일이지만, 그것으로써 사람을 판단하는 것은 옳지 않습니다.

30 누가 다른 사람의 잘못을 책망하거나 판단할 수 있는가?

그렇다면 과연 누가 다른 사람의 행위를 판단할 수 있을까요?[143] 거룩한 교회의 법에 따라서 영혼을 감독하고 보살필 권한을 부여받았거나, 완전한 사랑 안에서 성령의 특별한 감동으로 영적으로 권한을 부여받은 사람입니다. 내적으로 이 일을 하라는 성령의 인도하심을 받았다고 느끼지 않는 한 누구도 주제넘게 다른 사람을 정죄하거나 비난해서는 안 됩니다. 자칫하면 잘못 판단할 수도 있으므로 조심해야 합니다. 당신 자신에 관한 판단은 당신 마음대로 하십시오. 그것은 하나님과 당신, 또는 하나님과 영적 아버지 간의 일입니다. 그

---

143) 하나님은 우리에게 온전한 심판의 모형을 보여 주셨다: "그분께서는 그들과 영원한 계약을 맺으시고 당신의 판결을 그들에게 보여 주셨다"(집회서 17:12). 우리는 모두 이웃을 판단하면서 살아간다. 그러나 "사랑으로써" 판단해야 한다. 사랑만이 판단을 온전하게 하기 때문이다.

러나 다른 사람을 판단하지 마십시오.[144]

---

144) "내가 여러분에게서 심판을 받든지, 세상 법정에서 심판을 받든지, 나에게는 조금도 문제가 되지 않습니다. 그뿐만 아니라, 나도 나 자신을 심판하지 않습니다"(고전 4:3, 새번역).

31 이 기도를 처음으로 행하는 사람이 악한 생각이나 충동에 대처하는 방법

거룩한 교회의 법과 판단에 따라서 자신이 범한 잘못을 바로잡기 위해 가능한 일을 다 했다고 느낄 때 당신은 이 기도를 시작하기로 마음먹어야 합니다. 만일 당신이 범한 특별한 죄가 의식 속에서 하나님과 당신 사이에 끼어든다면, 또는 죄와 관련된 새로운 생각들이나 충동이 떠오른다면 뜨거운 사랑의 충동으로 그것을 억제해야 합니다. 전혀 그러한 죄를 범한 적이 없는 것처럼, 그것들을 두꺼운 망각의 구름으로 덮으십시오. 그런 생각들이 떠오를 때마다 억제하십시오. 만일 억제하기가 어려우면 그것을 억제하는 데 도움이 될 방법과 은밀한 수단, 영적인 전술(tatics)을 찾아볼 수도 있습니다. 이 전술은 세상 사람의 경험에서 더욱 하나님에게서 더 잘 배울 수 있습니다.

32 처음 이 기도를 하는 사람에게 도움이 되는 두 가지 영적인 방법

내 경험을 토대로, 이러한 영적 방편들(devices)에 대해 말씀드리겠습니다. 그것을 한번 시험해 보십시오. 그 방편이 당신에게 유익하면 그것은 좋고 선한 것입니다.

당신은 그런 생각들이 끈질기게 당신을 공격하며 하나님과 당신 사이에 들어오고 있음을 전혀 알지 못하는 듯이 행동하면서, 가능한 한 모든 일을 해야 합니다. 그러한 생각들 너머 온통 무지의 구름으로 둘러싸인 하나님을 찾으려고 노력하십시오.[145] 그렇게 한다면, 머지않아 당신의 짐이 가벼워질 것입니다. 이 방법은 이 세상에서 가능한 한도까지 하나님을 보

---

145) "주님께서 모세에게 말씀하셨다. '너는 이스라엘 자손에게 이렇게 말하여라. 내가 하늘에서부터 너희에게 말하는 것을 너희는 다 보았다'"(출 20:22, 새번역): *Dixit praeterea Dominus ad Moysen: Haec dices filiis Israel: Vos vidistis quod de caelo locutus sim vobis*(Vulgate).

고 경험하려는 간절한 갈망(a longing desire for God)에 불과합니다. 이 갈망이 곧 사랑(charity)인데, 그것은 무거운 짐이나 고통을 가볍게 합니다.

또 하나의 방법이 있는데, 원한다면 그 방법을 시험해 볼 수 있습니다. 하나님과 당신 사이로 비집고 들어오는 생각들을 도저히 통제할 수 없다고 생각되면 가련하고 불쌍한 사람처럼, 또는 전쟁에서 패한 사람처럼 그것들 밑에 웅크리십시오. 그러한 생각에 저항하려고 애쓰는 것이 시간 낭비라고 생각하십시오. 그렇게 하면, 비록 원수의 수중에 있어도[146] 당신은 마치 절망적으로 패배한 것처럼 느끼면서 하나님께 항복하게 됩니다. 이 방법에 특별히 유의하십시오. 이 방법을 시험해 볼 때, 당신은 마치 자신이 녹아서 물이 되는 것 같은 느낌을 발견할 것입니다.[147] 바로 이해해 보면, 이 방법은 비

---

146) "나는 내 집을 버렸다. 내 소유로 택한 내 백성을 포기하였다. 내가 진정으로 사랑한 백성을 바로 그들의 원수에게 넘겨 주었다"(렘 12:7, 새번역).

147) 저자는 우리 존재가 무아(無我)임을 설명하고 있다. 무아란

참하고 더러운 자신의 존재에 대한 참된 지식이요 경험입니다.[148] 그것을 알고 실천하는 것이 겸손입니다. 이렇게 당신이 겸손해지면, 하나님이 당신의 원수에게 복수하기 위해서 능력을 내려주시고, 당신을 들어 올리시며, 소중히 여기시며, 영혼의 눈에서 눈물을 닦아 주실 것입니다.[149] 마치 아버지가 사나운 곰이 달려들어서 죽게 될 위험에 처한 자녀를 구하는 것과 같습니다.

물 위에 떠 있는 물거품과 같다. 마치 거대한 실체로 보이지만 실은 물거품에 불과하다. 또한 여름 장마철에 지붕에서 떨어지면서 금방 생겼다가 꺼져버리는 물방울처럼 무상하다. 우리의 존재가 실재하는 듯하지만, 영원하신 하나님 앞에서는 무상한 존재임을 말하고 있다.

148) 자기 존재에 대해 무상(無常)함과 허무(虛無)함을 깨닫는 때, 그동안 잘못된 하나님과 자아에 대한 인식과 모든 가치관이 무너지는 때 즉, 우상파괴적(iconoclastic)인 순간이다: "하나님은 세상에서 비천한 것들과 멸시받는 것들을 택하셨으니 곧 잘났다고 하는 것들을 없애시려고 아무것도 아닌 것들을 택하셨습니다."(고전 1:28, 새번역).

149) "그들의 눈에서 모든 눈물을 닦아 주실 것이니, 다시는 죽음이 없고, 슬픔도 울부짖음도 고통도 없을 것이다. 이전 것들이 다 사라져 버렸기 때문이다"(계 21:4, 새번역).

33 이 기도를 하는 동안 영혼은 특별한 죄 및 그에 대한 형벌의 사함을 받는다. 그러나 이 세상에 완전한 안식은 없다.

당신과 하나님 사이에 비집고 들어오는 생각들에 대처하는 방법에 관한 이야기는 그만하겠습니다. 만일 경험으로 이러한 방법을 시험하게 되는 은혜를 받는다면, 당신이 나보다 더 잘 가르칠 수 있을 것입니다. 그리고 실제로 그런 일이 일어난다고 해도, 나는 그러한 경지에 이를 수 없습니다. 그러니 나를 도와주시며, 당신 자신을 위해서만이 아니라 나를 위해서도 그렇게 해주십시오.

얼마 동안 열심히 수고하십시오. 이 기술을 신속하게 획득하지 못하더라도, 겸손하게 어려움을 참고 견디십시오. 그것은 당신의 영혼을 정화해 줍니다. 당신의 고통이 끝나고, 하나님이 당신에게 이러한 기술을 주시고, 당신이 은혜를 통해서 그것들이 습관이 되면, 당신은 죄뿐만 아니라 그에 따르는 고통으로부터 깨끗이 씻음을 받을 것입니다. 이것은 원죄의 고통이 아니라 당신이 지은 특별한 죄로 인한 고통을 말하는 것입니다. 원죄로 인한 고통은 아무리 노력해도 죽는 날까지 떠나지 않을 것입니다. 그러나 자신이 지은 특별한 죄의 고통과 비교해 보면, 원죄의 고통은 심하지 않을 것입니다.

죄를 지으려는 새로운 충동은 언제나 원죄에서 기인하므로 당신은 항상 힘써 노력해야 할 것입니다. 양쪽 날이 달린 예리한 분별의 칼로 그것을 내리쳐서 베어 버려야 합니다.[150] 이를 통해서 이 세상에는 절대적인 안전이나 참된 안식이 없다는 것을 깨닫고 이해할 수 있습니다. 그렇다고 해서 물러서서는 안 되며, 실족하는 것을 지나치게 두려워해서도 안 됩니다. 만일 당신이 과거에 지은 특별한 죄의 고통을 파괴하는 은혜를 받거나 파괴할 수 있게 된다면, 원죄의 고통이나 앞으로 생겨날 새로운 범죄의 충동이 당신을 괴롭힐 수 없다고 확

---

150) "하나님의 말씀은 살아 있고 힘이 있어서, 어떤 양날칼보다도 더 날카롭습니다. 그래서, 사람 속을 꿰뚫어 혼과 영을 갈라내고, 관절과 골수를 갈라놓기까지 하며, 마음에 품은 생각과 의도를 밝혀냅니다"(히 4:12, 새번역).

믿음과 하나님을 경외하는 것은 지혜를 얻는 여정의 출발이며, 분별은 관상 없이 얻을 수 없는 숭고한 덕이다.

신할 수 있습니다.

34

하나님은 선행(先行)하는 원인 없이 값없이 은혜를 주신다. 그것은 특별한 수단을 통해 얻는 것이 아니다.

만일 당신이 어떤 방법으로 이 기도를 실천하느냐고 묻는다면, 나는 전능하신 하나님이 큰 은혜와 은총으로 친히 가르쳐 주시기를 구하렵니다.[151] 내가 그 방법을 가르쳐 줄 수 없다는 것을 당신은 알아야 합니다. 그것은 우리가 행한 공덕과는 상관없이 영혼 안에서 하나님 당신의 뜻에 따라 특별한 방법으로 행하시는 사역입니다.[152] 이러한 하나님의 역사가

---

151) "예언서에 기록하기를 '그들이 모두 하나님께 가르침을 받을 것이다' 하였다. 아버지께 듣고 배운 사람은 다 내게로 온다"(요 6:45, 새번역); "나 주가 너의 모든 아이를 제자로 삼아 가르치겠고, 너의 아이들은 번영과 평화를 누릴 것이다"(사 54:13, 새번역).

152) 인간은 말이나 글로써 하나님과 통교하는 것이 아니라 관상적 은혜(contemplative grace)로만 가능하다. 아무리 능한 말솜씨나 훌륭한 필체로 하나님과 연합에 관해 설명할지라도 불가능하다. 오직 하나님이 친히 영혼에 말씀하시기 전까지는 불가능하다.

없으면, 천사나 성도는 그것을 바랄 수도 없습니다.[153] 나는 하나님이 상습적인 죄인이었던 사람의 내면에서 자주 특별하게 이 일을 행하실 것으로 생각합니다. 한 번도 하나님을 슬프게 한 적이 없는 사람보다는 습관적으로 죄를 지은 사람의 내면에서 더 자주 더 특별하게 이 일을 행하신다고 생각합니다.[154] 하나님은 지극히 자비하시고 전능하신 분으로 여겨지

---

153) "오늘날까지도 그들은, 모세의 글을 읽을 때에, 그 마음에 너울이 덮여 있습니다. 그러나, '사람이 주님께로 돌아서면, 그 너울은 벗겨집니다.' 주님은 영이십니다. 주님의 영이 계신 곳에는 자유가 있습니다. 우리는 모두 너울을 벗어버리고, 주님의 영광을 바라봅니다. 이렇게 해서, 우리는 주님과 같은 모습으로 변화하여, 점점 더 큰 영광에 이르게 됩니다. 이것은 영이신 주님께서 하시는 일입니다"(고후 3:16-18, 새번역).

흔히 "관상(적) 기도"라고 할 때, 피조 만물 근저에 서린 하나님의 성성을 보는 기도라는 뜻이다. 사도 바울은 이것을 "너울을 벗는 것"으로 표현했다. 그러나 자칫 이 기도가 타종교의 수행자들처럼 인간의 노력으로 이루어진다고 여기기가 쉬운데, "사람이 주님께 돌아올 때 너울이 벗어진다"라고 했다. 이것이 값없이 주어지는 하나님의 관상적 은혜이다.

154) "우리가 죄 때문에 거의 버림을 받았으며 그것이 마땅하다고 느낄 때, 주님은 우리를 돌보아 주십니다. 또 이것을 통해 얻은 겸

기를 원하시므로 그렇게 행하려 하십니다. 하나님은 자신이 원하시는 장소와 시간에, 원하시는 방법으로 일하신다는 것을 우리가 알기를 원하십니다.[155]

그러나 하나님은 받아들일 능력이 없는 영혼에게는 이 은혜를 주지 않으시며, 그러한 영혼의 내면에서 이 일을 행하지도 않으십니다.[156] 죄인이든지 무죄한 사람이든지 간에, 받을 능력이 있는데도 이 은혜가 없는 사람은 없습니다. 은혜는 무죄해서 주어지는 것이 아니요, 또 죄 때문에 보류되는 것

손 때문에, 우리는 하나님의 은혜에 의해 큰 통회와 연민 및 하나님을 향한 참된 열망을 가지고서 하나님 앞으로 올라갑니다. 그때 우리는 즉시 죄와 고통에서 해방되어 천국의 기쁨으로 들어가며 고귀한 성도들이 됩니다"(『하나님 사랑의 계시』 제39장, 은성출판사, 엄성옥 역).

155) "바람은 불고 싶은 대로 분다. 너는 그 소리는 듣지만, 어디에서 와서 어디로 가는지는 모른다. 성령으로 태어난 사람은 다 이와 같다"(요 3:8 새번역).

156) 하나님의 은혜는 받을 능력에 따라 주어진다. 즉, 열렬한 사랑의 끈으로 주님께 매달려 있는 정도에 따라 잠시 주어지는 은혜이다. 이러한 뜨거움에 의한 몰아적(沒我的) 상태에서 작용하는 것은 오직 하나님의 은혜뿐이다.

도 아닙니다.[157] 여기서 "거두어들인다"(withdrawn)라고 말하지 않고 "보류된다"(withheld)라고 말한 것에 유의하십시오.[158] 우리는 진리에 가까이 갈수록 더욱 잘못을 범하지 않도록 조심해야 합니다. 만일 내 말을 이해하지 못하겠으면, 하나님이 오셔서 가르쳐 주실 때까지 그대로 두십시오. 그렇게 하면 해로운 길을 피할 수 있습니다. 교만하지 않도록 조심하십시오. 교만은 은사를 주시는 하나님을 모독하는 것이며, 죄인을 오만하게 만듭니다. 참으로 겸손한 사람이라면 이 거룩한 사

---

157) 마음의 눈 즉, 지혜와 정감(情感, affection)은 죄로 인해, 그리고 치우친 욕망과 환상으로 인해 어두워졌다. 한번 감긴 눈은 신성한 조명의 은혜로 열린다. 이 조명하는 은혜는 우리의 정감을 일깨우고 하나님과 연합하는 능력을 증진한다.

158) 여기서 저자가 구사한 "거두어들인다"(withdrawn)와 "보류된다"(withheld) 간의 의미의 차이: 아무리 중한 죄를 지은 죄인이지만, 오래 참으시는 하나님은 그가 회심하여 신앙인이 될 때까지 관상의 은혜가 "**보류된다**." 하나님은 그때를 결정하신다. 그러나 다윗처럼 "주님 앞에서 나를 쫓아내지 마시며, 주님의 성령을 나에게서 거두어 가지 말아 주십시오"(시 51:11, 새번역)라고 한 것과 같이, 죄로 인해 이미 가진 것을 박탈당하는 경우를 "**거두어들인다**"라고 한다.

역을 제대로 인식할 것입니다. 즉, 우리의 공덕과는 상관없이 하나님이 값없이 주신다고 생각하게 될 것입니다. 본질로 이러한 하나님의 역사가 먼저 이루어진 후에 영혼은 이 기도를 실천할 수 있습니다. 이 하나님의 역사가 없으면, 어떤 영혼도 그것을 소유할 수 없습니다.[159] 이 사역을 하는 능력은 사역 자체와 뗄 수 없이 연합되어 있어서 이 둘은 분리될 수 없습니다. 그러므로 이 하나님의 역사를 경험하는 사람은 그것을 행할 수 있지만, 그렇지 않으면 행할 수 없습니다. 이 하나님의 역사가 없으면 영혼은 죽은 것과 같아서 그것을 바랄 수도 없고 갈망할 수도 없습니다. 그러므로 당신은 자신이 원하고 바라는 만큼만 그것을 소유합니다. 당신으로 하여금 알지 못하는 것을 바라게 하는 것은 당신의 의지나 갈망이 아니기 때문에 말로 설명하기 어려운 것입니다. 이 정도밖에 이해하지 못해서 근심할 필요가 없습니다. 그저 이 기도를 계속하여 항상 그것에 몰입하십시오.[160]

---

159) 하나님의 선재(또는 선행) 은총을 말하고 있다.

160) 수득적 관상(acquired contemplation)의 은혜는 뜨문뜨문

좀 더 분명히 표현하자면, 당신은 그 기도가 이끄는 대로 따라가십시오. 그저 그 기도의 작용에 동의하십시오. 개입하지 말고 그저 바라만 보십시오. 그것에 동의하고 협력하기 위해서는 그것에 개입하지 마십시오.[161] 그렇지 않으면 모든 것을 망치게 될 것입니다. 당신은 목재가 되고, 그것이 목수가 되어야 합니다. 당신은 집이 되고, 그것은 그 집에 사는 농사꾼이 되어야 합니다. 이것을 행하는 동안 알고자 하는 욕망을 제거하고 모든 것에 대해서 눈을 감으십시오.[162] 앎에 대한 욕

실천해서는 얻어지지 않는다. 마음의 뜨거운 기도를 쉬지 않고 자주 바칠 때, 하나님의 은혜로 얻게 된다.

161) 처음에는 기도자가 기도하지만, 관상적 경지에 이르면 기도가 친히 간구한다. 그러므로 성령께서 기도하시도록 기도자는 양도해야 한다: "…우리는 어떻게 기도해야 할지도 알지 못하지만, 성령께서 친히 이루 다 말할 수 없는 탄식으로, 우리를 대신하여 간구하여 주십니다"(롬 8:26, 새번역).

162) 감각적 작용의 대상이나 지성의 객체를 거부한다는 것(to abandon)은 어려우므로 차라리 "단절하라"(to shear)고 말하는 편이 더 합리적이다. "잘라내는(to cut away)" 궁극의 목적은 이왕 간직하고 있는 불완전하지만, 영적인 열매를 견실하게 하기 위한 것이며, 영

망은 당신에게 도움이 되기보다 방해가 될 것입니다. 알지 못하는 무언가에 의해 정감(affection) 안에서 움직여진다는 느낌만(feeling)으로 충분합니다. 이러한 느낌이 들 때 하나님이 아닌 다른 것은 생각하지 않고 하나님만 향하게 됩니다.[163]

당신의 소원과 뜻을 움직이시는 분은 하나님뿐임을 굳게 믿으십시오. 하나님 편이나 당신 편에서의 매개체가 없이 하나님 홀로 그 일을 하십니다.[164] 마귀를 두려워하지 마십시

원한 생명이라는 줄기에 접붙이기 위한 것이다. 이것이 세상과의 단절(斷絕)이 성화의 근본 뜻이다.

163) 감각적 자극이나 지적인 대상을 밀쳐버릴 때, 마음이 하나님을 지향하고 있다는 느낌만으로 충분하다. 만일 이러한 대상들을 붙잡고 대화하고 밀쳐내려고 노력할 때, 그만큼 더 정신이 하나님에게서 멀어진다. 그것을 버려두는 것 즉 방하(放下)하는 것이 분심(分心)을 처리하는 방법이자, 마음을 하나님만을 지향(指向)하게 하는 지혜이다.

164) 묵상(meditation)은 어떤 유사한 매체, 또는 객체(客體)를 통해 실체에 대해 추론하는 것이지만, 묵상이 깊어지면서 점점 객체가 희미해진다. 객체가 희미해지는 만큼 만물 아래 감추어진 하나님의 성성이 드러나기 시작한다. 그러므로 관상(contemplation)은 하나님을 객체 없이 친지(親知)하는 것을 의미한다. 우리 하나님은 애타게

오. 마귀는 가까이 올 수 없습니다. 마귀는 아주 교활하기는 하지만, 극히 드물게 그리고 간접적으로만 사람의 의지를 움직일 뿐입니다. 또 선한 천사도 매개체 없이는 당신의 의지를 효과적으로 움직이게 할 수 없습니다. 간단히 말해서 하나님이 아니고는 누구도 당신의 의지를 움직일 수 없습니다.[165]

지금까지 내가 한 말을 참작하면, 이 기도를 할 때 매개체를 사용해서는 안 된다는 것과 매개체를 통해서 이 기도에 임할 수도 없다는 것을 어느 정도 이해할 수 있지만, 경험으로도 더 분명하게 이해할 수 있습니다. 모든 기도는 매개체를

찾는 자에게 스스로 모습을 나타내주신다. 우리는 이것을 계시라고 한다.

165) 마음을 움직이게 하는 것은 마음의 대상이다. 반대로 마음은 어떤 대상(媒介體)이 없을 때는 작용하지 않는다. 마음을 작용하게 하는 두 개의 매개체가 있는데, 피조 물질(corporeal)과 비물질(incorporeal)로서 기억들(또는, 생각들)이다. 이 매개체들은 무상(無常)하며 쉬이 변하고 일시적이다. 마음 또한 이러한 매개체에 따라서 무상하고 변화한다. 그러나 태초의 인간 마음의 근본은 하나님의 생기(창 2:7 참조)이므로 하나님의 영만이 인간 마음을 움직이게 하여 영원에 고착하게 할 수 있다.

의존하지만, 이 기도는 전혀 매개체를 의존하지 않습니다.[166] 또 어떤 매개체도 당신을 그 기도로 인도할 수 없습니다.

---

166) 긍정의 전통(kataphatic)에서는 언어(words), 상(image), 상징물 등 매개체들을 이용하는 기도를 바친다. 보통 우리들이 바치는 기도의 형태이다. 이와 극(極)이 되는 부정의 전통(apophatic)의 기도 즉, 관상(적) 기도는 언어나 어떤 상, 또는 상징물 등 일체의 매개체 없이 하나님을 친지(親知)하는 기도를 바친다. 이 책은 후자의 기도를 소개하고 있다.

35 관상(적) 기도를 하는 사람이 해야 할 세 가지 일: 독서, 성찰, 청원기도

관상(적) 기도를 하는 초심자가 주의를 기울여야 하는 몇 가지 준비기도[167]는 학습(lesson), 묵상(meditation), 청원 기도 (petition)입니다. 이것들은 더욱 깊은 이해, 읽기(reading), 성찰 (reflecting), 기도(praying)를 위해서 요구되는 것입니다. 이 세 가지에 대해 잘 설명한 책이 많지만, 여기서는 자세히 설명하지 않겠습니다. 그러나 완전한 사람이 아닌 초심자와 숙달

---

167) 여기서 말하는 준비기도(preparatory exercise)란 앞에서 언급한바 어두운 관상을 위한 선행 단계를 말한다. (매개체를 사용하지 않는) 관상(적) 기도에 들어가기 위해서 먼저 **매개체를 이용하는 선행하는 기도**가 필요하다. 예를 들면 성독(*lectio divina*)의 네 단계 중 독서(*lectio*), 묵상(*meditatio*), 기도(*oratio*) 단계를 밟은 후 관상(*contemplatio*)에 임한다는 뜻이다. 이러한 선행, 또는 준비 단계를 관상적 노력(contemplative effort), 또는 수득적 관상(acquired contemplation)이라고 부른다.

된 사람을 위해서 다음과 같은 사실을 지적하고 싶습니다.[168] 즉, 이 세 가지는 긴밀하게 연결되어 있습니다. 독서 없는 묵상은 바르지 않습니다. 묵상 없이는 참된 기도에 이를 수 없습니다. 이것이 어떻게 작용하는지를 같은 책에서 볼 수 있습니다.[169] 기록되거나 선포된 하나님의 말씀은 거울과 같습니다.[170]

---

168) 신앙의 진보 단계에 이른 자를 세 단계를 언급한다: 초심자 (*eisagogikos, incipientes*), 숙달된(중급) 자(*mesos, proficientos*), 완전한 자(*telos, seniores*).

169) 귀고 II(Guigo II)의 『성독』(*The Ladder of Monks*, 은성출판사, 39-51쪽)을 참고하라. 저자는 이러한 작용을 "같은 책"을 보라고 한 부분은 『성독: 부록 7 묵상』(189쪽)을 말한다: 당신은 먼저 깊은 자비의 **우물**에서 **물**을 길었고, 당신의 강력한 이해의 어깨에 은혜가 가득한 **물동이**를 메셨습니다(190쪽).

170) 바로 앞의 주에서 언급한 우물(well)과 물(water)의 관계를 저자는 하나님의 말씀(scripture)과 거울(mirror) 간의 관계로 설명한다. 우물에서 물을 긷듯이 말씀에서 성찰(reflection)을 길어 올려야 한다.

이성은 영혼의 눈이고, 의식은 영적 얼굴입니다.[171] 거울이나 가르쳐 주는 사람이 없으면, 얼굴에 묻은 더러운 것을 보지 못하듯이 영적 기능도 그러합니다. 영혼이 습관이 된 죄로 말미암아 눈이 멀어 있을 때는 하나님의 말씀을 읽거나 듣지 않으면 의식에 묻은 더러운 것이 있는지 알지 못합니다. 사람은 자기 육신의 얼굴이나 영적 얼굴에 묻은 더러운 것을 거울로 보거나 다른 사람이 말해주면 우물에 가서 씻습니다. 여기서 더러운 것이란 특별한 죄이며, 우물은 거룩한 교회이며, 물은 죄고백입니다. 이 더러움이 죄를 향한 충동이며 맹목이며, 우물은 자비하신 하나님이요, 물은 기도입니다.

이처럼 초심자나 숙달된 사람은 먼저 거룩한 독서를 하지 않으면 바른 묵상을 할 수 없고, 묵상 없이는 바른 기도를 할

---

171) 인간의 영혼에는 다양한 의미에 따라서 많은 눈이 있지만, 관상에는 마음을 사로잡는 정감(情感)을 영혼의 눈이라고 한다: "내 누이, 내 신부야 네가 내 마음을 빼앗았구나 네 눈으로 한 번 보는 것과 네 목의 구슬 한 꿰미로 내 마음을 빼앗았구나"(아 4:9). 관상(적) 기도를 할 때 사변적 추론 즉, 마음의 다른 대상을 생각하지 말아야 한다. 신부에게만 마음을 빼앗겨야 한다.

수 없습니다.

36 이 관상(적) 기도가 습관으로 형성된 사람의 묵상에 관하여

이 책에서 말하는바 관상(적) 기도가 습관이 된 사람들의 묵상은 다릅니다. 이들의 묵상은 묵상 이전 단계로서 **읽기 또는 듣기**, 그리고 하나님 아래 있는 특별한 어떤 것이 보이지 않는 상태에서 임하는 **순간적인 깨달음**, 비참한 자기 모습이나 하나님의 선하심에 대한 **모호한 느낌**을 말합니다.[172] 이

---

172) 이 장은 짧고 이해하기 어렵지만, 매우 중요한 부분이다. 관상(적) 기도에 익숙하고 습관으로 형성된 정도에 따라서 묵상의 차원이 달라진다. 초보 단계의 묵상은 이성적으로 분석하고 해석하고 이해하고 각 대상에 대해 **분명한 느낌**을 얻는다. 그러나 점차 기도가 깊어지면서 묵상이 깊어지며, 각개(各個)의 대상이 아니라 **개념적인 하나의 덩어리로서 느낌**을 느낀다. 저자는 이것을 모호한 느낌이라고 했다. 전자의 개별 대상에 대한 **분명한 느낌**을 **묵상**(*meditatio*)의 영역, 후자의 **불분명한 느낌**을 **관상**(*contemplatio*)의 영역이라고 한다.

관상은 어떤 특정한 매개체에 의지하지 않은 상태에서 **모호한 느낌**이나 깨달음이 갑자기 임한다. 이를 동양종교에서 돈오(頓悟)에

러한 순간적으로 임하는 직관 및 모호한 느낌은 사람보다 하나님에게서 옵니다.

자신의 죄악이나 하나님의 선함에 대한 묵상 – 영적 조언

해당한다. 선행하는 매개체란 묵상의 객체(客體)로서 성독(Lectio Divina)의 네 단계 중 **말씀 읽기**(또는, 듣기)와 묵상을 말한다. 이때 말씀에 비추어 볼 때 죄로 인해 얼룩진 자신의 비참한 모습이 보이면서, 지난날 지은 죄악이 하나씩 떠오르고, 그것들을 하나하나를 붙잡고 묵상하게 된다. 이것을 개별적이고 분명한 느낌이라고 한다. 그러나 한없이 자비하신 하나님이 이 모든 죄를 대신하여 죄인인 나를 품어주신다는 따뜻한 말로 표현할 수 없는 모호한 느낌, 이것을 **불분명한 느낌**, 또는 **덩어리로서의 느낌**이라고 하며, 이 느낌은 관상의 영역에 속한다. 그래서 저자는 이 기도를 통해 묵상에서 관상으로 진보하려면, 또는 관상에서 묵상으로 회귀하는 것을 피하려면, 묵상의 개별 대상에 대한 분명한 느낌에서 벗어나서 **모호한 느낌, 또는 덩어리로서의 느낌**이 들도록 해야 한다고 했다.

관상적 실천 분야의 전문 용어로는 묵상의 분명한 객체는 **자상**(自相), 또는 **개별상**(別相)에 해당하며, 불분명한 덩어리로서의 느낌은 **공상**(公相)에 해당한다. 자상은 개체의 고유 성질을 가지지만, 공상은 각 개체의 고유 성질 중 공통되는 것들을 한 데 묶어서 별칭(別稱)한 이름이다. "너를 지명하여 불렀으니, 너는 나의 것이다"(사 43:1)라는 말씀에서 하나님이 나를 지명하신 이름이 바로 자상에 해당한다. 불분명한 느낌, 모호한 느낌을 동양종교 수행에서 **불립문자**(不立文字), **교외별전**(敎外別傳)에 해당한다.

173)에 따라 은혜로 인해 그것에 대해 느껴지는 묵상 - 이 당신의 마음에 드는 어떤 "유사한 죄"나 "하나님"이라는 단어에서 발견하는 것 외에는 어떤 것도 발견되지 않는다면, 그 단어는 절대 성가시게 하지 않을 것입니다. 여기서 이 단어를 논리적으로 분석하고 해석하거나 설명하거나 다양한 의미를 탐구하는 등 깊이 묵상하는 것이 이 기도를 실천하는 데 도움이 되지 않습니다.[174] 나는 그렇게 생각하지 않으며, 또 이 기도를 할 때 그런 일이 계속 일어날 수 있다고도 생각하지 않습니다. 이 말은 그 전체에 담겨 있어야 합니다. 이 단어는 있

---

173) 관상(적) 기도를 돕는 영적 지도를 말한다. 이 관상(적) 기도를 실천하는 사람은 반드시 영적 지도자를 두고 그의 지도를 받아야 하며, 피지도자는 지도자의 지도에 순종해야 한다.

174) 관상적 기도는 묵상과 달리 논리적이며 이성적인 추론함으로 얻어지는 것이 아니다. 그것(죄, 또는 하나님에 대한 묵상)으로 얻어지는 것이 초보 및 중급자의 영적 진보에는 유익하지만, 관상 기도를 실천하는 데는 오히려 방해가 되므로 특별한 단어나 상황에 집착하지 말아야 한다. 그러한 충동이 일어나더라도 "버리고 떠나는 것"이 유리하다: "롯의 아내는 뒤를 돌아보았으므로, 소금 기둥이 되었다"(창 19:26, 새번역).

는 그대로 완전하게 다루어야 합니다. "죄"란 어떤 종류의 확실치 않은 덩어리, 바로 당신 자신을 의미합니다. 나는 죄를 바라보는 이 모호한 시선 속에서 다름 아닌 여러분 자신인 응고된 덩어리로서, 이 시간 동안 자기 자신보다 더 비이성적인 것을 억누를 필요가 없다고 믿습니다.[175] 당신이 앉아 있든지 걷고 있든지 누워 있든지 기대 있든지 서 있든지 무릎을 꿇고 있든지 당신을 바라보는 사람은 당신의 육신의 움직임이 조화를 이루고 있으며 얼굴에는 경성함(sober)과 평온함(restful)을 발견할 것입니다.

---

175) 초대 동방교회의 수도사는 우리 인간의 정신을 푸줏간 앞을 배회하는 개와 같다고 했다. 그 개(정신)를 매는 역할을 이 단어(죄, 하나님 등)가 한다. 이 기도를 할 때 정신을 매는 목줄로 선택한 단어가 또 다른 분심을 만들 수 있다. 왜냐하면 묵상은 사탕과 같아서 달콤함을 주기 때문이다. 관상(적) 기도를 할 때, 어떤 단어를 선택하여 정신이 흩어지려고 할 때, 이 단어를 정신에 던져줌으로써 정신을 잡아두는 목줄로 사용한다. 그러므로 이 단어를 개념, 또는 **덩어리로 사용해야 한다.** 이 단어를 분해하거나 개별로 다루면 그것 자체가 분심(分心)되게 하거나 이 **단계에서 관상(*contemplatio*)으로 나아가지 못하고** 이전의 상태, **묵상(*meditatio*) 상태로 되돌아가게 하기 때문**이다.

37 이 기도를 계속하는 사람의 특별한 기도

　　은혜 안에서 끊임없이 이 기도를 하는 사람들의 묵상은 선행하는 원인이 없이 갑자기 닥치는 직관(直觀)이며, 그들이 드리는 기도 역시 마찬가지입니다. 나는 거룩한 교회에서 제정한 기도가 아니라 그들의 바치는 개인적인 기도에 관해 말하고 있습니다. 이 기도에 숙달된 사람은 다른 기도보다 교회에서 제정한 기도를 더 존중합니다.[176] 그들은 우리 이전에 살았던 거룩한 교부들이 정한 규정에 따라서 기도합니다. 그러나 개인적으로 기도할 때는 매개체, 또는 선행하거나 동반하는 묵상이 없이 곧바로 하나님께 기도합니다. 혹시 단어

---

176) 이 책을 집필할 당시 교인들은 교회에서 제정한 쓰인 기도문으로 기도했다. 저자는 수도원의 성무일도를 말하는 듯하다. 관상적 기도를 하는 사람들은 공동예배와 성무일과에 충실히 참석한다. 그러나 개인적으로 홀로 기도실에서 기도할 때는 거룩한 단어나 짧은 기도문을 사용한다.

나 문장을 사용하더라도 그것은 매우 단순합니다. 단어를 적게 사용할수록 유익합니다.[177] 두 음절로 이루어진 단어보다는 한 음절로 된 단어가 더 적합하며 성령의 역사와 더 조화를 이룹니다. 왜냐하면 이 기도를 실천하는 영적인 사람은 언제나 성령의 주권적이고 지고한 지점에서 자신을 발견해야 하기 때문입니다.[178] 자연계에서 일어나는 사건을 예로 들어서 설명하겠습니다. 어떤 사람이 갑자기 화재나 죽음 등에 대한 두려움에 사로잡힌다면, 그의 영혼 깊은 곳이 갑자기 충격

---

177) 앞 장에서 설명했듯이 거룩한 단어나 짧은 기도문은 정신의 방황을 멈추게 하는 "목줄"로 사용할 뿐이므로 단순할수록 효과적이다. 한번 정한 단어는 자주 바꿔서 사용할 필요가 없다. 어쨌든 그 단어를 그 내용이나 의미를 분석하기 위한 것이 아니므로 몸에 습관이 될 때까지 같은 단어를 사용하는 것이 좋다. 그리고 한 단어라도 간단한 음절의 단어가 좋다.

178) 관상가들은 성령의 주부적(infused, 注賦的) 은혜로 감동을 받아서 구송(口誦)하거나 침묵으로 하는 등 다양한 형태의 기도를 바친다. 사도 바울에 의하면 이들은 "하나님의 영으로 인도함을 받는 사람은, 누구나 다 하나님의 자녀입니다"(롬 8:14, 새번역). 입술을 통해 소리를 내서 하든지, 침묵으로 정신기도를 하든지 이들의 기도는 만족과 열정과 감미로움으로 가득하다.

을 받아 소리치거나 도움을 구합니다. 그때, 그는 말을 많이 하지 않으며, 심지어 짧고 간단한 단어도 사용하지 않습니다. 그 이유는 그가 처한 곤경과 영혼의 수고를 나타내기에는 두 음절로 된 단어를 발음하는 시간도 길다고 느끼기 때문입니다. 그래서 그는 "불이야!" 처럼 간단한 단어로 소리칩니다. "불이야!"라는 짧은 단어가 듣는 사람의 귀를 효과적으로 울리는 것처럼, 말이나 생각, 또는 마음속 깊은 곳에서 희미하게 감지된 것도 같은 작용을 합니다. 그것은 분명치 않게 중얼거린 기다란 시편[179]보다 더 강력하게 전능하신 하나님의 귀를 울립니다. 그러므로 짧은 기도가 천국을 울린다는 말이 있는 것입니다.[180]

---

[179] 이 말의 뜻은 두 사람이 대화하는데 상대방의 말을 서로 듣지 않고 각자의 말만 지껄이는 것과 같다. 노리지의 줄리안은 "그들은 마치 하나님에 대한 사려 깊은 배려나 경건한 이해가 전혀 없이 기계적으로 암기하여 시끄러운 소리로 암송하는 기도를 조롱하는 것 같았습니다"(『하나님 사랑의 계시』, 노리지의 줄리안, 엄성옥 역, 은성출판사, 제69장)라고 했다.

[180] "짧은 기도"에 대한 전통적인 교훈은 마태복음 6장 7-13절

38 짧은 기도가 하나님의 귀를 울리는 방법과 그 이유

이처럼 한 음절의 단순한 기도가 하늘나라에 울려 퍼지는 이유는 무엇일까요? 그것은 기도하는 사람이 영혼의 깊

에 대한 초대 교부들의 주석에서 찾을 수 있다. "너희는 기도할 때, 이방 사람들처럼 빈말을 되풀이하지 말아라. 그들은 말을 많이 하여야만 들어주시는 줄로 생각한다"(마 6:7, 새번역). 또한 요한 카시아누스의 『담화집』(Conferences, 엄성옥 역, 은성출판사. 담화 10. 10)에서는 "분노, 탐심, 또는 슬픔 등의 충동 때문에 동요될 때, 귀중한 온유함을 포기해야 하는 압박을 받을 때 격분하여 앙심을 품지 않으려면 큰 소리로 신음하면서 '하나님이여 나를 건지소서 여호와여 속히 나를 도우소서'라고 소리쳐야 합니다. 무기력, 허영, 또는 교만 등에 도취할 때, 사람들이 태만하다거나 미온적이라는 생각을 품을 때 원수의 악한 속삭임에 넘어가지 않으려면 통회하는 마음으로 '하나님이여 나를 건지소서 여호와여 속히 나를 도우소서'라고 기도해야 합니다."라고 했다.

그리고 성 베네딕도의 『규칙』(Rules, 20장)에서도 언급하고 있다: "그러므로(기도가) 하느님의 은총에서 영감을 받은 열정으로 길어지는 경우가 아니라면, 기도는 짧고 순수해야 한다." 개신교회 전통에서는 이를 "화살기도"라고 부른다.

이와 높이와 길이와 너비를 다하여, 즉 전심으로 드리는 기도이기 때문입니다. "높이를 다하여": 기도한다는 것은 영이 완전한 힘을 가지고 기도하는 것입니다. "깊이를 다하여": 기도한다는 것은 이 짤막한 단어 안에 영의 모든 능력이 담겨 있기 때문입니다. "길이를 다하여": 언제든 그 순간에 경험했던 것처럼 경험할 수 있다면 그때 외쳤던 것처럼 외칠 것이기 때문입니다. 그리고 "모든 성도와 함께 혼(breadth)을 다하여": 자기 영혼이 원하는 것을 다른 영혼들도 원하기 때문입니다. 이때 영혼은 영원하시고 사랑 많으시고 전지전능하신 하나님의 길이와 넓이와 높이와 깊이가 어떠한 것인지를 모든 성도와 함께 이해합니다. 물론 완전히 이해하는 것은 아니며, 각기 상황에 따라서 적절한 방법으로 이해합니다.

하나님의 영원성은 하나님의 길이이며, 하나님의 사랑은 너비이며, 하나님의 능력은 높이이며, 하나님의 지혜는 깊이입니다.[181] 따라서 은혜로 말미암아 자기를 지으신 하나님의

---

181) 엡 3:17에 대한 월터 힐튼(Walter Hilton)의 주석의 내용과 동일하다: "… 하나님의 영원한 존재의 길이, 하나님의 놀라운 자비

형상과 모양에 크게 일치한 영혼의 외침을 하나님은 즉시 들어 주십니다.[182] 아주 악한 영혼, 하나님의 원수라도 은혜로 말미암아 그 영혼의 높이와 깊이와 길이와 넓이를 다하여 단순하고 짧은 기도말로 외친다면, 하나님은 이 외침을 듣고 도와주실 것입니다.[183]

한 가지 예를 들어 보겠습니다. 만일 당신의 철천지원수가 두려움에 질려서 "불이야"라고 외치는 소리를 듣는다면, 그 소리에 담겨 있는 고통의 자극을 받은 당신은 그 사람에 대한 원한은 잊어버리고 단지 그를 불쌍히 여기는 마음에서 한겨울 밤이라도 침대에서 뛰쳐나와 불을 꺼 줄 것입니다. 사람이 은혜를 받아 마음이 움직이면 원수라도 긍휼히 여기고 자비

와 선함의 넓이, 그분의 전능하신 위엄의 길이, 하나님의 근거 없는 지혜의 깊이…"(『완전의 저울』 제1부 제12장).

182) 관상 기도의 목적은 인간 존재가 변화하여 하나님의 성성에 참여함으로써 하나님과 연합을 이루는 데 있다: "이렇게 해서, 우리는 주님과 같은 모습으로 변화하여, 점점 더 큰 영광에 이르게 됩니다."(고후 3:18, 새번역).

183) 앞의 제26장의 각주를 참조하라.

를 베풀게 될진대, 영혼의 높이와 깊이와 길이와 너비—여기에는 인간이 은혜로 말미암아 소유하고 있는 모든 것이 담겨 있습니다—로부터 솟구쳐 나오는 외침을 들으실 때 하나님은 얼마나 큰 자비와 긍휼을 베푸시겠습니까! 비교할 수 없이 큰 자비를 베푸실 것입니다. 왜냐하면 사물이 본성적으로 소유하고 있는 것은 은혜로 말미암아 소유하게 된 것보다 훨씬 근원적이기 때문입니다.

39 완전한 관상가는 어떻게 기도해야 하는가? 기도의 본질; 구송기도는 기도의 본질에 합당한 것이어야 한다.

우리는 영의 높이와 깊이와 길이와 너비를 다해서 기도해야 합니다. 또 많은 말이 아니라 짧은 기도말로 기도해야 합니다. 어떤 단어가 좋을까요? 기도의 본질에 적합해야 합니다.[184] 어떤 단어가 적합합니까? 이 대답을 구하기 전에 먼저 기도의 본질이 무엇인지 살펴보십시오. 그러면 어떤 단어가 기도의 본질에 가장 잘 일치하는 것인지 분명히 알 수 있을 것입니다.

---

184) 여기서 기도의 본질(the nature of prayer)은 순전한 기도(pure prayer)를 말하며 세 단계로 나누어서 생각할 수 있다: (1) 첫 번째 단계의 기도는 세상의 일시적인 것을 구하거나 나쁜 것을 피하고자 청원하는 기도; (2) 두 번째 단계는 정(淨)한 마음을 구하는 기도가 있다(시 51:10). (3) 세 번째 단계의 기도는 하나님 당신을 구하는 기도이다. 이 셋 중 지금 바치는 기도가 어떠한 것이어야 하는지에 따라서 기도말을 선택할 수 있다.

본질로 기도는 악을 제거하고 선을 이루기 위해서 경건하게 직접 하나님과 만나는 것입니다.[185] 모든 악은 죄 속에서, 죄의 결과나 죄 자체로 이해되므로 악의 제거를 위해 집중해서 기도하려 할 때는 다른 것을 생각하거나 말하거나 의미하지 말아야 하며, 다른 단어는 사용하지 말고 "죄"라는 단어만 사용해야 합니다. 또한 어떤 선을 얻기 위해서 기도하려 한다면 "하나님"이라는 단어만 사용하면서 소리를 내거나 마음속으로 외쳐야 합니다. 왜냐하면 모든 선은 실존(Being)으로서나 결과(effect)로서나 하나님 안에 있기 때문입니다.[186]

---

185) 기도는 선을 얻기 위해 사악에서 돌이켜 하나님께로 향하는 경건한 의도(intentio)이다. 다시 말해서 기도란 망령된 것을 버리고 진리에로 돌아가기 위한 필수적인 신앙 행위이다. 그러므로 모든 기도에는 간구, 즉 의도성이 내포되어 있는데, 그 한계는 무한하다. 노리지의 줄리안의 책 『하나님 사랑의 계시』(은성출판사, 엄성옥 역)에서 "셋째, 우리는 기도의 열매와 목적을 알아야 합니다. 그것은 만물 안에서 주님을 닮고 주님과 연합하는 것입니다"(제42장)라고 했다. 관상(적) 기도란 만물 아래 서린 창조주 하나님의 성성을 보기를 갈망하고 희구하는 것이다.

186) 앞의 37장 첫째 단락의 각주를 참조하라.

내가 "하나님"이나 "죄"라는 단어를 다른 단어보다 중시한다고 해서 놀라지 마십시오. 만일 이 두 단어처럼 모든 선과 모든 악을 완전히 포함하는 다른 단어를 생각해 낼 수 있거나, 또는 하나님이 다른 단어를 사용하도록 가르쳐 주신다면 나는 이 두 단어를 버리고 그것을 사용할 것이며, 당신에게도 그렇게 하라고 충고할 것입니다. 그러나 이 단어에 대해 깊이 생각하지는 마십시오. 만일 그렇게 한다면 당신은 결코 목적을 이루지 못할 것이며, 이 일을 성취하지도 못할 것입니다. 왜냐하면 그것은 깊이 생각함으로 성취되는 것이 아니라, 은혜에 의해서만 성취되기 때문입니다. 앞에서 두 개의 단어를 예로 들었지만, 하나님이 감화하시는 것이 아니면 어떤 단어도 사용하지 마십시오. 그러나 하나님이 이 두 단어를 선택하라고 감화하신다면, 그것들을 버리지 마십시오. 이것은 단어를 사용하여 기도해야 할 때만 적용됩니다.

여기에서는 짧은 기도를 권장하지만, 기도의 횟수에는 제한이 없습니다. 이미 말한 것처럼 기도는 영혼의 길이 안에서 이루어지는 것이기 때문입니다. 간절히 원하는 것이 완전히 이루어질 때까지 기도를 멈추어서는 안 됩니다.[187] 그것을 보여주는 예로 앞에서 이야기했던바 두려움에 싸인 사람을 들 수 있습니다. 그는 고통에서 구함을 받을 때까지 "불이야!", "살려줘!" 등의 짧은 말을 사용하여 도움을 청할 것입니다.

---

187) 쉬지 않는 기도에 관해서 『순례자의 길』(은성출판사, 엄성옥 역)을 참조하라: 쉬지 않는 기도를 실천하는 방법을 찾던 중 만났던 영적 스승은 "예수기도"를 가르쳐 주면서 처음에는 하루에 3천 번, 그다음에는 6천 번, 나중에는 12,000번을 하라고 했다. 이 기도가 몸에 습관을 확립된 후에는 기도의 횟수에 연연하지 말고 기도가 인도하는 대로 하라고 했다. "어느 날 아침 일찍 여느 때와 마찬가지로 기도가 나를 깨웠습니다. 일상적인 아침기도를 드리려 했지만 혀가 말을 듣지 않아 쉽고 정확하게 기도할 수 없었습니다. 내가 바라는 것은 오직 한 가지는 예수기도를 하는 것이었습니다. 그 기도를 하자마자 내 마음은 기쁨과 위안으로 가득 찼습니다. … 그러고 나서 사부님을 찾아가서 모든 것을 솔직하고 자세하게 말씀드렸습니다. 이제부터는 하고 싶은 대로, 능력이 닿는 대로 자주 그 기도를 드려도 좋습니다. 깨어 있는 모든 순간 기도를 드리며 횟수를 세지 말고 예수 그리스도의 이름을 부르며 겸손히 하나님의 뜻에 복종하며 그분의 도움을 구하십시오. 하나님은 당신을 버리지 않으시고 옳은 길로 인도해 주실 것입니다."

40
이 기도를 실천하는 동안에는 특별한 악이나 덕, 또는 그것의 본질에 관심을 두어서는 안 된다.

    소죄(小罪)든 대죄(大罪)든 특별한 죄든 ─교만, 분노, 질투, 탐심, 나태, 탐식, 정욕 등─ 그것에 집중하지 말고 "죄"라는 단어의 영적인 의미로 우리의 영을 가득 채워야 합니다.[188] 관상가에게 죄의 종류와 얼마나 큰 죄인가 등은 상관이

---

188) 요한 카시아누스의 『담화집』(은성출판사, 엄성옥 역. 담화 5. 10)에 나열된 여덟 가지 정념을 나열하고 있다: "이 여덟 가지 악덕들은 각기 그 기원이 다르고 작용도 상이하지만, **처음 여섯 가지 ‑ 탐식, 음란, 탐욕, 분노, 슬픔, 권태** ‑는 일종의 관련성에 의해 서로 연결되어 있으므로 한 가지 악덕의 범람이 다음 악덕의 출발점이 됩니다. 과도한 탐식에서 음란이 생겨나고, 음란에서 탐욕이, 탐욕에서 분노가, 분노에서 슬픔이, 슬픔에서 권태가 생겨납니다. 그러므로 동일한 방식과 방법으로 그것들을 대적해야 하며, 선행하는 악습부터 공격하여 그 뒤에 등장하는 악습들을 차례로 공격해야 합니다. …나머지 두 개의 악덕, 즉 **허영**과 **교만**도 앞에서 언급했던 악덕들과 비슷한 방식으로 연결되어 있습니다. 즉 첫째 악덕의 성장이 둘째 악덕의 출발점이 됩니다. 허영의 넘침이 교만의 출발점이 됩니다. 그러나

없습니다. 이 기도를 하는 동안에는 아주 작은 죄라도 관상가를 하나님에게서 분리시키며 내적 평화를 방해하기에 충분하므로, 관상가의 입장에서는 어떤 죄라도 큰 죄라고 볼 수 있습니다.

그러므로 죄의 종류에 상관없이 하나의 덩어리로 느끼십시오. 죄는 다름 아니라 당신 자신에 불과합니다. 영적으로 항상 "죄, 죄, 죄, 죄"; "나가, 나가, 나가, 나가"라고 외치십시오. 영적인 외침은 사람의 말보다는 경험으로 하나님에게서 더 잘 배우게 됩니다. 죄에 대해 특별한 생각을 하거나 어떤 단어를 소리내어 말하지 않을 때 순수한 정신 안에 온전히 이루어집니다. 물론 이따금 몸과 영혼이 죄로 인해 답답함과 슬픔으로 가득 차 있어서 그것이 때때로 말로 분출될 수도 있습

이 둘은 앞의 여섯 가지 악덕들과 완전히 다르며 그것들과 제휴되지도 않습니다."

    이 책에서는 이것(8정념)을 일곱 가지를 나열했는데, 허영과 교만을 하나로 합하고, 다른 여섯 개의 정념을 임의로 나열한 것을 7죄종(罪宗; Seven Deadly Sins)이라고 부른다.

니다.[189)]

"하나님"이라는 짧은 단어를 사용할 때도 똑같이 행하십시오. 물질적으로나 영적으로 선한 정도에 상관없이, 하나님이 행하신 어떤 일에든 특별히 관심을 기울이지 말고, 그 단어의 영적 의미를 당신의 영에 채우십시오. 은혜로써 인간의 영혼 안에 형성될 수 있는 덕—겸손, 고결한 사랑, 인내, 금욕, 절제, 소망, 믿음, 순결, 자발적인 가난 등—에 관심을 두지 마십시오. 이런 덕들이 관상가들에게 무슨 상관이 있습니

---

189) 관상의 처음 단계(**묵상**, *meditatio*)에서는 각개의 죄, 하나님에 대한 여러 성품을 묵상한다. 점차 기도를 통해 오는 성령의 은혜로써 묵상이 깊어지면서 각개의 죄의 원인이나 특성을 **하나의 덩어리로 묶어서** 묵상하게 된다. 이 덩어리는 **각각의 특성 중 공통된 것으로 묶은 것**이다. 첫 번째의 각각 죄의 특성을 자상(自相, 또는 個別相), 묶음의 덩어리를 공통상(共通相)이라고도 부른다.

에바그리우스는 각각의 죄를 여덟 개의 공상(8정념)으로, 서방기독교에서는 일곱 개의 공상(7죄종)으로 설명했다. 저자는 앞에서 죄의 원인(8정념, 7죄종, sins)이나 특성에 관심을 두지 말고 거기에 머물지도 말고 더 나아가서, 최종적으로 하나로 묶으면 "한 덩어리의 죄(Sin)" 즉, "나"라는 **인간 자체가 죄의 한 덩어리**로 보인다. 이것이 관상(적) 기도에서 죄를 다루는 특별한 방법이다.

까? 관상가들은 하나님 안에서 모든 덕을 발견하고 경험합니다. 모든 것의 존재와 원인은 하나님 안에 있습니다. 관상가들은 하나님을 소유하면 모든 선을 소유하게 될 것으로 생각합니다. 그래서 그들은 특별히 어떤 사물을 원하는 것이 아니라 선하신 하나님만 원합니다. 우리도 은혜에 의해서 가능한 한도 내에서 그와 동일하게 행해야 합니다. 하나님만이 우리의 목적이 되어야 합니다. 우리의 이성이나 의지의 목적은 오직 하나님에게만 있어야 합니다.

그러나 이 비참한 세상에서 사는 한 더럽고 냄새나는 죄 덩어리가 우리 존재의 본질과 결합되어 있음을 어느 정도 경험해야 하므로, "죄"와 "하나님"이라는 두 단어 중 하나에 특별한 목적을 두어야 합니다. 아울러 하나님을 소유하면 우리에게 죄가 없을 것이며, 죄가 없으면 하나님을 소유할 수 있을 것으로 생각해야 합니다.

41 다른 기도에는 분별력이 적용되지만, 이 기도에는 적용하지 않는다.

당신이 나에게 이 기도에서 절제(discretion)를 어떻게 적용할 것인지를 묻는다면, "전혀 절제할 필요없다"라고 대답할 것입니다.[190] 다른 활동 즉, 먹고 마시는 것, 잠자는 것,

---

190) "안토니를 비롯한 많은 사람의 견해에 의하면 분별이란 두려움을 모르는 수도사를 인도하여 꾸준히 하나님을 향하게 해주며, …덕이 손상되지 않은 상태로 보호해줍니다. 그것이 있으면 지치지 않고 완덕의 고지를 오를 수 있으며, 그것이 없으면 선한 의지를 가지고 수고하는 많은 사람이 정상에 오르지 못할 것입니다. 분별은 모든 덕의 아버지요 후견인이요 조정자입니다"(『담화집』, 요한 카시아누스, 엄성옥 역, 은성출판사; 담화2.4).
분별(discretion)이란 자신을 성찰하고 말과 행동을 주의하고 삼가는 태도를 말하는데, 신앙인이 가져야 할 품성의 하나이다: "하나님이 우리에게 주신 것은 두려워하는 마음이 아니요 오직 능력과 사랑과 **절제**하는 마음이니"(딤후 1:7). 잠언에서는 이를 근신이라고 번역했다: "근신을 지키며 네 입술로 지식을 지키도록 하라"(잠 5:2).
『필로칼리아』에서는 분별(διάκρισις; discrimination)을 정신 속

춥고 더움에 대한 몸을 보호하는 것, 성독과 기도하거나 동료 기독교인과의 대화하는 시간을 허용하는 데 있어서 절제가 필요합니다. 그러한 일을 할 때는 모자라지도 지나치지도 않게 중도(moderate)를 유지해야 합니다. 그러나 이 기도를 할 때는 중도가 문제가 되지 않습니다. 세상에 사는 동안 이 기도를 중단하지 않기를 바랍니다.[191]

이것은 항상 동일한 강도로 그 기도를 지속해야 한다는 말

에 들어오는 생각의 유형을 식별하며, 정확하게 평가하고 그에 합당하게 다룰 수 있게 하는 영적 은사. 이 은사를 통해서 영을 분별한다. 즉, 하나님의 감화로 인한 생각이나 환상과 마귀에게서 오는 암시나 환상을 구분하는 능력을 얻는다. 그것은 인간이 극단적인 상황에 빠지지 않고서 영적인 길을 발견하는 데 사용되는 일종의 영혼의 눈, 혹은 영적 등불이다. 그러므로 여기에는 판단력이 포함된다.

191) 덕행(德行)에는 지나침이나 모자람이 없는 상태 즉, **중도**가 필요하다. 금식을 예로 들면 과한 탐식으로 인해 졸음이 오거나 과한 금식으로 인해 신체가 연약해지거나 배고픔으로 인해 기도에 방해를 받는다면 적절히 먹는 것이 더 유익하다. 이러한 **중도를 절제**라고 한다. 수덕생활에서 **중도는 산술적인 평균**이 아니다. 사악은 절제가 아니라 완전히 금해야 한다. 지고한 선이나 사랑도 중도 즉, 절제가 아니라 무제한으로 갈망하고 추구해야 한다.

이 아니며, 또 그렇게 할 수도 없습니다. 이따금 육신이나 영혼의 질병과 장애, 또는 본성적으로 필요한 많은 일이 이 기도를 하지 못하도록 방해할 것입니다. 그러나 우리는 항상 이 기도를 하거나, 이 기도를 위한 준비를 하고 있어야 합니다. 다시 말해서 실제로 기도하거나 기도하려는 목적이 있어야 합니다. 그러므로 병에 걸리지 않도록 조심하십시오. 될 수 있는 대로 육체를 약하게 만들지 마십시오.192) 이 기도에는 평온함,193) 그리고 영혼과 육체의 건강이 필요합니다. 그러므로

---

192) 육신과 정신이 긴밀하게 연결되어 있다. 몸에 병이 들어서 고통당할 때 관상적인 훈련이 바르게 이루어질 수 없다는 것을 말하고 있다. 균형 잡힌 건전한 기독교 영성가들의 사상은 전인적인 삶을 추구한다. 금욕 수도사들일지라도 영적으로 당장 오늘 죽는 것처럼 살지만, 육신으로는 100년을 살 듯이 보살펴야 한다. 육신의 삶은 정신이 주도하지만, 육신 없이 영적인 삶을 실천하지 못한다. 따라서 이 둘은 서로 돕는 상보적(相補的) 관계이다. 금욕고행을 하더라도 절대적으로 하나님의 인도하심을 의지하는 것이 수도자의 태도이다.

193) 여기서 평온(平穩)이란 어떠한 감각적 자극에도 정신이 흔들림이 없는 고요한 상태를 말하는데, 동방교회 수도사들은 **정적(靜的, stillness)**, 또는 헤시키아(ἡσυχία)라고 부른다. "예수께서 일어나 바람을 꾸짖으시고, 바다더러 '고요하고, 잠잠하여라' 하고 말씀하시

몸과 영혼을 지혜롭게 다스려 건강을 유지하십시오. 혹시 병에 걸리면, 인내하면서 "가만히 있어"(시 46:10) 겸손하게 하나님의 자비를 기다리십시오. 그러면 만사가 순조로울 것입니다. 병에 걸렸거나 환난을 당할 때 인내한다면 건강할 때 행하는 헌신 행위보다 하나님을 더 기쁘시게 할 수 있습니다.

니, 바람이 그치고, 아주 고요해졌다"(막 4:39, 새번역).

42 이 기도에서 분별력을 발휘하지 않음으로써 다른 모든 일에서 분별력을 얻게 된다.

이제 여러분은 이제 먹고 자는 것과 같은 다른 행동에 있어서 어떻게 신중(愼重)194)을 유지할 것인지 물어볼 것입니다. 나의 대답은 간단합니다: "능력이 닿는 대로 이해하십시오." 쉬지 말고 분별을 훈련하십시오. 그러면 다른 활동을 어

---

194) 여기서 **신중**(愼重, prudence, φρόνησις)이란 성경에서는 **총명**(聰明), 또는 **명철**, **분별** 등으로 번역한다: "이는 그가 모든 지혜와 총명을 우리에게 넘치게 하사"(엡 1:8); "나 지혜는 명철로 주소를 삼으며, 지식과 분별력을 가지고 있다"(잠 :12 새번역).
한자로 총명이란 "화자(話者)의 말을 밝히 들을 줄 아는 것"을 의미하는데, 잘 들은 사람은 화자의 말대로 행동할 것이다: "이스라엘아 들으라 우리 하나님 여호와는 오직 유일한 여호와이시니"(신 6:4). 이는 지성적 덕성으로서 기독교 윤리학에서는 이해, 슬기를 뜻하는 것으로서 성령의 은사 중 하나이다. 또한 **사려**(思慮)로도 번역되는데, 사전적 의미로는 "여러 가지 일을 주의 깊게 생각하는 것"을 말한다. 일반적인 상황이나 개별적인 상황에서 목적과 수단을 바르게 판단하여 "선하게 사는 삶"을 구현하는 **실천적 이성**이다.

디서 시작하고 어디서 끝내야 할지 식별할 수 있게 될 것입니다. 밤낮 쉬지 않고 이 기도를 계속하는 영혼은 외적인 활동을 할 때 실수하지 않을 것입니다.[195] 그러나 그렇지 않은 영혼은 잘못에서 완전히 자유로울 수 없는 듯합니다. 만일 영적으로 진지하고 방심하지 않고 이 영적 기도에 **집중**할 수만 있다면, 나는 먹고 마시고 말하는 등의 모든 외적 활동에는 전혀 관심을 두지 않을 것입니다.[196] 이 점에서 어느 정도의 중

---

[195] 여기서 **밤낮**이란 항상이라는 말이 아니라 **기회**를 얻을 때 언제나, 자주 등의 의미이다. **밤낮 묵상하고 기도하라.** 이렇게 될 때 말씀이 내면에 확립되고, 몸의 습관으로 형성되어 비록 정신이 불안정하고 망각할지라도 몸이 기억하여 저절로 실천하게 할 것이다.

[196] 짧은 문장 안에 깊고 다양한 의미를 가진 단어를 이해하여야 한다. 먼저 **집중**(concentration)이란 마음이 오직 하나의 대상에만 "집중"하는 상태를 의미한다. 이때는 먹고 마시는 등 어떤 외부의 행동을 하더라도 마음은 항상 하나의 대상에만 집중한다. 그러기 위해서는 **신중**해야(즉, 방심하지 않아야) 한다. 즉 영적인 원수가 언제 쳐들어올지 알지 못함으로 **깨어 있어야** 한다. 이것을 **철야**(vigilance)라고 한다: "시험에 들지 않게 깨어 있어 기도하라 마음에는 원이로되 육신이 약하도다 하시고"(막 14:38); "너희도 아는 바니 만일 집주인이 도둑이 어느 시각에 올 줄을 알았더라면 깨어 있어 그 집을 뚫

용을 이루려는 목적을 가지고서 진지하게 그것들을 고찰하기
보다는 관심을 두지 않음으로써, 그것들을 행할 때 분별력을
갖게 될 것입니다. 어떤 일을 하고 무슨 말을 해도 나는 그것
을 성취하지 못할 것입니다. 사람마다 각기 다른 견해를 말하
겠지만, 참된 증인은 경험입니다. 그러므로 이 어두운 사랑의
충동을 가지고서 마음을 들어올리십시오. 지금 "죄"나 "하나
님"이라는 단어를 말하십시오. 하나님은 당신을 소유하기를
원하시며, 죄는 당신을 피하려 합니다. 당신에게는 하나님이
없지만 죄는 분명히 있습니다. 선하신 하나님이 당신을 도와
주시기를 기원합니다.

지 못하게 하였으리라"(마 24:43).

43 현세에서 이 기도의 완성을 경험하려면 자신의 존재에 대한 의식과 경험을 모두 버려야 한다.

하나님 외에 다른 것이 당신의 이성이나 의지 안에서 작용하는 것을 허락하지 마십시오. 하나님보다 못한 모든 것에 대한 이해와 의식을 제거하며, 모든 것을 망각의 구름 속 깊이 묻으려고 노력하십시오. 이 기도를 할 때 당신 자신 외에 모든 피조물, 또한 그것들의 행위나 당신 자신의 행위를 잊어야 합니다. 이 기도를 할 때는 다른 모든 피조물 및 그것들의 활동뿐만 아니라 당신 자신과 자신의 활동도 잊어야 합니다. 그 이유는 하나님에게 있습니다. 완전한 연인은 사랑하는 사람을 자기 자신보다 더 사랑합니다. 어떤 의미에서 사랑하는 사람을 위해서 자신을 미워해야 합니다.[197]

---

197) 자기 부인(마 16:24)에 토대를 둔 설명이다. 여기서 부인하는 자기와 부인당하는 자기 간의 갈등을 말하고 있다. 이 수련에 참여하는 자기는 부인하는 자기이며, 부인당하는 자기는 열등한 자기이

그러므로 하나님 외에 당신의 이성과 의지가 지향하는 모든 대상을 혐오스럽고 지겨운 것으로 간주해야 합니다. 그것이 무엇이든지 간에, 그것은 분명히 하나님과 당신 사이에 놓여 방해하기 때문입니다. 당신 자신에 대해서 숙고하는 것도 혐오하고 미워해야 합니다. 왜냐하면 당신은 죄를 하나님과 당신 사이에 있는 더럽고 냄새나는 하나의 덩어리로 경험해야 하는데, 이 덩어리가 곧 당신 자신이기 때문입니다. 그것은 자기 존재의 본질과 구분되지 않고 하나인 것처럼 보일 것입니다.

그러므로 피조물에 대한 모든 지식과 느낌을 완전히 파괴

다. 부인당하는 자기는 하나님이 조성하신바 그 목적에 미달한 자기이다. 세상에 사는 우리는 부인당한 자기를 진짜 자신인 줄 알고 사랑하고 집착한다. 그러므로 이 세상에 사는 동안 자기를 부인한다는 것은 거의 불가능하다. 관상 기도를 꾸준히 실천하는 사람은 덩어리로서의 "죄"에 대해 묵상할 때, "죄의 덩어리로서의 자기"를 발견하게 되며, 이전에는 사랑스럽던 자기 자신을 염오(厭惡)한다. 이때 이런 자기에게서 등을 돌리고 지극히 아름다우신 하나님을 향하게 된다. 그러므로 사랑의 대상이 세상에서 하나님의 나라로 변환되어 간다. 이전에 형성된 기억들을 망각의 구름에 하나하나씩 버리다가 궁극에 가서는 자기 자신마저 부인하게 된다.

해야 하는데, 특히 당신 자신에 대한 것을 파괴해야 합니다. 모든 피조물에 대한 지식과 경험은 당신 자신에 대한 지식과 경험에 의존하고 있으며, 모든 피조물은 우리의 자아보다 쉽게 잊힐 수 있기 때문입니다. 이것을 진지하게 시험해 보면 모든 피조물과 그것들의 행위, 그리고 당신 자신의 행위를 모두 망각한 후에는 당신과 하나님 사이에는 당신의 존재에 대한 단순한 지식과 느낌만이 남는 것을 발견할 것입니다. 이 기도를 완전히 행하려면, 이러한 지식과 느낌을 파괴해야 합니다.[198]

---

[198] "여기 지금" 우리의 기억은 과거의 변화하기 쉽고 잘못 인식한 감정의 결과들이다. "그때 거기"에서 느꼈던 감정들은 이미 변했으며, 잘못 해석된 기억임이 이미 판정났지만, 지금도 그것이 불변한 진리, 진정한 자기라고 여기고 붙잡고 있다. 정신이 하나님께로 확장해 나아가기 위해서는 이런 기억과 감정, 심지어 자기 자신에 대한 이해조차 버리고 떠나야 한다. 그때 벌거벗은 존재로서 하나님 앞에 서 있는 자신을 발견할 것이다.

44 자신의 존재에 대한 모든 경험과 의식을 억제하는 방법

  그다음 어떻게 하면 자신의 존재에 대한 이 단순한 의식과 경험을 파괴할 수 있느냐는 질문을 할 수도 있을 것입니다. 그것이 파괴되면, 다른 모든 장애물도 함께 파괴될 것입니다. 이것은 옳은 생각입니다. 이 질문에 대한 나의 대답은 다음과 같습니다: 하나님이 풍성히 주시는 특별한 은혜가 없으면, 그리고 이 은혜를 받을 능력이 없으면, 자신의 존재에 대한 이 단순한 의식과 경험을 절대 파괴할 수 없습니다.
  이 능력은 강하고 깊은 영혼의 슬픔입니다. 이 슬픔을 다룰 때는 특별한 분별력이 필요합니다. 당신에게 이러한 슬픔이 있을 때는 몸이나 영에 지나친 긴장을 부여하지 말며, 마치 잠자듯이 이 **슬픔 속에 깊이 잠겨 고요한 상태를 유지해야** 합니다.[199] 이것은 참된 슬픔이요 완전한 슬픔입니다. 이 슬

---

199) "기도 후에 일어나 제자들에게 가서 슬픔으로 인하여 잠든

픔에 이를 수 있는 사람은 행복한 사람입니다. 누구에게나 슬퍼할 이유가 있습니다. 그러나 자신이 존재하는 것을 알고 느끼는 사람은 특별한 슬픔을 경험합니다.

이 슬픔과 비교할 때 다른 슬픔은 겉치레에 불과한 것처럼 보입니다. 물론 자신이 어떤 존재인지뿐만 아니라 존재한다는 사실을 의식하고 경험하는 사람은 진지하게 슬퍼할 수 있습니다. 아직 이 슬픔을 경험하지 못한 사람은 일부러라도 슬퍼하는 일을 시작해야 합니다. 왜냐하면 그는 아직 완전한 슬픔을 경험하지 못했기 때문입니다. 이 슬픔을 가진 영혼은 죄뿐만 아니라 죄로 인한 형벌도 깨끗이 씻음을 받습니다. 그리하여 그는 자신의 존재에 대한 경험과 의식을 제거해 주는 기쁨을 받아들일 수 있게 됩니다. 이 슬픔에는 거룩한 갈망이 가득합니다. 그렇지 않다면, 현세에서 인간은 결코 이러한 슬

것을 보시고"(눅 22:45 참조). 하나님의 창조의 하루는 밤부터 시작한다: "밤이 되고 아침이 되니 이는 첫날이라"(창 1:5). 그러므로 하나님이 일하시는 시간은 어둔 밤이다. 우리 인간의 슬픔의 때, 홀연히 닥치는 영혼의 어둠의 밤은 하나님의 창조의 시간이므로 "가만히 있어"(시 46:10) 하나님께 양도해 드려야 한다.

품을 참고 견딜 수 없을 것입니다. 이 기도를 진지하게 행하는 사람이 어떤 방법으로든 위로의 뒷받침을 받지 않는다면 자신의 존재에 대한 의식과 경험에서 오는 고통을 참고 견딜 수 없을 것입니다.[200] 그러므로 그는 종종 이 세상에서 가능한 한 깨끗한 영으로 하나님을 참되게 의식하고 경험하기를 원합니다. 그러나 종종 자신이 그 일을 할 수 없다고 느낍니다. 왜냐하면 자신의 의식과 경험이 어떤 의미에서 이 더럽고 냄새나는 자아 덩어리에 몰두해 있다는 것을 발견하기 때문입니다. 이것은 항상 미워하고 멸시하고 버려야 하므로, 하나님의 완전한 제자가 되어 **온전함의 산**에서 가르침을 받기를 원하는 사람은 슬픔 때문에 거의 미칠 지경이 됩니다. 그는 슬피 울며, 자기 자신과 싸우며, 자신을 부인하고 저주합니다. 한 마디로 그가 지고 다니는 자아라는 짐이 너무 무거우므로,

---

200) 눈물의 복된 은사에 관하여 노리지의 줄리안은 "우리는 그분의 복된 얼굴을 분명히 볼 때까지는 탄식과 눈물과 열망은 멈추지 못합니다. 왜냐하면 그 귀하고 복된 광경 안에는 불행이 머물 수 없고 행복이 부족할 수 없기 때문입니다"(『하나님 사랑의 계시』, 은성출판사. 제72장 참조)라고 했다.

그는 하나님을 기쁘시게 할 수만 있다면 자기에게 어떤 일이 일어나도 상관하지 않습니다. 그러나 이러한 슬픔 중에서도 그는 존재를 멈추고 싶다고 생각하지 않습니다. 왜냐하면 그것은 마귀가 선동하는 미친 짓이며 하나님을 멸시하는 행동이기 때문입니다. 그는 자신의 존재에 대한 의식과 경험을 상실하기를 원하면서도, 오히려 자신이 존재한다는 사실에 기뻐하며 그 고귀한 선물을 주신 하나님께 진심으로 감사합니다.[201)]

모든 영혼은 영적 제자들이 가진 영적 능력이나 육체의 능력에 따라 하나님이 가르치시면서 주시는 이 슬픔과 갈망을 경험하고 소유해야 합니다. 그래야 이 세상에서 가능한 한도

---

201) 인간의 존재 자체는 하나님의 은사이다: "하나님이 만드신 모든 것 중에서 가장 하나님의 마음이 드는 것을 하나님 안에서 볼 때 우리는 가장 기뻐합니다. …이것은 즐거운 광경이요 평온한 계시였습니다. 우리가 세상에 사는 동안 이것을 보는 것은 하나님께는 즐거운 일이요 우리에게는 유익한 일입니다. 이런 식으로 하나님을 보는 영혼은 자신이 보는 대상을 닮으며, 은혜로 말미암아 안식하면서 평안하게 하나님과 연합합니다" 『하나님 사랑의 계시』 제66~68장 참조).

안에서 완전한 사랑 안에서 완전히 하나님과 연합할 수 있습니다.

45 이 기도를 실천하는 동안 일어나는 망상(妄想)

영적 기도에 익숙하지 못하고 경험이 거의 없는 미숙한 제자들은 이 기도를 하는 동안에 미혹되기 쉽습니다. 처음부터 이 사실을 깨닫고서 영적 지도자에게 자신을 맡기지 않으면, 그의 육체의 힘은 크게 손상되고 영적 망상에 휩싸일 것입니다. 이는 교만과 육욕과 그릇된 추론 때문입니다.[202]

---

202) 망상(πλάνη; illusion)을 미망(迷妄)이라고도 한다. 문자적인 의미로 정신이 잘못되어 방황하는 것, 정도(正道)에서 벗어난 것을 의미하며, 이와 관련하여 잘못된 생각, 현혹됨, 덧없는 것을 진리로 여겨 받아들인다는 등의 뜻이다. 미망은 무명(無明)에서 비롯된다.
4세기 사막의 교부들의 주장에 따르면 망상의 주된 원인은 식탐과 탐욕과 허영이라고 했다. 이 셋을 **삼대(三大) 정념**이라고도 하는데, 뱀이 에덴동산에서 하와를 유혹할 때 이것을 사용했으며, 광야에서 40일 금식하시던 주님께 마귀가 제안했던 유혹들이다. 사도 요한은 이것들을 **육신의 정욕과 안목의 정욕과 이생의 자랑**(요일 2:16)이라고 정리했다. 망상의 궁극은 피조 인간이 창조주 하나님이 될 수 있으며, 스스로를 구원하는 구원자가 될 수 있다는 생각(망상)에 빠뜨린다.

영적 망상은 다음과 같은 방법으로 일어날 수 있습니다. 헌신의 학교[203]에 들어온 초심자들은 이 슬픔과 갈망에 대한 말 또는 사람이 하나님의 사랑을 쉬지 않고 경험하면서 **마음**을 하나님께로 들어올려야 한다는 말을 들을 때 그 말을 영적인 의미가 아닌 육적이고 물질적으로 이해하여 어리석게도 가슴에 있는 **심장**을 들어 올리려고 노력합니다.[204]

---

203) 여기서 헌신의 학교란 카르투지오회 수도원 등 부정의 전통에 속한 관상수도원을 지칭한다.

204) 문자적으로 심장(心臟)은 마음(心)을 담고 있는 장기(臟器)라고 해서 심장(heart)이다. 그러니까 마음은 심장에 있다는 뜻이다. 한자로 마음(心)을 의(意)와 동의어로 사용한다. 성경에서 "마음의 생각"(눅 1:51 등 참조)이라는 표현을 보면 마음에서 생각, 또는 의식이 나온다는 뜻이다. 그러나 마음과 생각은 이 세상의 어떤 것보다 더 빠르므로, 이 둘을 나누기가 불가능하여 동의어로 사용한다. 생각이 마음이고, 마음이 생각이다.
"마음을 들어올리다"라는 뜻은 "마음의 지향"을 하나님의 나라로 향하게 한다는 뜻이다. 마음의 정감의 대상을 향한다. 하나님의 나라를 기뻐하고 즐거워할 때 마음이 하나님을 향해 들려진다. 동방교회 수도자들이 예수기도를 할 때, 시선을 심장에 두어야 한다고 가르친다. 좌세(坐勢)가 삐뚤어져서 자칫 시선을 배에다 두면 식탐이 일어난다고 가르친다. 그러나 뇌과학이 발달한 오늘날 심장이 마음을 담

또 교만하고 거짓된 생각을 하는 사람에게는 은혜가 없으므로 그들은 어리석게도 무리하게 육체적인 힘을 사용합니다. 영혼과 육체가 피곤하고 연약할 때 영과 육신의 긴장을 해소하기 위해 밖에서 거짓되고 공허한 육체적이며 감각적인 것에서 위로를 구하기도 합니다.[205]

영성기도와 거리가 먼 이 거짓되고 육신적인 시기에 감각을 이용하는 방법에 의지해서 이러한 상태에 빠지지는 않는다고 해도, 그들이 영적으로 눈이 먼 것과 자기의 몸이나 이 거짓된 기도를 다루는 방법 때문에 마음에서 잘못된 열심이 타오를 수 있습니다.

은 장기라는 말이 성립되지 않는다.

205) 영과 육신은 상조적(相助的)인 관계이지만, 각기 지향하는 목적이 달라서 긴장 상태에 있다: 육신 즉 "흙은 여전히 땅으로 돌아가고 영은 그것을 주신 하나님께로 돌아간다"(전 2:7 참조). 이 땅에 육신을 쓰고 신실하게 신앙생활을 하는 사람, 특히 관상적 기도를 실천하는 동안에는 이 긴장이 극에 달한다. 이때 잠시 위로를 얻기 위해서 육신의 제안을 수용할 때가 있지만, 육신(피조 세상의 것)은 무상하며, 영원한 하나님 나라 구현에 장애임을 망각해서는 안 된다.

또 환상 속에서 만들어진 잘못된 열심이 있는데, 그것은 영적 원수인 마귀의 솜씨입니다. 이 모든 것은 교만, 세속성, 거짓된 추론에서 비롯된 것입니다.

그런데 그들은 이것을 성령의 선하심과 은혜로 말미암아 만들어지고 점화된 사랑의 불이라고 생각합니다.[206] 이러한 망상과 거기서 파생된 것에서 큰 해악, 큰 위선, 큰 이단, 큰 오류가 나옵니다. 감각적인 망상에 이어 거짓 지식이 생겨납니다. 이것은 마귀의 학교에서 이루어지는 일입니다.[207]

---

206) 이러한 사람들은 내면에서 들리는 어떤 음성이나 느낌을 모두 하나님에게서 오는 것으로 오인(誤認)한다. 마귀는 진리와 비슷한 것으로 우리를 속인다. 이것을 "비슷하지만 아니다"라는 뜻인 **사이비**(似而非)라고 하며, 성경에서 가라지를 사이비의 상징으로 사용했다. 가라지는 "보리와 비슷하지만, 보리가 아니다.": "사람들이 잘 때에 그 원수가 와서 곡식 가운데 가라지를 덧뿌리고 갔더니"(마 13:25).

207) 이러한 사람들은 대부분 신학 및 내면적인 지식이 거의 없다. 이들이 주장하는 것이 영리해 보이지만 실은 모순덩어리이다. 이들은 마귀에 철저하게 속아있고 그의 수하임에도 불구하고 자신을 적그리스도라고 평(評)은 매우 싫어한다.

반면에 하나님의 학교에서는 참된 경험에 이어 참된 지식이 생겨납니다. 하나님에게 속한 관상가가 있듯이, 마귀도 자기의 관상가가 있습니다.[208] 이러한 감각적인 미혹과 망상, 그리고 그 뒤에 따르는 의식적인 미혹과 망상의 형태는 미혹된 사람들의 상태와 조건에 따라 다양하게 변화됩니다. 바른 상태에서 참된 경험과 의식을 가진 사람들도 마찬가지로 다양한 의식과 경험을 갖습니다.

여기에서는 망상의 예를 더 제시하지 않고, 이 기도를 하는 사람을 공격하리라고 생각되는 것만 제시하려 합니다. 유식한 신학자들, 그리고 당신과는 다른 상황에 처한 사람들도 망상에 시달린다는 것을 안다고 해서 그것이 당신에게 무슨 유익이 되겠습니까? 전혀 유익이 없습니다. 그러므로 나는 당신이 경계하는 데 도움을 주기 위해서 이 기도를 하는 동안에 일어날 가능성이 있는 것에 대해서만 말하려 합니다.

---

208) 한번 마귀의 거짓에 속은 사람은 그후로 자원하여 충성된 수하가 된다. 이들은 왜곡된 지식을 참지식이라고 믿을 뿐만 아니라, 그가 믿는 것을 전파한다. 그렇지만 하나님은 수호천사 성령을 보내셔서 마귀의 유혹과 시험에 빠지지 않도록 우리를 보호하신다.

46

망상을 피하는 방법: 이 기도에는 육체적 노력보다 영적 열심이 필요하다.

그러므로 하나님의 사랑을 위하여 이 기도를 할 때는 지나치게 긴장하거나 가슴에 있는 심장에 무리를 주지 않도록 조심하십시오. 이 기도는 난폭한 힘보다는 정신적인 기술을 요구합니다. 솜씨 좋게 기도한다는 것은 마음을 다하여 겸손하게 기도한다는 의미입니다. 억지로 한다면, 이 기도는 육체의 감각 안에서만 하게 될 것입니다. 그러므로 조심하십시오. 짐승 같은 방법으로 이 고귀한 기도에 접근하려는 사람은 돌에 맞아 쫓겨날 것입니다.[209]

---

209) 이 문장은 모세가 하나님을 뵈려고 시내산에 올라가면서 백성들에게 일러준 기록이다: "너는 백성을 위하여 주위에 경계를 정하고 이르기를 너희는 삼가 산에 오르거나 그 경계를 침범하지 말지니 산을 침범하는 자는 반드시 죽임을 당할 것이라 그런 자에게는 손을 대지 말고 돌로 쳐죽이거나 화살로 쏘아 죽여야 하리니 짐승이나 사람을 막론하고 살아남지 못하리라 하고 나팔을 길게 불거든 산 앞

돌의 성질은 마르고 딱딱하여 돌에 맞으면 매우 아픕니다. 이처럼 육체적인 노력은 감각적인 느낌에 고착되어 있으며, 은혜의 이슬이 부족하여 대단히 메마릅니다.[210) 그것이 어리석은 영혼에 상처를 내어 아프게 하고, 마귀가 초래한 망상은 그 상처를 곪게 합니다. 그러므로 이러한 동물적인 노력

에 이를 것이니라 하라"(출 19:12-13). 또한 히브리서 기자는 "너희는 만질 수 있고 불이 붙는 산과 침침함과 흑암과 폭풍과 나팔 소리와 말하는 소리가 있는 곳에 이른 것이 아니라 그 소리를 듣는 자들은 더 말씀하지 아니하시기를 구하였으니 이는 짐승이라도 그 산에 들어가면 돌로 침을 당하리라 하신 명령을 그들이 견디지 못함이라"(히 12:18-20)고 했다. 짐승이 산을 침범한다는 뜻은 사욕(邪慾)에 사로잡힌 정신이 관상이라는 높은 경지에 이르는 것을 의미한다.

210) 육신의 문은 오감이다. 영성 수련에 육체를 이용한다는 말은 다섯 기관의 느낌을 이용한다는 말이다. 이 오감은 매우 휘발성이 강하여 일시적이며 변화하기 쉬워서 신용하기가 어렵다. 이것에 집착하는 동안 항구한 은혜의 비가 내리지 않아서 대지는 싹을 트고 움을 돋게 할 수 없다. 여기서 "은혜의 이슬"(dew of grace)은 이사야서에 기록된바 하늘에서 내리는 비를 연상하게 한다: "너 하늘아, 위에서부터 의를 내리되, 비처럼 쏟아지게 하여라. 너 창공아, 의를 부어 내려라. 땅아, 너는 열려서, 구원이 싹나게 하고, 공의가 움돋게 하여라. 나 주가 이 모든 것을 창조하였다"(사 45:8, 새번역).

을 하지 않도록 조심하며, 참된 열심과 영적으로나 육적으로 관대하고 평화로운 성품을 가지고 사랑하는 법을 배워야 합니다.[211] 그리고 겸손하고 예의 바르게 주님의 뜻을 기다리며,[212] 아무리 배가 고파도 욕심 많은 사냥개처럼 성급하게 그것을 낚아채서는 안 됩니다.

일종의 **경기**를 하라고 권합니다.[213] 그러면 당신은 이 크고 활기찬 영의 움직임을 담을 수 있는 모든 일을 할 수 있습니다. 당신이 얼마나 하나님을 보고 소유하고 경험하고 싶어 하

---

211) "나는 마음이 온유하고 겸손하니, 내 멍에를 메고 나한테 배워라. 그리하면 너희는 마음에 쉼을 얻을 것이다. 내 멍에는 편하고, 내 짐은 가볍다"(마 11:29-30, 새번역).

212) "이 묵시는, 정한 때가 되어야 이루어진다. 끝이 곧 온다는 것을 말하고 있다. 이것은 공연한 말이 아니니, 비록 더디더라도 그 때를 기다려라. 반드시 오고야 만다. 늦어지지 않을 것이다"(합 2:3, 새번역).

213) 여기서 말하는바 경기(game)란 중세 기독교 신비 전통에서 말하는바 **사랑의 놀이**(the play of love, 라 *Ludus Amoris*)를 말한다. 이 말은 헨리 수소(Henry Suso, 1300~366)가 처음 사용했는데, 하나님을 찾는 인간 영혼과 숨어계시는 하나님과의 숨바꼭질이다.

는지를 그분이 알기를 원치 않는 것처럼 행동하십시오. 이것을 어리석고 유치한 말이라고 생각할지도 모르겠습니다. 그러나 내가 말한 것처럼 느끼고 행동하는 은혜를 소유한 사람은 하나님과 더불어 이러한 경기를 해볼 만하다는 것을 발견할 것입니다. 그것은 마치 아버지가 아들과 함께 놀면서 아들을 얼싸안거나 뽀뽀해 주는 것과 흡사합니다.[214]

---

214) 앞의 각주에서 말하는바 "사랑의 놀이"(*Ludus Amoris*)에 관하여, 노리지의 줄리안은 『하나님 사랑의 계시』(은성출판사) 제61장에서 하나님을 "하나님 어머니"라고 부르면서 사랑하는 아이와 숨바꼭질하는 것으로 묘사했다: "어머니는 종종 아이가 넘어져서 슬퍼하도록 내버려 두는데 그것은 아이 자신을 위한 것입니다. 그러나 어머니는 아이를 사랑하기 때문에 아이에게 어떤 종류든지 위험이 닥치는 것을 내버려 두지 못합니다. 세상의 어머니는 자식이 죽도록 내버려 둘 수도 있겠지만, 천국의 어머니이신 예수님은 결코 자기 자녀인 우리가 죽도록 내버려 두지 않으실 것입니다. 왜냐하면 그분만이 전능하시고 지극히 지혜로우시고 사랑이 많으시기 때문입니다."

47 이 기도에 필요한 깨끗한 영에 관한 교훈: 영혼이 자신의 소원을 하나님에게 알리는 방법과 사람에게 알리는 방법은 크게 다르다.

내가 분별력이 없는 사람처럼 어리석고 유치하게 말한다고 해서 놀라지 마십시오. 그렇게 말하는 데는 여러 가지 이유가 있습니다. 나는 지금까지 오랫동안 하나님 안에 있는 특별한 친구들에 대해서 말할 때 지금 당신에게 말하는 것과 같은 방법으로 느끼고 생각하고 말하도록 지도를 받아 왔습니다.

당신 마음의 갈망을 하나님께 감추라고 말하는 한 가지 이유는 다음과 같습니다. 당신의 능력으로 가능한 방법으로 그것을 하나님께 알리기보다는 오히려 감춤으로써 그것이 하나님께 더욱 분명하게 알려져서 당신에게 유익하게 되고 그 갈망의 성취에 유리하게 되기를 기대하기 때문입니다.

또 다른 이유는 다음과 같습니다. 즉 자신이 바라는 바를 감춤을 통해서 당신을 육적인 감각의 무지한 상태에서 끌어내어 깨끗하고 깊은 영적 감각으로 인도하며, 궁극적으로 영적인 하나 됨과 의지의 연합 안에서 당신과 하나님 사이에 뜨거운 사랑의 끈으로 묶을 수 있도록 도와주기를 원하기 때문입니다.

하나님이 영이시라는 것은 당신도 잘 알고 있습니다. 하나님과 하나 되기를 원하는 사람은 영적으로 참되고 깊이 있게 살아야 하며, 그것을 모방한 육적인 삶을 살아서는 안 됩니다. 하나님은 영적인 일이든 감각적인 일이든 모든 것을 아시며, 우리는 그 무엇도 하나님 앞에서 감출 수 없습니다.[215] 그러나 하나님은 영이시므로 영의 깊은 곳에 감추어져 있는 것은 감각으로 오염된 것보다 더 공개적으로 하나님께 알리고

---

215) "가려 놓은 것이라고 해도 벗겨지지 않을 것이 없고, 숨겨 놓은 것이라 해도 알려지지 않을 것이 없다"(눅 12:2, 새번역); "예수께서 세 번째로 물으셨다. "요한의 아들 시몬아, 네가 나를 사랑하느냐?" 그 때에 베드로는, [예수께서] "네가 나를 사랑하느냐?" 하고 세 번이나 물으시므로, 불안해서 "주님, 주님께서는 모든 것을 아십니다. 그러므로 내가 주님을 사랑하는 줄을 주님께서 아십니다" 하고 대답하였다. 예수께서 그에게 말씀하셨다. "내 양 떼를 먹여라"(요 21:17, 새번역).

보여 드릴 수 있습니다.[216)]

본질로 감각적인 것은 영적인 것보다 하나님에게서 멀리 있습니다. 그러므로 우리가 영적인 면과 육적인 면에서 노력하고 분투할 때 우리의 소원이 감각적인 것에 물들었다면 그 소원은 경건하고 평온하고 열심히, 그리고 깨끗하고 심오한 영으로 행할 때보다 하나님에게서 멀리 있어 보입니다.

이것은 당신의 갈망의 움직임을 하나님에게 감추라고 말하는 이유를 이해하는 데 어느 정도 도움이 될 것입니다. 나는 단순히 그것을 감추라고 명령하는 것이 아닙니다. 도저히 할 수 없는 일을 하라는 것은 어리석은 바보나 하는 짓입니다. 나는 그것을 감추기 위해서 가능한 모든 조처를 하라고 부탁합니다. 그 이유는 무엇일까요? 그것을 신령한 것이 되지 못하게 하며 하나님으로부터 멀어지게 만들 수도 있는 감각적인 것으로 인한 무지한 오염으로부터 멀리 떨어진 곳, 즉 당신의 영의 깊은 곳에 그것을 묻어두기를 원하기 때문입니다.

---

216) 위-디오니시우스 등 기독교 전통 중 부정의 길(*via negativa*)을 의미한다.

당신의 영이 깨끗이 연단 될수록 그만큼 감각적인 것의 오염을 받지 않고 하나님께 더 가까워질 것이며, 하나님을 더욱 기쁘시게 할 것이며, 더욱 분명하게 하나님의 눈에 뜨일 것입니다. 이것은 어떤 때에는 하나님께서 하나의 대상을 다른 것보다 더 분명하게 보실 수도 있다는 말이 아닙니다. 하나님의 시력은 항상 불변합니다. 그러나 영이신 하나님은 깨끗한 영을 더 좋아하십니다.

당신의 소원을 하나님께 감추기 위해서 가능한 모든 일을 하라고 명하는 데는 또 다른 이유가 있습니다. 당신과 나, 그리고 우리와 비슷한 처지에 있는 사람들은 영적인 것을 감각적인 방법으로 인식하는 경향이 있습니다. 따라서 만일 당신의 마음의 움직임을 하나님께 보여드리라고 말한다면, 당신은 마음에 감추어져 있는 것을 사람에게 나타내려 할 때처럼 표정을 짓거나 소리를 치는 등 무지하고 감각적인 노력을 하면서 그것을 하나님께 보여드리려 할 것입니다. 그런 일이 일어난다면, 당신의 기도는 불순한 것이 됩니다. 어떤 일을 사람에게 알리는 방법과 하나님께 알리는 방법은 달라야 합니다.

48
하나님은 우리가 몸과 혼을 다하여 섬기기를 원하시며, 그에 상응하는 방식으로 상 주신다. 기도할 때 육체의 감각에 영향을 주는 소리나 감미로움이 선한 것인지 악한 것인지 식별하는 방법

소리내어 기도하고 싶거나, 또는 사람에게 말하듯이 "선하신 예수님, 사랑스러운 예수님, 친절하신 예수님" 등의 좋은 표현을 사용하고 싶은데도 그렇게 하지 말아야 하는 것은 아닙니다. 하나님은 그렇게 생각하는 것을 금하십니다. 또 하나님 자신이 결합하신 것, 즉 몸과 영을 분리하는 것도 금하십니다. 하나님은 우리가 몸과 영혼 모두로 섬기기를 원하시며, 사람에게 상을 주시고 축복하실 때도 몸과 영혼에게 주십니다.

하나님은 그러한 상의 보증으로서 종종 현세에 사는 경건한 종들이 육체적으로 놀라운 감미와 위로를 느끼게 해주십니다. 이러한 위로는 감각의 창을 통해서 우리 몸에 임하지만, 우리의 내면에서 풍성한 영적 기쁨과 참된 헌신에서 솟구쳐 올라옵니다. 그러한 위로를 의심해서는 안 됩니다. 간단히

말해서 그것을 경험하는 사람은 결코 의심할 수 없습니다.

그러나 어디서부터 오는 것인지는 모르지만 외부에서 갑자기 임하는 위로, 소리, 기쁨, 달콤함 등은 일단 의심해 보아야 합니다.[217] 왜냐하면 그것들은 선한 것일 수도 있고 악한 것일 수도 있기 때문입니다. 선한 것은 선한 천사가 만들어 낸 것

---

217) 이냐시오 로욜라(Ignatius de Loyola)의 『영신수련』(*Spiritual Exercise*, #331~332))에서 영 분별에 관한 지도 방법을 참고하라. 그리고 요한 클리마쿠스(John of Climacus)의 『거룩한 등정의 사다리』(은성출판사, 엄성옥 역, 스물여섯 번째 계단, [분별])에 비슷한 내용을 참조하라: "우리는 하나님의 섭리, 도움, 보호, 자비, 위로 등을 구분해야 합니다. 하나님의 섭리는 자연 전체 안에 나타나며, 도우심은 신실한 자들에게만 주어지며, 보호하심은 살아 있는 믿음을 가진 신자들에게 주어지며, 자비는 하나님을 섬기는 사람들에게 주어지며, 위로는 하나님을 사랑하는 사람들에게 주어집니다. 어떤 사람에게는 약이 되는 것이 다른 사람에게는 독이 될 수 있으며, 어떤 것은 동일한 사람에게 있어서도 때에 따라 약이 되기도 하고 독이 되기도 합니다. 병들었지만 통회하는 사람에게 치욕을 주어 절망하게 만드는 무능한 의사가 있고, 치욕의 칼로 오만한 마음을 절제하고 고약한 냄새가 나는 고름을 완전히 짜내는 유능한 의사가 있습니다. 순종의 약을 복용하고 깨어 움직이고 거동함으로써 더러움을 씻으려고 노력하는 병자가 있습니다. 그 사람은 영혼의 눈이 병들면 움직이지 않고 소리치지도 않고 침묵합니다."

이며, 악한 것은 악한 사자가 만들어 낸 것입니다. 그것이 거짓된 추론과 마음과 감각의 무절제한 노력에서 솟아난 망상이 제거된 것이라면 악한 것일 수 없습니다. 그 이유는 무엇일까요? 이는 이 위로의 원인 때문인데, 그것은 깨끗한 영 안에 거하는 사랑의 경건한 움직임입니다. 그것은 매개체를 통하지 않고 전능하신 하나님에게서 직접 오는 것이며, 그러므로 현세에서 사람에게 임할 수 있는 망상이나 거짓된 견해로부터 멀리 두어야 합니다.

이 책에서는 그 외의 다른 위로와 소리와 달콤함이 선한 것인지 아닌지를 식별하는 방법에 대해서 말하지 않겠습니다. 다른 사람들이 저술한 책에 그 방법이 훌륭하게 기록되어 있으므로, 이 책에서 설명할 필요가 없다고 생각합니다. 그렇다고 해서 당신이 전에 나에게 말해 주었고 지금은 행동으로 보여주는 마음의 소원과 움직임을 성취하는 것을 억제하지 않을 것이며, 또 싫증을 내지도 않을 것입니다.

내가 말하고자 하는 것은 감각의 창을 통해서 들어온 소리와 달콤함은 선한 것일 수도 있고 악한 것일 수도 있다는 것

입니다.[218]

지금까지 이야기한 이 단순하고 경건하고 열정적인 사랑의 움직임 안에서 꾸준히 활동하십시오. 그렇게 하면 외부로부터 들어온 위로나 소리를 식별할 수 있을 것입니다. 처음에는 익숙하지 않아서 그것들을 대할 때 어리둥절할 것입니다. 그러나 그것은 당신의 마음을 굳게 붙들어 주어 내면적으로 하나님의 영에 의해서, 또는 외면적으로 분별력을 가진 신령한

---

[218] 두 맹인들의 치유 사건에도 이러한 접근방식이 표현되어 있습니다. 예수님이 그들 앞을 지나가셨다는 사실은 하나님의 겸손과 섭리에 따른 은혜였지만 그들이 '주여 우리를 불쌍히 여기소서 다윗의 자손이여'(마 20:31)라고 소리친 것은 믿으려 하는 그들의 태도와 믿음의 산물이었습니다. 4. 그들이 시력을 되찾은 것은 긍휼하신 하나님의 선물이었습니다. 그러나 함께 치유받은 열 명의 나병환자들의 예는 은사를 받은 후에도 하나님의 은혜와 자유의지의 쓰임새가 남아 있음을 보여 줍니다(눅 17:11-19). 그들 중 한 사람이 선한 의지 덕분에 주님께 감사했을 때 주님이 그 사람을 칭찬하시고 나머지 아홉 명에 대해 질문하신 것은 그분이 자신의 친절한 행위를 기억하지 않는 사람들에 대해 끊임없이 관심을 발휘하신다는 것을 보여 줍니다. 이것은 감사하는 사람들을 받으시고 인정하시며 감사하지 않는 사람들을 찾아 책망하시는 주님의 감찰이 주는 유익입니다"(『담화집』. 요한 카시아누스, 엄성옥 역, 은성출판사. 담화 3. 19).

지도자의 권고로 참된 것임을 확신하기 전에는 그것들을 신뢰하지 못하게 할 것입니다. [219]

---

[219] 이 관상 기도에는 정신이 매우 예민해질 뿐만 아니라, 성령만큼이나 악령도 작용하므로 영적 지도자의 지도를 따라야 할 것이다. 영적인 상황에 대해 자칫 자의로 해석할 때 심각한 위험에 처하게 될 수 있기 때문이다.

49 완전함이란 본질로 선한 의지이다; 이 세상에서 우리에게 영향을 주는 감각적인 소리와 위로와 향기는 부수적(附隨的)이다.

마음에서 이루어지는 이 겸손한 사랑의 움직임을 열심히 따라가십시오. 그것은 현세에서는 우리의 인도자가 될 것이요, 내세에서는 은혜를 가져다줄 것입니다. 그것은 모든 선한 삶의 핵심입니다. 그것이 없으면 선한 일을 시작할 수도 없고 끝낼 수도 없습니다. 그것은 하나님을 향한 선한 의지요, 하나님이 행하시는 모든 것과 관련하여 우리가 마음으로 경험하는 만족이요 기쁨입니다.

이 선한 의지가 완전함의 본질입니다. 비록 거룩한 것이라도 감각적이거나 영적인 달콤함과 위로는 모두 이 선한 의지에 따라오는 것이며, 선한 의지에 의존합니다.[220]

---

220) 육신의 감각적 자극과 위로와 달콤함은 선하지도 악하지도 않다고 앞장에서 설명했다. 단지 영혼의 상태 즉, 영혼의 의지에 따라

그것들이 있든지 없든지 의지의 완전함에는 그다지 큰 해를 끼치지 않으므로, 나는 그것들을 우연한 것들(accidental, 또는 부수[附隨])이라고 부릅니다. 물론 나는 지금 현세에 대해서 말하고 있습니다. 그것들은 천국의 행복에도 존재하는데, 그곳에서는 그것들이 분리됨 없이 본질과 결합한 상태로 있습니다. 이 세상에서 그것들의 본질은 선한 영적 의지입니다. 이 세상에서 가능한 한도까지 이 의지의 완전함을 경험하는 사람에게는 다른 사람에게 임하는 달콤함이나 위로가 임하지 않지만, 그는 그것이 없어도 다른 사람들과 마찬가지로 기뻐합니다. 혹시 그것을 소유하게 된다면, 하나님의 뜻에 따라 소유합니다.[221]

서 그것들을 선한 것과 악한 것이 된다. 그러므로 영혼의 선한 의지, 또는 태도가 온전함에 이르게 하는 본질(주인공)이며, 감각적 자극이나 위로나 달콤함은 영혼의 의지에 따라서 결정되는 우연적(부수적)이라는 것을 말하고 있다.

221) 바로 앞 각주에 이어서, 감각적 자극이나 세상적인 희락이 영혼의 의지를 주관할 때, 영혼은 무상하며 일시적인 세상의 것이 무너질 때 같이 망하게 될 것이다. 그러나 이러한 기쁨을 누릴지라도 하

순결한 사랑이란 무엇인가? 어떤 사람들은 감각적인 위로를 거의 받지 못하는 데 반해 어떤 사람들은 자주 받는 것은 어찌된 일인가?

의지 안에서 이루어지는 이 사랑의 온유한 움직임에 관심을 집중해야 합니다. 감각적이든 영적이든 다른 모든 달콤함과 위로가 아무리 즐겁고 거룩하다고 해도, 그런 것에는 관심을 기울이지 말아야 합니다.[222] 만일 그런 것이 당신에

나님을 따라서 즐기는 것이 마땅하고 옳은 일이다.

222) 십자가의 성 요한의 『깔멜의 산길』(*Subida del Monte Caemelo*, 최민순 역 성 바오로출판사. 1976년. 178쪽) 참조: "9. 여기서 알아 둘 일은 초자연스럽게 나타나는 형과 상의 저 껍질에다 영혼의 눈을 돌려서는 아니된다 함이니, 외부 감각으로 말하자면 정각에 속삭이는 영어(靈語), 시각적으로 보이는 정인들의 모습과 아름다운 빛, 후각을 자극하는 내음, 미각에 있어서의 빛과 맛남, 촉각으로 느끼는 즐거움 등인데 이런 따위는 영에서 오기가 일쑤이고 영성인들에게 예사로운 일이다. 역시 내부 감각에 나타나는 어떠한 시험에도 눈을 팔지 말아야 하니, 그것은 환(幻)이라 모두 다 끊어야 마땅

게 임한다면 반갑게 맞이하십시오. 그러나 당신은 연약하므로 그것들을 **지나치게** 의존해서는 안 됩니다.[223] 오랫동안 달콤한 경험과 눈물 속에 머물면, 힘이 크게 낭비되기 때문입니다. 자칫하면 그것들로 인해 하나님을 사랑하게 될 수도 있습니다. 그것들이 사라졌을 때 지나치게 불평한다면, 당신이 그

하다. 오직 눈을 주어야 할 곳은 이런 현상이 주는 좋은 영뿐이니 이 영으로 하여금 하나님을 바로 섬기는 일에 힘쓰고 아울러 꾸준하도록 마음을 기울일 뿐, 저 나타나는 현상을 알은 채 하지도 말고 감각적인 어느 맛에 뜻을 두지도 말아야 한다. 이와 같이 할 때 저 현상에서 얻어지는 것은 하나님의 뜻하시고 바라시는바 신심의 영뿐이니 당신이 저런 현상을 보여 주시기는 이보다 더 큰 어느 딴 목적을 위하심이 아니다. 그리고 또 (앞서 말한 대로) 감각의 작용이나 포착이 없이 영으로 받아들일 수 있게 되면 하나님이 주시다가 버리시는 것을 영혼도 절로 버리게 될 것이다."

223) 감각적으로 희락(喜樂)을 느낄 때, 그것을 모두 반드시 부정적으로 볼 필요는 없다. 어떨 때는 이러한 느낌이 권태(acedia)나 슬픔이나 우울증에 걸린 사람에게는 좋은 약이 되기 때문이다. 그러나 한번 그것을 맛본 사람은 자칫 그 대상을 목적으로 삼거나, 그 느낌을 탐닉하기 쉬우며, 만일 그 대상이 무상하고 흉하게 일그러지거나 사라질 때 그 상실감으로 인해 더 큰 영적 위기를 맞을 수 있기 때문이다.

것들 때문에 하나님을 사랑했었다는 것을 알 수 있을 것입니다. 그럴 때 당신의 사랑은 순결한 것도 아니고 완전한 것도 아닙니다. 완전한 사랑은 이러한 경험과 눈물의 임재를 통해서 육체적인 감각이 양성되고 위로받을 때 만족하기는 하지만, (없다고) 불평하지는 않습니다. 완전한 사랑은 하나님의 뜻이라면 그런 것들이 없어도 만족하게 지냅니다.[224]

어떤 사람들은 거의 항상 그러한 위로를 받으며 지내지만, 그러한 위로와 달콤함이 거의 없이 지내는 사람들도 있습니다. 그것은 전적으로 하나님의 결정에 달려 있습니다. 하나님은 사람들의 각기 다른 욕구와 편의를 고려하십니다. 어떤 사람들은 영적으로 너무 약하고 섬세하여서 감각적인 달콤함을 경험하여 위로를 받지 못하면 이 세상에서 육체적 원수나 영적 원수들이 가하는 시험과 환난을 참고 견뎌내지 못합니다. 또 몸이 너무 약해서 자신의 정화에 필요한 고행을 할 수 없

---

[224] 완전(τελειος)에 이른 자는 세상의 것으로 인해 오는 감각적 기쁨이나 희락에 연연하여 갈구하거나 집착하지 않는다. 오직 하나님 한 분만으로 만족한다.

는 사람들도 있습니다. 그러한 사람들에게 달콤한 위로와 눈물을 주심으로써 영적으로 깨끗하게 해주시려는 것이 주님의 뜻입니다. 반면에 영적으로 매우 튼튼하여 내면적으로 충분한 위로를 소유한 사람들이 있습니다. 그들의 내면에서는 이 경건하고 겸손한 사랑의 움직임과 의지의 연합이 이루어집니다. 그래서 그들은 육체적이고 감각적인 위로의 뒷받침이 필요하지 않습니다. 이 두 종류의 사람 중 누가 더 거룩하고 하나님이 기뻐하시는 사람인지는 하나님만이 아십니다.

51 영적인 것을 육적인 방법으로 해석하지 않도록 조심해야 한다.

마음에서 이루어지는 이 단순한 사랑의 움직임을 겸손히 따르십시오. 이것은 육적인 마음이 아니라 영적인 마음, 즉 당신의 의지를 의미하는 것입니다. 또 영적으로 이해해야 하는 것을 물질적인 방법으로 해석하지 않도록 조심하십시오. 일시적이고 변덕스러운 생각과 공상을 좋아하는 사람들의 육체적이며 감각적인 해석은 엄청난 오류의 원인이 됩니다.

그것을 보여주는 한 가지 예를 당신의 갈망을 하나님께 나타내지 말고 감추라고 한 나의 당부에서 찾아볼 수 있습니다. 만일 내가 당신의 갈망을 하나님께 보여드리라고 말했다면, 당신은 지금보다 더 육적인 방법으로 그것을 해석했을 것입니다. 의도적으로 감추었던 모든 것이 당신의 영혼 깊은 곳에 잠겨 있다는 것을 당신은 잘 알고 있습니다.

그러므로 영적인 목적으로 말한 단어를 육적인 방법으로

해석하지 않고 영적인 방법으로 해석해야 합니다. 특히 "안에"(in)와 "위로"(up)를 해석할 때 주의해야 합니다. 이 두 단어를 잘못 해석하는 것이 이러한 영성 훈련을 하는 사람들이 오류와 망상에 빠지는 원인이 되기 때문입니다. 나는 자기 경험과 사람들의 소문을 통해서 이 사실을 알게 되었습니다. 이제 이러한 망상에 대해 간단히 묘사하겠습니다.

세상으로부터 갓 회심한 사람, 하나님의 학교의 어린 제자들은 자신이 죄를 고백할 때 받은 충고에 따라 참회와 기도를 했기 때문에 이 영적 기도를 감당할 수 있다고 생각할는지도 모릅니다. 이러한 영적 기도에 대해서, 특히 내면에 있는 이성을 끌어내는 방법이나 자신을 초월하여 올라가는 방법 등에 대한 말을 들으면, 그는 영혼의 소경 됨과 육욕과 본성적인 통찰력 때문에 자신이 들은 것을 오해합니다. 또 그는 내면에 감추어진 것을 드러내고픈 본성적인 욕구가 있어서, 자신이 은혜로 말미암아 이 기도를 하라는 부름을 받았다고 결론짓습니다. 그 결과 그는 자신이 이 기도를 하는 데 영적 지도자가 동의하지 않으면 불쾌하게 여기고, 심지어 자기의 진정한 뜻을 이해해 주는 사람을 찾을 수 없다고 생각하며, 자기와 같은 처지에 있는 사람들에게 그 생각을 털어놓습니다.

그래서 그는 지적인 교만에서 생겨난 오만(傲慢) 때문에 성급하게 겸손한 기도와 참회를 포기하고, 자기 영혼 안에서 영적 기도를 하려고 노력합니다. 그러한 기도는 감각의 작용도 아니고 영의 작용도 아닙니다. 한 마디로 그것은 마귀가 만들어 낸 부자연스러운 행위입니다. 그것은 몸과 영혼이 죽음에 이르는 지름길입니다. 그것은 지혜가 아니라 사람을 미치게 만드는 광기입니다. 그러나 하나님의 학교의 젊은 제자가 이 기도를 하는 의도는 오직 하나님만 생각하는 것이기 때문에, 그는 그런 식으로 생각하지 않습니다.

52 미숙한 초심자들이 "안에"라는 단어를 잘못 해석하게 되는 과정과 그로 인한 망상

위에서 말한 광기[225]는 다음과 같은 방식으로 나타납니다. 그들은 내면적인 활동이 무엇인지 모르기 때문에, 표면적인 감각의 활동을 버리고 내면적으로 활동해야 한다는 말을 들으면 그릇되게 활동합니다.[226] 그들은 자연스럽지 못하게

---

225) 여기서 광기(狂氣, madness)란 미친 증세를 의미한다. 정신이 자연스럽지 않은(unnatural) 대상에 몰입한 상태를 말한다. 사악에 물든 정신 상태에서는 자연스럽지 않은 대상이나 현상에 몰입하게 된다.

226) 초대 헬라교부들은 여기서 말하는바 광기의 주원인을 정념이라고 했으며, 성경에서는 "악한 생각들"(마 5:19)이라고 했다. 정념들은 생물처럼 살아 있어 생동하고 군대처럼 조직하고 공동 작전을 펴는 것으로 보여서 마귀와 동격으로 여겼다. 이 책의 저자는 내면의 움직임의 원리를 모르는 초보자들은 아직 사악한 정념에 사로잡혀 있어서, 내면생활을 하라는 말에 저항하게 만들거나, 그 자체를 혐오하게 함으로써 반대로 행동하게 만든다.

육체의 감각을 내면에 집중시키려 합니다. 마치 표면적인 육체적 감각 기관으로 내면의 것을 보고 듣고 만지고 냄새 맡고 느낄 수 있다는 듯이 무리하게 행동합니다. 그들은 자연의 질서를 뒤집습니다. 그들은 분별력이 없이 이러한 광적인 행동으로 무리하게 상상하여 결국 머리가 돌아버립니다. 그 결과 마귀가 거짓 빛이나 소리, 달콤한 냄새, 감미로운 맛, 가슴이나 창자 또는 등이나 신장 등이 이상하게 뜨거워지는 느낌을 만들어냅니다.

이러한 망상에도 불구하고 그들은 자신이 헛된 생각의 방해를 받지 않고 평온하게 하나님을 의식하고 있다고 믿습니다.[227] 어떤 의미에서는 실제로 그렇다고 볼 수 있습니다. 왜냐하면 그들은 거짓된 것으로 가득 차 있어서 게으른 생각들

---

227) 망상(妄想)이란 전도(顚倒)된 사악되고 정념에 물든 생각들에서 기인한다. 정념은 진리를 전도시킬 뿐만 아니라, 전도된 것을 믿게 만든다. 세상을 하나님의 나라로, 거짓을 진리로, 세상의 기쁨을 천국의 기쁨으로, 유한하고 일시적인 것을 영원한 것으로, 거짓 평화를 하나님 나라의 평화로 여기게 만든다. 마귀의 수하들은 이렇게 전도된 견해를 가진 자들이다

이 그것들을 괴롭히지 못하기 때문입니다.[228] 그 이유는 무엇일까요? 선한 상태에 있을 때 게으른 생각으로 그들을 괴롭히는 마귀가 이 일을 만들어 내는 주범이기 때문입니다.

마귀는 절대 서두르지 않습니다. 마귀는 자신이 활동하고 있다는 의심을 받게 될까 두려워하기 때문에 그들에게서 하나님에 대한 의식을 몰아내지 않을 것입니다.

---

[228] 게으른 생각(idle thought)이란 헬라어 아케디아(acedia)에서 파생된 개념이다. 아케디아를 우리말로 적절한 단어는 없지만, 가까운 뜻으로 해태(懈怠)와 혼침(昏沈)에 해당한다. 가톨릭의 7죄종(七罪宗, seven deadly sins) 중에 냉담(冷淡)이며, 개신교인들은 "게으름"이라고 한다. 간단히 말하자면 낙심과 절망(絕望)한 정신이 무기력에 빠져서 마땅히 해야 할 일에 게으름을 피우거나(懈怠), 한창 일해야 할 정오에 자리를 펴고 낮잠(昏沈)을 청하는 상황을 말한다. 그런데 이 "게으름"의 대상이 세상적인 일, 사악한 정념이 조성한 망상, 감각적인 자극에 대해 게으름을 피운다면 그 자체를 괴롭히는 일이 될 것이다: 그런데 내게는 우리 주 예수 그리스도의 십자가 밖에는, 자랑할 것이 아무것도 없습니다. 그리스도로 말미암아, 내 쪽에서 보면 세상이 죽었고, 세상 쪽에서 보면 내가 죽었습니다(갈 6:14, 새번역).

53 이 기도를 해본 경험이 없는 사람들의 꼴사나운 표면적 행위

참 하나님의 제자들과 비교해 보면, 미혹되어 이와 같은 잘못된 기도를 하는 사람들은 매우 이상한 행동을 합니다. 이런 사람들이 육체적으로나 영적으로 자기 자신에 대해서는 매우 **정중**하게 대합니다.[229] 그러나 다른 사람들이 볼 때는 그

---

229) 저자가 사용한 *decorous*라는 단어는 "정중", 또는 "품위 있는" 등의 의미로 사용된다. 이에 상반된 상태를 spiritual drunkenness(영적 술 취함)에 해당된다. 오순절 전통에서는 마가의 다락방에 성령의 역사가 임할 때를 영적으로 술취한 상태라고 표현한다(행 2:1-15 참조). 믿지 않은 사람이 볼 때는 이들은 이상한 말(방언)을 지껄이며, 몸을 떨며, 눈이 뒤집히고, 미친 듯이 괴성을 지른다고 할 것이다.
　이 관상적 기도를 실천할 때 이러한 내·외면적인 술취한 상태는 장소와 시간과 상황에 따라서 다르게 나타날 것이다. 혼자 있을 때나, 군중과 함께 있을 때나 성령이 임할 때는 술에 취한 상태를 감추거나 억제하지 못할 것이다. 그러나 이 책의 본문은 겉으로 꾸미는 초보 위선 수행자는 혼자 있을 때는 조용하게 있다가 다른 사람과 함께 있을

렇지 않습니다. 그들이 눈을 크게 뜨고 있는 모습을 보면 마치 미친 사람처럼 뚫어지게 바라보고 있다는 것, 마치 마귀를 보고 있는 것 같습니다. 실제로 마귀는 그리 멀리 떨어져 있지 않으므로 조심하는 것이 좋습니다. 어떤 사람의 눈은 뇌질환에 걸려서 금방 죽을 듯이 눈을 감습니다. 어떤 사람은 귓속에 벌레가 들어간 것처럼 머리를 옆으로 해서 다닙니다. 어떤 사람은 숨이 찬 사람처럼 제대로 말하지 못하고 끽끽거리는데, 주로 위선자들이 이렇게 행동합니다. 또 어떤 사람은 자기 생각을 조급하게 말하다가 목에서 이상한 소리를 내기도 합니다. 이단자들이나 주제넘고 교활한 사람처럼 자기 잘못을 붙들고 놓지 않으려고 합니다.[230]

누구나 알 수 있듯이 잘못된 견해를 가진 사람은 비정상적

때 자신의 수행 진보를 남에게 보이려고 영적으로 술취한 듯이 행동한다. 이를 **꼴사나운 표면적 행위**라고 한다.

230) "건달과 악인은 그릇된 말이나 하며 돌아다닌다. 그들은 눈짓과 발짓과 손짓으로 서로 신호를 하며, 그 비뚤어진 마음으로 항상 악을 꾀하며, 싸움만 부추긴다"(잠 6:12-14, 새번역).

이고 꼴사나운 행동을 합니다. 그러나 어떤 사람들은 다른 사람들과 함께 있을 때는 그런대로 자신을 잘 통제합니다. 그러나 혼자 집에 있을 때는 자신의 허물을 감출 수 없을 것입니다. 만일 누군가가 자기 의견에 반대할 때 다양한 반응을 보입니다. 그는 자기 행동이 하나님을 사랑하고 진리를 지키기 위해서 하는 일이라고 확신합니다. 하나님이 크신 자비를 나타내셔서 그들로 하여금 이러한 행동을 그만두게 하지 않으신다면, 그들은 이렇게 이상한 방식으로 계속 하나님을 사랑하다가 마침내 미친 듯이 마귀를 응시하게 될 것입니다.

이 세상에서 철저히 마귀의 종이 되어 이 책에 기록된 모든 환상에 물든 사람은 없습니다. 그러나 일부 또는 많은 사람이 그러한 환상에 물들어 있을 수 있습니다. 이것은 내가 언급한 환상적인 행동을 전혀 하지 않는 철저한 위선자나 이단자는 이 세상에 없다는 말입니다.

어떤 사람들은 행동할 때 이상하고 보기 흉한 자세를 취하곤 하는데, 무슨 말을 들을 때 이상할 정도로 고개를 끄덕거리거나 젓곤 합니다. 또 귀로 듣는 것이 아니라 입으로 듣는 것처럼 입을 크게 벌리고 하품합니다. 어떤 사람들은 말을 할 때 손가락으로 자기 가슴이나 상대방의 가슴을 찌릅니다. 또 어떤 사람들은 조용히 앉거나 서거나 누워 있지 못하고 두 발을 구르거나 손으로 무슨 일을 해야 합니다. 어떤 사람은 마치 수영하듯이 두 팔을 저으면서 말합니다. 어떤 사람은 마치 균형을 제대로 잡지 못하는 아마추어 곡예사처럼 한 단어를 말할 때마다 소리를 내어 웃거나 미소를 짓습니다.

이렇게 말하는 것은 품위 없는 행동 자체가 큰 죄라는 뜻이 아니며, 그런 행동을 하는 사람이 큰 죄인이라는 뜻도 아닙니다. 내 의도는 이처럼 보기 흉하고 무절제한 몸짓의 지배를 받는 사람은 그러한 행동을 멈추고 싶어도 멈출 수 없다는 것입니다. 그것은 교만, 이상한 성품, 자기 과시, 무절제한 지식욕 등을 보여주는 표식입니다. 특히 그것은 도덕적 불안과 정신적 불안정을 보여주는 표식으로서 그들이 이 책에 묘사된 기도에 익숙하지 못하다는 것을 나타냅니다. 이 책에서 이러한 망상에 대해 많이 언급한 이유는 이 기도에 착수한 사람이 자신의 활동을 시험해 볼 때 그것을 참작할 수 있기 때문입니다.

54 이 기도로, 몸과 영혼을 지혜롭고 품위 있게 다스리는 방법을 배운다.

이 기도를 실천하는 사람의 몸과 영혼은 모두 단정해질 것이며, 모든 사람에게 매력적으로 보일 것입니다. 아주 못생긴 사람이라도 은혜로 이 기도를 실천한다면, 그 모습이 아주 은혜롭게 변화되므로 그를 보는 모든 선한 사람들은 그와 교제하기를 원하고 기뻐하게 될 것이며, 그의 존재를 통해서 영적 평화를 발견했으며 하나님의 은혜 안에서 힘을 얻었다고 확신하게 될 것입니다.

그러므로 이 은사를 얻기 위해 노력하십시오. 당신은 은혜로 그 일을 할 수 있습니다. 진실로 그것을 소유한 사람은 그것의 힘으로 자신과 자신에게 속한 모든 것을 다스리는 방법을 잘 알게 될 것입니다. 그는 필요한 경우에는 모든 종류의 본성적인 행동과 성향을 식별할 수 있을 것입니다. 그는 자신은 범죄하지 않으면서도 상습적인 죄인이든 아니든 자기와 함께 사는 모든 사람의 마음에 드는 법을 알게 될 것입니다. 그를 보는 모든 사람이 놀랄 것입니다. 그는 은혜의 도움을 받아 사람들을 자신이 행하고 있는 그 영적 기도로 인도할 것입니다. 그의 표정이나 말에는 영적 지혜가 가득하고, 열정과 결실이 가득하며, 참되고 건전하며, 거짓이 없고, 위선적인 과시나 핑계도 없을 것입니다.[231]

한편, 말할 때 자신을 나타내 보이는 방법을 전력을 다해 연구하며, 겸손한 것처럼 보이는 말과 몸짓으로 자신을 둘러싸는 사람들이 있습니다. 그들의 목표는 하나님과 천사들 앞에서 거룩하게 보이는 것보다 사람들 앞에서 거룩하게 보이는 데 있습니다.[232] 그런 사람들은 하나님과 하늘나라의 천사

---

231) "내가 내 모든 소유를 나누어줄지라도, 내가 자랑삼아 내 몸을 넘겨줄지라도, 사랑이 없으면, 내게는 아무런 이로움이 없습니다. 사랑은 오래 참고, 친절합니다. 사랑은 시기하지 않으며, 뽐내지 않으며, 교만하지 않습니다. 사랑은 무례하지 않으며, 자기의 이익을 구하지 않으며, 성을 내지 않으며, 원한을 품지 않습니다"(고전 13:3-5, 새번역).

232) "너희 바리새파 사람들에게 화가 있다! 너희는 박하와 운향과 온갖 채소의 십일조는 바치면서, 정의와 하나님께 대한 사랑은 소홀히 한다. 그런 것들도 반드시 행해야 하지만, 이런 것들도 소홀히

들과 성도들 앞에서 부주의하게 행하거나 알면서도 받아들인 수많은 나태한 생각과 더러운 죄의 움직임 때문에 염려하고 슬퍼하기보다는, 자신이 사람들 앞에서 행한 무절제한 몸짓이나 보기 흉하고 부적당한 말 때문에 더 염려하고 슬퍼합니다. 겉으로는 온유한 것처럼 들리는 많은 말에 교만이 들어 있을 수도 있고 그렇지 않을 수도 있습니다. 어쨌든 정말로 겸손한 사람은 그 마음의 겸손함에 일치하는 겸손하고 타당한 말이나 몸짓을 나타내야 한다고 생각합니다. 즉 정상적이고 자연스러운 음성이 말하지 않고 애처롭거나 구슬픈 음성으로 말해서는 안 됩니다. 진실된 말은 진심에서 우러나서, 진실한 방법으로, 쩌렁쩌렁 울리는 음성으로 말하게 될 것입니다. 몸이 아프거나, 또는 말하는 방법이 자기와 하나님과

하지 않았어야 하였다. 너희 바리새파 사람들에게 화가 있다. 너희는 회당에서 높은 자리에 앉기를 좋아하고, 장터에서 인사 받기를 좋아한다"(눅 11:42-43, 새번역); "바리새파 사람은 서서, 혼자 말로 이렇게 기도하였다. '하나님, 감사합니다. 나는, 남의 것을 빼앗는 자나, 불의한 자나, 간음하는 자와 같은 다른 사람들과 같지 않으며, 더구나 이 세리와는 같지 않습니다. 나는 이레에 두 번씩 금식하고, 내 모든 소득의 십일조를 바칩니다.'"(18:11-12, 새번역).

관련된 것이 아닌데도, 본래 음성이 큰 사람이 우는 소리로 말한다면, 그것은 확실히 위선의 표식입니다.

이처럼 해로운 망상에 대해서 무엇을 더 말해야 할까요? 이런 사람들이 은혜를 받아 그러한 위선—그것은 그들의 마음속에 있는 은밀한 교만과 밖으로 표출된 그들의 겸손한 말 사이를 연결해 줍니다—을 벗어 버리지 않는다면, 그 불쌍한 영혼들은 곧 깊은 슬픔에 잠길 것입니다.

55 지나친 열심 때문에 분별없이 정죄하는 것은 잘못이다.

마귀는 다음과 같은 방법으로 사람들을 속입니다. 마귀는 아주 놀라운 방법을 사용하여 사람들이 자신이 하나님의 법을 지키거나 모든 사람의 죄를 파괴하겠다고 생각하게 만듭니다. 마귀는 절대 드러나게 악한 것으로 유혹하지 않습니다. 그는 사람들로 하여금 마치 기독교인들의 다양한 생활 상태를 감독해야 하는 바쁜 성직자처럼, 또는 수도사들을 감독하는 수도원장처럼 행동하게 만듭니다. 그들은 마치 모든 사람의 영혼을 돌보아야 할 목회적 사명을 가진 듯이 사람들의 허물을 책망하며, 하나님 앞에서도 그렇게 행동하겠다고 주장합니다. 그들은 사람들의 허물을 발견하면 그것을 지적하면서, 자신이 그렇게 행동하는 것은 마음속에 있는 하나님 사랑과 이웃 사랑 때문이라고 말합니다. 그러나 그것은 거짓말입니다. 그들이 그렇게 행동하는 것은 그들의 머리와 상상

속에서 솟아오르는 지옥 불의 부추김 때문입니다.[233]

이것은 다음과 같은 사실을 통해서 알 수 있습니다. 마귀는 영이며, 천사들에게 몸이 없듯이 마귀에게도 몸이 없습니다. 그러나 천사나 마귀가 하나님의 허락을 받아 이 세상에 있는

---

233) 영성 훈련에 어느 정도 진보를 이루면 먼저 찾아오는 것이 허영이라는 마귀이다. 이 마귀는 항상 **그녀의 딸 교만**과 함께 다니는데, 초대 사막의 수도사들은 허영과 교만을 따로 정의하고 취급하지만, 서방교회에서는 이 둘을 하나로 보아서 교만이라고 부른다.
"교만은 분수에 넘치는 영화를 바라는 것이다. 그 실마리는 매우 많지 않지만, 크게 세 가지로 모아볼 수 있다. 첫째는 선이 자기로부터 온다고 생각하여 그것을 하나님께 돌리지 않는 것이고, 둘째는 선이 하나님으로부터 나오는 것임을 알고 있으면서도 그것을 자신의 공적으로 돌리는 것이고, 셋째는 가지고 있지 않은 것을 자랑하는 것이고, 넷째는 남을 경멸하며 자신은 뭇사람과 다르다고 생각하는 것이다."(『칠극』, 빤또하, 일조각. 19쪽).
다른 정념은 그 해당하는 부분만 해당하지만, 허영과 교만은 전 존재에 영향을 끼친다. 그러므로 영성이라는 고지에 거의 도달한 사람에게는 치명적이어서 이로 인한 아주 작은 죄악이라도 전 존재를 파괴한다. 천사장이라도 교만하면 타락하여 땅에 떨어진 사탄이 그 예이다. 허영과 교만의 치료제는 겸손인데, 이것은 하나님의 영광에 토대를 두어야 한다. 그렇지 않으면 허영으로 가장한 겸손으로서 가장 사악한 것이 된다.

사람을 섬기기 위해 유형적인 모습을 취할 때는 자신이 해야 할 일에 알맞은 몸을 만듭니다. 그러한 예를 성경에서 찾아볼 수 있습니다. 신구약 성경에서 천사가 육신을 입고 세상에 보냄을 받을 때 그가 전하는 영적 메시지가 어떤 것인지는 그의 이름이나 기능 혹은 그의 몸의 특성에 의해서 분명히 나타나곤 했습니다. 마귀도 똑같습니다. 마귀는 눈에 보이는 형태로 나타날 때 자신의 육체적 특성 안에 자기 종들의 영적 본질을 나타냅니다.[234]

한 가지 예가 다른 모든 것들을 대변해 줄 것입니다. 악령들의 도움을 구하는 강신술을 공부하는 학생들이나 마귀의

---

[234] 악마는 타락한 천사이며, 따라서 순수하게 영적인 존재라는 일반적인 교리이다. "악마는 타락한 천사이며, 따라서 순수하게 영적인 존재라는 일반적인 교리이다. "지성적 실체들의 유(類)에는 그의 영혼이 육체에 결합되고 지식을 감각 사물들을 통해 형성하게 되는 불완전한 지성적 존재 즉, 인간(*homo*)이 있다. 따라서 그 자체 육체와 결합하지 않은 않는 완전한 지성적 존재도 있다. 바로 천사들이다. 그러므로 천사는 육체에 결합되어 있지 않다"(『신학대전 요약』, 가톨릭대학교출판부, 토마스 아퀴나스. 1.51.1, 75쪽). 그럼에도 이들의 영은 인간의 감각으로 인지할 수 있는 이미지로 현현되므로, 우리의 육신으로 그들에 대해서 인지할 수 있다.

모습을 가시적으로 본 사람들의 말에 의하면, 마귀는 어떤 형태를 취하든지 간에 콧구멍이 하나뿐인데 무척 크고 넓다고 합니다. 그가 코를 치켜들면 사람은 그의 두뇌 속까지 들여다 볼 수 있습니다. 그의 두뇌는 바로 지옥의 불입니다. 마귀는 사람으로 하여금 그 속을 들여다보게 하는 것 외에 다른 것은 구하지 않습니다. 왜냐하면 그 속을 들여다보는 사람은 영원히 정신을 잃을 것이기 때문입니다. 그러나 노련한 강신술사는 이것을 잘 알고 있으므로 그러한 해를 입지 않도록 적절한 조처를 할 수 있습니다.[235] 이런 까닭에 마귀가 눈에 보이는 모습으로 나타날 때 그의 몸에는 그의 종들이 영적으로 어

---

235) 마귀의 출현에 대한 꿈이나 기도 중에 환상을 보기도 한다. 그러나 그 모습은 사람마다 다를 수 있고, 또 같은 사람일지라도 다른 모습으로 나타난다. 그것은 영적인 상황이 각각 다르기 때문이다. 노리지의 줄리안은 그의 책 『하나님 사랑의 계시』(은성출판사, 엄성옥 역, 제67장)에서 그녀의 경험을 생생하게 묘사하고 있다. 『사막 교부들의 금언』(은성출판사, 엄성옥 역)에서는 영적 교부들은 마귀와 대화하기도 하며, 아직 미숙한 수도사에게는 빛으로 나타나서 수도사들을 망상에 빠뜨리는 등의 이야기가 많이 나온다. 이때마다 노련한 스승은 영을 분별해서 시험에 들지 않도록 도와준다.

떤 존재인지를 보여주는 특성이 있다고 말하는 것입니다. 마귀는 자기를 따르는 사람들의 상상력을 지옥 불로 타오르게 만들기 때문에, 그들은 갑자기 분별력 없이 자신이 보는 환상에 몰두하며 신중하지 못하게 다른 사람의 잘못을 책망합니다. 그 이유는 그들의 영적 콧구멍이 하나뿐이기 때문입니다. 사람의 콧구멍이 둘로 나누어져 있는 것은 그가 영적 분별력을 소유해야 한다는 것, 그리고 보고 듣는 모든 것을 판단하기 전에 선과 악을 구분할 수 있어야 하며, 악한 것도 그 정도에 따라서 구분할 수 있어야 한다는 것을 가리킵니다. 영적으로 인간의 두뇌는 상상력으로 이해할 수 있습니다. 왜냐하면 그것은 머릿속에 정상적인 위치를 차지하고 있으면서 기능을 발휘하기 때문입니다.

56
교회의 가르침과 권고보다 지적 통찰이나 사변적인 신학자의 말을 중시하는 것은 잘못이다.

사람 중에는 똑똑하고 지적 수준이 높고 교만해서 내가 언급한 망상에 현혹되지는 않지만, 교회의 가르침과 권고를 무시하는 사람들이 있습니다.[236] 이런 사람들이나 그들을

---

236) 여기서 저자는 "영을 시험하여 보라"는 사도 요한의 서신에 바탕을 둔 교훈이다: "사랑하는 여러분, 어느 영이든지 다 믿지 말고, **그 영들이 하나님에게서 났는가를 시험하여 보십시오.** 거짓 예언자가 세상에 많이 나타났기 때문입니다. 여러분은 하나님의 영을 이것으로 알 수 있습니다. 곧 예수 그리스도께서 육신을 입고 오셨음을 시인하는 영은 다 하나님에게서 난 영입니다. 그러나 예수를 시인하지 않는 영은 다 하나님에게서 나지 않은 영입니다. 그것은 그리스도의 적대자의 영입니다. 여러분은 그 영이 올 것이라는 말을 들었습니다. 그런데 그 영이 세상에 벌써 와 있습니다. 자녀 된 이 여러분, 여러분은 하나님에게서 난 사람들이며, 여러분은 그 거짓 예언자들을 이겼습니다. 여러분 안에 계신 분이 세상에 있는 자보다 크시기 때문입니다. 그들은 세상에서 났습니다. 그런 까닭에 그들은 세상에 속한 것을 말하고, 세상은 그들의 말을 듣습니다. 우리는 하나님에게서 났습니다. 하나님을 아는 사람은 우리의 말을 듣고, 하나님에게서 나지 아니

따르는 사람들은 그들의 견해를 지나치게 중시합니다. 그들은 겸손하고 단순한 경험과 고결한 삶에 토대를 두지 않고 있어서 영적 원수가 고안하고 만들어 낸 거짓 경험을 소유하게 됩니다. 그리하여 그들은 마침내 모든 성도, 성례전, 교회의 규정과 법을 모독하는 말을 합니다. 육신을 따라 사는 세상적인 사람들, 거룩한 교회의 법을 따라 살기가 어렵다고 생각하는 사람들은 이러한 이단자들이 교회의 길보다 더 쉬운 길로 인도해 줄 것이라고 믿고서 그들을 지지하며 따릅니다.

천국으로 가는 좁은 길을 걸으려 하지 않는 사람은 넓고 평탄한 길을 따라가서 결국은 지옥에 이를 것입니다.[237] 누구나

한 사람은 우리의 말을 듣지 아니합니다. 이것으로 우리는 진리의 영과 미혹의 영을 알아봅니다."(요일 4:1-6, 새번역).

237) "좁은 문으로 들어가거라. 멸망으로 이끄는 문은 넓고, 그 길이 널찍하여서, 그리로 들어가는 사람이 많다. 생명으로 이끄는 문은 너무나도 좁고, 그 길이 비좁아서, 그것을 찾는 사람이 적다. 거짓 예언자들을 살펴라. 그들은 양의 탈을 쓰고 너희에게 오지만, 속은 굶주린 이리들이다"(마 7:13-135, 새번역).

자신이 어떤 길을 가고 있는지 시험해 보아야 합니다.[238] 심판 날에 이단자들과 그 추종자들은 공공연하고 주제넘게 잘못된 주장은 물론이요, 세상과 그들의 더러운 육신이 지은 크고 무서운 죄의 짐을 지고 나타날 것입니다. 그들은 적그리스도의 제자들이라고 불릴 것입니다. 왜냐하면 겉으로 드러난 모습과는 달리 은밀하게 더럽고 추한 일을 행하기 때문입니다.[239]

---

238) "그러니 각 사람은 자기를 살펴야 합니다. 그런 다음에 그 빵을 먹고, 그 잔을 마셔야 합니다"(고전 11:28, 새번역).

239) "생명 나무에 이르는 권리를 차지하려고, 그리고 성문으로 해서 도성에 들어가려고, 자기 겉옷을 깨끗이 빠는 사람은 복이 있다. 개들과 마술쟁이들과 음행하는 자들과 살인자들과 우상 숭배자들과 거짓을 사랑하고 행하는 자는 다 바깥에 남아 있게 될 것이다"(계 22:14-15, 새번역).

57 미숙한 제자들이 '위'(up)라는 단어를 제대로 이해하지 못한 데서 생겨나는 망상

영적으로 미숙하고 주제넘은 제자들이 "위"(up)라는 단어를 어떻게 오해하는지를 이야기하려 합니다. 그들은 사람들이 마음을 위로 하나님에게 들어올려야 한다는 말을 들으면, 마치 하늘의 달보다 더 먼 곳에 이르려는 듯이 별을 올려다봅니다.[240] 또 하늘나라에서 천사들이 부르는 소리를 들으려는 듯이 귀를 쫑긋 세웁니다. 그들은 행성을 통과하거나 하늘에 구멍을 뚫고 들여다보는 듯한 기이한 상상을 합니다. 그들은 자기 마음에 드는 하나님을 만들고 화려한 옷을 입히고

---

240) 저자는 코페르니쿠스적 우주관을 가지고 있다. 중세의 창세기 우주관에 따르면 지구는 지하 궁창 위에 평평한 원반처럼 떠 있고, 땅 위 하늘에 금속과 같은 단단한 것으로 된 것들이 박혀있는 것이 해와 달과 별들이며, 그 너머에 궁창이 있는데, 이 궁창의 물이 비와 이슬과 눈이 되어 땅으로 떨어진다. 하나님이 계시는 곳, 궁창 너머 인간이 도저히 도달할 수 없는 곳, 이곳을 하늘(heaven)이라고 부른다.

보좌에 앉힙니다.[241] 그들이 만들어 낸 하나님은 세상 사람들이 그린 어떤 하나님의 모습보다 더 야릇합니다. 그들은 형태를 지닌 천사들을 만들어내는데, 각각의 천사마다 다른 악기를 가지고 있습니다. 그것은 이 세상에서 보지도 듣지도 못한 이상한 모습입니다.

---

241) 여기서 저자는 공주수도사들의 화려하고 분에 넘치는 상징들로 디자인된 수도복에 관해서 언급하고 있다. 4세기의 수도복이 상징하는 의미에 관해서는 요한 카시아누스의 『제도집』(the Institute, 은성출판사, 엄성옥 역)에서 읽을 수 있다. 그후 수도사(특히 공주수도원과 사제들)의 복장이 화려해지면서, 인간의 눈에는 화려해 보일지라도, 저자의 눈에는 매우 우스꽝스럽게 보였을 것이다. 복장뿐만 아니라, 하나님을 상징으로 표현하는 데도 마찬가지다. 이렇게 과도한 시도는 인간이 하나님을 인위적으로 치장하듯이 하나님은 광대처럼 보일 수 있다. 하나님을 하나님 되게 하는 것이 가장 하나님께 영광을 돌리는 길이다.

저자는 이 장에서 영성 수련을 실천하는 사람이 흔히 초보자가 범하기 쉬운 "주제넘음"에 관해서 언급하고 있다. 실제로 오늘날 영성 수련을 하는 사람 중에 아직 초보자 단계를 벗어나지 못했음에도 불구하고 스스로 무엇이나 된 듯이 수염을 기르고 무슨 도사나 된 듯한 모습을 함으로써 다른 사람과 구별 지으려는 시도를 볼 수 있다. 이것은 남에게 보이려는 것으로서 외식(外飾)하는 현대판 바리새적인 태도이다.

마귀는 이런 사람들을 놀라운 방법으로 미혹할 것입니다. 마귀는 일종의 이슬을 내려보낼 것이며, 그들은 그것을 천사의 음식으로 생각합니다. 그것은 대기 중에서 생겨나서 부드럽게 그들의 입 안에 들어오는 것 같습니다.[242] 그래서 그들은 마치 파리를 잡아먹으려는 듯이 입을 벌리고 앉아 있곤 합니다. 아무리 경건한 것처럼 보여도 이런 것들은 모두 마귀의 속임수입니다. 그런 일이 있을 때 그들의 영혼에는 참된 헌신이 없습니다.[243] 그들이 행하는 이상한 일 때문에 그들의 마음은 헛되고 거짓됩니다. 마귀는 자주 그들에게 이상한 소리를 들려주거나 이상한 빛을 보여주거나 향기를 맡게 해주는데,

---

242) "그러나 당신의 백성은 당신께서 천사들의 음식으로 먹여 살리셨습니다. 그들의 노고 없이 미리 준비된 빵을 하늘에서 마련해 주셨습니다. 그 빵은 갖가지 맛을 낼 수 있는 것, 모든 입맛에 맞는 것이었습니다"(지혜서 16:20, 가톨릭 성경).

243) "마치 굶주린 자가 꿈에 먹기는 하나, 깨어나면 더욱 허기를 느끼듯이, 목마른 자가 꿈에 마시기는 하나, 깨어나면 더욱 지쳐서 갈증을 느끼듯이, 시온 산을 치는 모든 나라의 무리가 그러할 것이다"(사 29:8, 새번역).

그것들은 모두 거짓입니다. 그러나 그들은 그렇게 생각하지 않습니다. 그들은 자신이 성 마틴이나 여러 성인의 예를 따르고 있다고 생각합니다. 성 마틴은 기도하던 중 하늘을 올려다보다가 계시에 의해서 외투를 입고 천사들 가운데 계신 하나님을 보았고, 스데반은 천국에 서 계신 주님을 보았습니다.[244] 또 그들은 자신이 제자들이 보는 데서 하늘로 올라가신 그리스도의 본보기를 따르고 있다고 생각합니다.[245] 그래서 그들도 눈을 들어 하늘을 바라보아야 한다고 말합니다. 만일 우리가 내면적으로 위를 향하고 싶은 감동을 받는다면, 표면적

---

[244] "그런데 스데반이 성령이 충만하여 하늘을 쳐다보니, 하나님의 영광이 보이고, 예수께서 하나님의 오른쪽에 서 계신 것이 보였다"(행 7:55, 새번역).

[245] "이 말씀을 하신 다음에, 그가 그들이 보는 앞에서 들려 올라가시니, 구름에 싸여서 보이지 않게 되었다. 예수께서 떠나가실 때에, 그들이 하늘을 쳐다보고 있는데, 갑자기 흰 옷을 입은 두 사람이 그들 곁에 서서 '갈릴리 사람들아, 어찌하여 하늘을 쳐다보면서 서 있느냐? 너희를 떠나서 하늘로 올라가신 이 예수는, 하늘로 올라가시는 것을 너희가 본 그대로 오실 것이다' 하고 말하였다"(행 1:9-11, 새번역).

인 행동을 할 때도 시선을 하늘에 두며 두 손을 쳐들 것입니다.246) 그러나 영적 기도를 할 때는 위를 향하거나 아래를 향해서는 안 되며, 오른쪽을 보거나 왼쪽을 보아서도 안 되고, 앞을 보거나 뒤를 보아서도 안 됩니다. 왜냐하면 우리는 육체적인 기도를 하는 것이 아니라 영적인 기도를 하고 있는데, 그것은 육체적인 방법으로 행해서는 안 되는 것이기 때문입니다.

---

246) 신인 연합의 기도(unitive prayer)는 마음의 성향(性向 [disposition]은 마음의 指向을 의미한다)을 다루는데, 이때 몸짓도 따라 하는 것도 도움이 된다. 예를 들면 "마음을 높여!"라고 말을 하면서 손을 높이 들어올리는 것이 도움이 된다: "모세가 그의 팔을 들면 이스라엘이 더욱 우세하고, 그가 팔을 내리면 아말렉이 더욱 우세하였다"(출 17:11, 새번역).

그러나 저자는 여기서 그러지 말라고 하는데, 이는 위선적으로 될까 염려해서 그랬을 것으로 보인다: "너희는 기도할 때에, 위선자들처럼 하지 말아라. 그들은 사람들에게 보이려고, 회당과 큰 길 모퉁이에 서서 기도하기를 좋아한다. 내가 진정으로 너희에게 말한다. 그들은 자기네 상을 이미 다 받았다"(마 6:5).

| 58 | 성 마틴과 성 스데반은 기도할 때 감각적인 상상을 하면서 위를 향하려고 노력한 사람의 본보기가 아니다. |

성 마틴과 성 스데반이 육신의 눈으로 그런 것을 목격했다는 말이 사실이지만, 그들이 본 것은 영적인 일을 증명하는 기적이었습니다.[247] 우리를 구원하실 수 있는 그리스도께서 추위 때문에 성 마틴의 외투를 입으신 것이 아니며, 기적적으로 그런 모습을 취하신 것임을 그들은 잘 알고 있었습니

---

247) 스데반이 성령이 충만하여 하늘을 쳐다봤을 때, "하나님의 영광이 보이고, 예수께서 하나님의 오른쪽에 서 계신 것이 보였다"(행 7:55, 새번역)라고 했다. 문자적으로는 육신의 눈으로 본 것이 맞지만, 우리는 영의 눈으로 보았다고 해석할 수 있다. 천상의 것(incorporeal)은 천상적인 눈(spiritual eyes)으로만 보이기 때문이다. 이것을 관상(觀想; vision of God)이라고 한다. 영적인 눈으로 본 것이지만, 육신의 눈으로 본 것처럼(corporeal) 또렷하다. 기도 중에 영적인 비전을 보이신 하나님의 목적은 육신을 쓰고 사는 동안 하나님의 나라를 깊이 인식하고 확신하게 하는 데 있다.

다. 우리는 영적으로 그리스도와 한 몸입니다.[248] 사람이 가난한 사람에게 옷을 입혀 주고 궁핍한 사람에게 영적으로나 육적으로 선을 행하는 것은 영적으로 볼 때 그리스도를 위한 행동이며, 실제로 육신을 입으신 그리스도께 행한 것처럼 상을 받을 것입니다.[249] 그리스도께서 복음서에서 친히 그렇게

---

248) "그리스도의 몸도 하나요, 성령도 하나입니다. 이와 같이 여러분도 부르심을 받았을 때에 그 부르심의 목표인 소망도 하나였습니다"(엡 4:4, 새번역).

249) "내가 진정으로 너희에게 말한다. 이 작은 사람들 가운데 하나에게, 내 제자라고 해서 냉수 한 그릇이라도 주는 사람은, 절대로 자기가 받을 상을 잃지 않을 것이다"(마 10:43, 새번역).
『사막 교부들의 세계』(은성출판사, 엄성옥 역. V.38. pp. 65-68)에 이런 기록이 있다(요약 및 리텔링): "어떤 행정관이 지방 순찰가던 중 길에 시체를 발견했다. 그는 입고 있던 외투를 덮어주고 길을 떠났다. …그런데 그가 발이 썩어가는 병에 걸렸다. 의사는 발을 절단해야 한다고 했다. 그는 절망하면서 잠을 잤는데, 꿈에 어떤 사람이 나타나서 환부에 기름을 발라주었더니, 금방 치료가 되었다. 그가 떠나려고 하자 이름이라도 알려달라고 했다. 그는 입고 있던 옷을 보여 주면서, 당신이 어제 길에서 덮어주었던 시신이 바로 나였소 라고 말했다."
"어느 매우 춥고 서리가 내리는 겨울 어느날, 그는 도시의 성문에

말씀하셨습니다. 그러므로 그리스도는 성 마틴에게 자신을 계시하신 것입니다.

이 세상 사람에게 가시적으로 나타나는 모든 계시에는 영적 의미가 있습니다. 만일 계시를 받는 사람이 신령하여 그 계시들의 영적 의미를 이해할 수 있었다면, 그것들은 가시적인 모습으로 현시되지 않았을 것입니다. 그러므로 우리는 딱딱한 껍질을 벗겨 내고 달콤한 알맹이를 먹어야 합니다.[250)]

어떻게 해야 그렇게 할 수 있을까요? 이단자들처럼 행해

서 추위에 떨면서 구걸하는 거지를 보았다. 그가 가진 것이라고는 옷밖에 없었다. 그는 칼을 꺼내서 반을 잘라서 그에게 덮으라고 주었다. 그날 밤 꿈에 '그가 어제 준 반쪽 옷을 입으신 예수 그리스도'를 보았다. 성 마틴은 아직 예비 세례자였는데, 그는 꿈에서 깨어나서 곧 세례를 받으러 성당으로 달려 갔다"(Alban Butler's *Lives of the Saints*, ed. Thurston -Attwater [London, 1956], p.310).

250) 음식이 육신에 영양을 주듯이 관상(적) 기도는 영혼에 영양을 준다. 관상(적) 기도는 표상을 관철(貫徹)하여 **존재의 근저(the Ground)** 즉, **성성(聖性)**을 보는 것이다: "겉모양으로 유대 사람이라고 해서 유대 사람이 아니요, 겉모양으로 살갗에 할례를 받았다고 해서 할례가 아닙니다"(롬 2:28, 새번역).

서는 안 됩니다. 이단자들은 마치 아름다운 컵으로 물을 마신 후에 그 컵을 벽에 던져 깨뜨리는 사람에 비유할 수 있습니다. 교양 있게 행동하기를 원한다면, 그런 사람들을 모방해서는 안 됩니다. 우리는 열매를 먹은 후에 나무를 무시해서는 안 되며, 컵에 든 물을 마시고 나서 그 컵을 깨뜨려서도 안 됩니다. 나무와 컵은 눈에 보이는 기적, 성령의 역사를 방해하지 않고 조화를 이루는 몸짓이라고 이해할 수 있습니다. 열매와 물은 눈에 보이는 기적들, 그리고 두 손을 들거나 하늘을 바라보는 것 등의 몸짓이 지닌 영적 의미라고 이해할 수 있습니다.[251] 만일 성령의 감동 때문에 그런 행동을 한다면, 그 행동은 올바른 것입니다. 그렇지 않은 것은 위선이고 거짓입니다. 만일 그러한 행동이 참된 것이며 그 안에 영적 열매가 들어 있다면, 그 행동을 무시할 이유가 없습니다. 사람들이 컵에 입을 대는 것은 그 안에 담겨 있는 포도주 때문입니다.

그리스도께서 육신으로 승천하실 때 어머니와 제자들이 보

---

[251] 기도할 때 몸동작은 내면에서 일어나는 것에 부합되게 취하는 것이 영적 활동에 유익함을 말하고 있다.

는 앞에서 구름 속으로 올라가신 것이 무슨 상관이 있습니까? 그러므로 우리는 영적 기도를 할 때 육신을 입고 하늘에 앉아 계신 주님을 보려고 계속 시선을 하늘에 두거나,[252] 스데반처럼 계속 서 있어야 합니까?[253] 그렇지 않습니다. 주님이 스데반에게 천국에 있는 모습을 가시적으로 보여주신 것은 우리가 영적 기도를 하는 동안 육신의 눈으로 하늘을 올려다 보아야 한다는 본보기를 보여주기 위해서, 즉 우리가 스데반처럼 서거나 앉거나 누워 계신 주님을 볼 수 있게 하기 위해서가 아니었습니다. 주님이 천국에서 어떤 자세로 계시는지, 즉 앉아 계시는지 서 계시는지, 아니면 누워 계시는지는 아무

---

252) "예수께서 떠나가실 때에, 그들이 하늘을 쳐다보고 있는데, 갑자기 흰 옷을 입은 두 사람이 그들 곁에 서서 갈릴리 '사람들아, 어찌하여 하늘을 쳐다보면서 서 있느냐? 너희를 떠나서 하늘로 올라가신 이 예수는, 하늘로 올라가시는 것을 너희가 본 그대로 오실 것이다' 하고 말하였다"(행 1:10-11, 새번역).

253) "그런데 스데반이 성령이 충만하여 하늘을 쳐다보니, 하나님의 영광이 보이고, 예수께서 하나님의 오른쪽에 서 계신 것이 보였다"(행 7:55, 새번역).

도 모르며, 또 알 필요도 없습니다. 부활하신 주님의 몸이 영혼과 분리됨 없이 하늘로 올라가셨다는 것 외에 다른 것은 알 필요가 없습니다. 주님의 몸과 영혼, 즉 인성과 신성은 분리됨이 없이 하나가 되셨습니다. 우리는 주님이 앉아 계시는지 서 계시는지 누워 계시는지는 알 필요가 없으며, 주님이 원하시는 적당한 자세로 천국에 계시다는 것만 알면 됩니다. 혹 주님이 이 세상에 있는 어느 피조물에게 누워 계시거나 서거나 앉아 계신 모습으로 자신을 계시하신다면, 그것은 어떤 영적인 의미가 있어서이지 결코 그분이 천국에서 특별한 자세를 취하고 계시기 때문은 아닙니다.

예를 들어 보겠습니다. 선 자세는 도울 준비가 되어 있다는 의미로 이해해야 합니다. 전쟁 때 한 친구가 다른 친구에게 "여보게, 자세를 바르게 하고 힘껏 싸우며 쉽게 전쟁터에서 물러나지 말게. 내가 자네 곁에 서 있겠네"라고 말합니다. 이것의 의미는 육체적으로 곁에 서 있겠다는 의미 이상입니다. 이 전쟁은 걸어가면서 싸우는 것이 아니라, 말을 타고 싸우는 것일 수도 있고, 서서 싸우는 것이 아니라 달려가면서 싸우는 것일 수도 있습니다. 그러므로 전쟁터에서 친구 곁에 서 있겠다는 말은 그를 도울 만반의 준비가 되어 있다는 의미입니다.

이것이 바로 스데반이 순교할 때 주님이 천국에 계신 자신의 육체적 모습을 그에게 보여주신 이유였습니다. 이것은 우리가 천국을 올려다보아야 한다는 본보기를 주려는 것이 아니었습니다. 주님은 마치 스데반이 하나님의 사랑 때문에 박해를 받는 모든 사람의 대표자인 듯이 그에게 이렇게 말씀하셨습니다: "스데반아, 보아라. 네가 하늘나라에 서 있는 나를 보게 하려고, 나는 하늘나라라고 불리는 눈에 보이는 하늘을 열어 놓고 있다. 내가 신성의 능력에 의해서 영적으로 네 곁에 있으며, 너를 도울 준비가 되어 있다는 것을 굳게 믿어야 한다. 사람들이 너를 돌로 치고 있지만 믿음 안에서 담대하게 견뎌 내거라. 그렇게 하면 면류관을 상으로 받게 될 것이다. 너뿐만 아니라 나를 위해서 고난받은 모든 사람이 상을 받을 것이다." 이제 당신은 이처럼 가시적으로 나타나는 계시가 영적인 의미를 지닌다는 것을 알 수 있을 것입니다.

59 기도할 때 감각적으로 상상을 하면서 위를 바라보는 본 보기로 여겨서는 안 된다; 이 기도를 할 때는 시간과 장소, 몸 등을 완전히 잊어야 한다.

주님이 참 하나님이요 참 인간으로서 승천하셨으므로 주님의 승천은 육체적인 목적과 영적인 목적을 가지고 육체적으로 이루어졌다고 말하는 사람이 있다면, [254] 나는 주님이 죽으셨고 불멸을 옷 입으셨다고 대답하겠습니다. 우리도 마지막 날에 그렇게 될 것입니다.[255] 그때 우리의 몸과 영혼은

---

254) 이 책의 저자는 십자가 위에서 죽으시고 승천하신 분이 참 하나님이며 참 인간이라고 설명한다. 이러한 사실은 우리가 그와 함께 육신으로, 그리고 영적으로 승천한다는 것을 의미한다.

255) "마지막 나팔이 울릴 때에, 눈 깜박할 사이에, 홀연히 그렇게 될 것입니다. 나팔소리가 나면, 죽은 사람은 썩어 없어지지 않을 몸으로 살아나고, 우리는 변화할 것입니다. 썩을 몸이 썩지 않을 것을 입어야 하고, 죽을 몸이 죽지 않을 것을 입어야 합니다"(고전 15:52-53, 새번역).

무척 예민해지므로, 지금 생각 속에서 위아래, 좌우, 앞뒤로 빨리 움직이는 것처럼 그때는 어디든지 원하는 곳으로 신속하게 이동할 수 있을 것입니다. 그때에는 신학자의 말대로 모든 움직임이 똑같이 선한 것이 되리라 생각합니다.[256] 그러나 지금은 육체적으로 하늘에 올라갈 수 없고, 영적으로만 올라갈 수 있습니다. 이 움직임은 매우 영적이기 때문에 상하, 좌우, 전후로 움직이는 육체적인 움직임과는 전혀 관계가 없습니다.

영적 기도 실천, 특히 이 책에서 말하고 있는 관상(적) 기도에 전념하는 사람들은 이 운동이 육체적으로 하늘에 닿는 것이 아니며 한 장소에서 다른 장소로 이동하는 것과 같은 공간적인 움직임도 아니라는 사실에 유의해야 합니다. 비록 그것이 휴식이라고 불리기도 하지만, 다른 곳으로 이동하지 않고 한 장소에 멈추는 것의 의미로 생각해서는 안 됩니다. 이 기

---

256) 여기서 신학자란 스콜라 신학자를 말하는데, 이들은 영화된 육신(glorified body)에 신성한 성품에 참여(벧후 1:4) 민감하고 민첩하게 되며, 이 성품으로 인하여 육신은 영혼의 요구에 순종한다고 가르쳤다.

도의 완성은 본질적으로 순수하고 영적이기 때문에, 공간적인 움직임이나 장소와는 관계가 없다고 보는 것이 좋습니다.

그것을 공간적인 움직임이라기보다 갑작스러운 변화라고 부르는 것이 타당할 수도 있습니다.[257] 이 영적 기도를 할 때는 시간, 장소, 몸 등을 잊어야 합니다. 그러므로 이 기도를 할 때는 그리스도의 몸이 승천한 것을, 당신이 기도하는 동안에 육체적으로 상상력을 발휘하여 하늘 높이 올려보내는 본보기로 삼지 않도록 조심하십시오.[258] 영적으로 그것은 절대

---

257) 저자가 말하는바, 갑작스러운 변화(sudden change)란 동양 종교에서 말하는바 돈오(頓悟)의 상태를 말한다. 돈오란 기도 중에 **문득 깨달아지는 상태**를 말한다. 닛사의 그레고리는 그의 책 『모세의 생애』(은성출판사, 엄성옥 역, I, 5-10 참조)에서 영적 성장은 **점차 성장해 나가는 것**이라고 했다. 이를 돈오에 상반되는 점수(漸修)에 해당한다. 정통 기독교 영성 훈련에서는 "점차 성장"을 토대로 가르치지만, 기도가 뜨거워질 때, 하나님의 특별한 은총으로 "문득" 깨달음을 주신다. 이 "문득"은 하나님의 인간 구원의 계획 즉, 하나님의 경륜에 의해 주어진다. 다메섹 도상에서 사울이 경험했던 강력한 빛, 부활하신 예수를 **문득 경험**한 것이다(행 22:6-10 참조).

258) 저자는 이 책의 주제인 영적 기도 즉, 관상(적) 기도(contemplative prayer, cotemplatio)와 묵상(meditatio) 간의 차이를

불가능합니다. 당신이 그리스도처럼 육체적으로 하늘에 올라간다면 그것을 본보기로 삼을 수 있겠지만, 하나님 외에는 그렇게 할 수 있는 사람이 없습니다.[259] 주님은 "하늘에서 내려온 자 곧 인자 외에는 하늘에 올라간 자가 없느니라"[260]고 말씀하셨습니다. 있을 수 없는 일이지만 만일 우리의 몸이 승천할 수 있다면, 그것은 육체적으로 손을 내밀거나 상상력을 발휘하는 것과는 관계가 없으며, 오직 성령의 능력을 통해 이루어지는 풍성한 영적 역사 때문일 것입니다. 그러므로 그러한

강조하고 있다. 묵상은 개개의 상황이나 단어에 관해서 깊이 이해하는 정신적 과정이지만, 관상(적) 기도는 그러한 것들을 버려두고(let it be) 하나님께로 나아가는 기도를 말한다. 마치 모세가 백성들을 산 아래 있게 하고 홀로 하나님이 계시는 산을 오르는 것과 같다. 거기서 모세는 흑암 중에 계시는 하나님으로부터 계시를 받는다(출 19:7 이하 참조).

259) 기도 중에 잠시 공중 부양했다는 이야기를 듣기도 한다. 그러나 아무도 자신의 힘으로 하늘에 오를 수 없다. 마지막 날에 선택된 사람들만 예수 그리스도와 함께 아버지께로 올라갈 것이다.

260) "하늘에서 내려온 이 곧 인자 밖에는 하늘로 올라간 이가 없다"(요 3:13, 새번역).

망상에 관여하지 마십시오.

> 60　하늘나라로 가는 지름길은 길이로 측량되는 것이 아니라 갈망으로 측량된다.

　당신은 이 말이 옳으냐고 묻고 싶을 것입니다. 당신은 천국이 높은 곳에 있다는 분명한 증거가 있는 것처럼 생각할 것입니다. 왜냐하면 그리스도께서 육신으로 하늘에 올라가셔서 약속하신 성령을 보내셨을 때, 성령이 위로부터 가시적인 형태로 내려오는 것을 모든 제자가 보았기 때문입니다. 우리는 그렇게 믿습니다. 이처럼 분명한 증거를 가지고 있으므로, 당신은 기도할 때 육체적으로 정신을 하늘을 향해서는 안 되는 이유를 이해하지 못합니다.

　부족하지만 내 능력이 닿는 한 대답해 보겠습니다. 그리스도께서 육신으로 승천하시고 그 후에 성령이 눈에 보이는 형태로 내려오셨으므로 성령의 오심은 뒤에서, 앞에서, 옆에서, 아래로, 아래로부터가 아니라 "위로, 위로부터" 오시는 것이 적절했습니다. 그러나 무엇이 적합한지를 떠나서, 여행해야 할 거리를 고려해 볼 때 성령이 아래로 내려오시지 않고 위로 올라가실 필요가 없었습니다. 영적으로 천국은 위에서 볼 때나 밑에서 볼 때나, 앞에서나 뒤에서나 아주 가까이 있기 때문입니다. [261] 진심으로 천국에 가기를 원하는 사람은 그 순간에 이미 영적으로 천국에 가 있습니다. 천국으로 가는 지름길은 거리로 측량되는 것이 아니라 갈망으로 측정됩니다. [262] 그

---

261) 저자는 영적 기도를 할 때 영적인 상태에 따라 적절한 몸동작이 중요하다고 언급하고 있다. 우리는 "하늘에 계신 아버지"에게 기도한다. 보통 하늘이 위에 있다고 생각한다. 그러나 중력에 의해 발을 땅을 딛고 머리는 그 위에 있어서 그렇게 생각한다. 그러므로 정신이 하나님을 지향(指向)할 때, 몸동작으로 팔을 위로 들어 올리거나 눈을 들어 하늘을 쳐다보는 것이 지극히 당연할 뿐만 아니라, 영적 수련에도 도움이 된다. 20세기의 인도의 성자라 불리는 사두 선다 싱은 "천국에는 동서남북이 없고, 위아래도 없지만, 중심은 있다. 그 중심에 하나님이 계신다"(『사두 선다 싱 전집』 은성출판사, 엄성옥 역)라고 했다. 관상 기도에서 중요한 것은 **지리적인 방향**이 아니라 **하나님 지향**이 우선되어야 한다. 지리적 방향에 몰두할 때 자칫 "하나님 지향이 목적임"을 망각하기 쉽다는 점을 여기서 설명하고 있다.

262) "주님, 내가 진심으로 주님을 우러러봅니다. 주님의 종의 마음을 기쁨으로 가득 채워 주십시오"(시 86:4, 새번역); "하나님, 사슴이 시냇물 바닥에서 물을 찾아 헐떡이듯이, 내 영혼이 주님을 찾아 헐떡입니다"(시 42:1, 새번역); "하나님, 주님은 나의 하나님입니다.

래서 사도 바울은 자기 자신과 여러 사람에 대해서 몸은 세상에 거하지만, 시민권은 하늘에 있다고 말했습니다.[263] 이것은 그들의 영적 생명인 사랑과 갈망을 의미합니다. 영혼은 몸 안에 거하면서 몸에 의해서 살며, 몸에 생명을 주며, 어디든지 원하는 곳에 존재합니다.[264] 그러므로 우리가 영적으로 천국

내가 주님을 애타게 찾습니다. 물기 없는 땅, 메마르고 황폐한 땅에서 내 영혼이 주님을 찾아 목이 마르고, 이 몸도 주님을 애타게 그리워합니다"(시 63:1, 새번역). 하나님의 나라를 갈망하는 마음에 의해 "침노당한다"(마 11:12).

263) "그러나 우리의 시민권은 하늘에 있습니다. 그곳으로부터 우리는 구주로 오실 주 예수 그리스도를 기다리고 있습니다"(빌 3:20).

264) "내가 그들 안에 있고, 아버지께서 내 안에 계신 것은, 그들이 완전히 하나가 되게 하려는 것입니다. 그것은 또, 아버지께서 나를 보내셨다는 것과, 아버지께서 나를 사랑하신 것과 같이 그들도 사랑하셨다는 것을, 세상이 알게 하려는 것입니다"(요 17:23); "나는 그리스도와 함께 십자가에 못박혔습니다. 이제 살고 있는 것은 내가 아닙니다. 그리스도께서 내 안에서 살고 계십니다. 내가 지금 육신 안에서 살고 있는 삶은, 나를 사랑하셔서 나를 위하여 자기 몸을 내어주신 하나님의 아들을 믿는 믿음 안에서 살아가는 것입니다"(갈 2:20).

에 가기를 원한다면 위로 갈 것인가 아래로 갈 것인가, 또는 옆으로 갈 것인가 등의 문제로 자신의 영혼을 괴롭힐 필요가 없습니다.[265]

---

[265] 영혼은 죽을 때까지 몸 안에 있다. 그러나 지극한 사랑에 몰입할 때 잠시 몸을 떠나기도 한다: "나는 그리스도를 믿는 사람 하나를 알고 있습니다. 그는 십사 년 전에 셋째 하늘에까지 이끌려 올라갔습니다. 그 때에 그가 몸 안에 있었는지 몸 밖에 있었는지, 나는 알지 못하지만, 하나님께서는 아십니다"(고후 12:2, 새번역).

| 61 | 육적인 것은 영적인 것에 종속된다. 육적인 것이 영적인 것을 따르는 것이 자연의 질서이며, 그 반대는 성립되지 않는다.

    그런데도 우리는 별이 반짝이는 하늘을 바라보듯이 위를 바라보고 손을 들어야 할 필요가 있습니다. 우리의 영이 감동할 때 그렇게 해야 합니다. 그렇지 않을 때는 그렇게 행동할 필요가 없습니다. 모든 유형적인 것은 영적인 것에 종속되고 그 지배를 받으며, 그 반대는 성립되지 않습니다.
    주님의 승천에서 그 예를 찾아볼 수 있습니다. 주님이 한 번도 신성으로부터 분리되지 않았고 분리될 수도 없는 인성

안에서[266] 육체적으로 아버지께 가야 할 시간이 되었을 때,[267] 몸과 인성은 하나님의 성령의 능력을 통해서 위로 올라가셨습니다. 주님은 눈에 보이는 모습으로 위로 올라가셨습니다.

이 책에서 설명하는 영적 기도를 실천하는 사람은 경험으

---

266) 저자는 여기서 칼케톤 공의회에서 결정된 신조를 언급하고 있다: "우리는 거룩한 교부들을 따라, 모두가 일치하여 하나님의 아들이시고 우리 주님이신 동일하신 한 분 예수 그리스도를 가르쳐 고백하게 한다. 그는 …한 분이시요 동일하신 그리스도요, 아들이시며, 주님이시요, 독생하신 자는, 양성(兩性)에 있어서 혼돈되지 않고, 변하지 않고, 나누어지지 않고, 분리되지 않음을 인정받으며, 성품의 구별이 연합으로 인해 결코 없어지지 않고, 오히려 각 성품의 특성이 보존되고, 하나의 인격과 하나의 실재로 작용한다. 그는 두 인격으로 갈라지거나 나누어지지 않고, 한 분이시고 동일하신 아들이시고, 하나님 말씀이시며, 독생자이신 주 예수 그리스도이시다. …"

267) "유월절 전에 예수께서는, 자기가 이 세상을 떠나서 아버지께로 가야 할 때가 된 것을 아시고, 세상에 있는 자기의 사람들을 사랑하시되, 끝까지 사랑하셨다. 저녁을 먹을 때에, 악마가 이미 시몬 가룟의 아들 유다의 마음 속에 예수를 팔아 넘길 생각을 불어넣었다. 예수께서는, 아버지께서 모든 것을 자기 손에 맡기신 것과 자기가 하나님께로부터 왔다가 하나님께로 돌아간다는 것을 아시고"(요 13:1-3).

로 몸이 영에 종속된다는 것을 이해할 수 있습니다. 영혼이 효과적으로 이 기도를 실천하려는 마음을 품으면, 그 마음을 품기 전에는 편안하게 한 편으로 기대어 있던 몸의 자세가 의식하지 못하는 사이에 즉각적으로 영의 힘으로 바르게 됩니다. 그리하여 몸은 영의 작업을 모방하고 따르게 되는데, 그것은 영적으로 이루어지는 일로서 지극히 합당한 일입니다.

하나님이 지으신 것 중에 육체적으로 가장 매력적인 피조물인 인간이 다른 동물들처럼 땅을 내려다보지 않고 똑바로 서서 하늘을 바라보도록 지음을 받은 것은 그 때문입니다.[268] 그것은 그가 육체의 모습 안에 영혼의 영적인 작업—그것은 영적으로 굽지 않고 곧아야 합니다—을 나타내야 하기 때문입니다. 여기서 내가 "육체적으로"라고 말하지 않고 "영적으로"라고 말한 것에 유의하십시오. 본래 육체적인 성품을 소유하지 않은 영혼이 어떻게 육체적으로 똑바른 자세를 취할 수

---

268) "그렇다. 다만 내가 깨달은 것은 이것이다. 하나님은 우리 사람을 평범하고 단순하게 만드셨지만, 우리가 우리 자신을 복잡하게 만들어 버렸다는 것이다"(전 7:29, 새번역).

있겠습니까? 그것은 불가능한 일입니다. 그러므로 비록 "위로 아래로, 안으로 바깥으로, 뒤로 앞으로, 이쪽으로 저쪽으로" 등의 표현을 사용했다 하더라도, 영적인 것을 육체적으로 해석하지 않도록 조심하십시오. 우리의 말은 혀를 사용하여 이루어지는 육체적인 활동이므로, 영적인 것을 말할 때는 육체적인 비유를 사용해야 합니다. 그렇다고 해서 그것을 육체적으로 해석하고 이해해야 할까요? 그렇지 않습니다. 그것은 영적으로 해석되어야 합니다.

62

영적 활동이 자신의 외부나 밑에 있는 것에 관련되어 있는지, 자기 내면에 있으며 자신과 동등한 것과 관련된 것인지, 아니면 자기보다 위에 있으며 하나님보다는 밑에 있는 것에 관련되어 있는지를 아는 방법

문자적으로는 물질적인 의미를 가진 단어를 영적으로 이해하는 방법을 파악하는 데 도움을 주기 위해서, 영적 활동에 관한 몇 가지 단어의 영적 의미를 설명하겠습니다. 그리하면 영적 활동이 당신 자신보다 저급한 것이나 외부에 있는 것과 관련되어 있을 때, 당신의 내면에 있으며 당신과 대등한 것과 관련되어 있을 때, 그리고 당신보다 높은 곳에 있으며 하나님보다는 낮은 곳에 있는 것과 관련되어 있을 때를 분명하고 확실하게 알 수 있을 것입니다.

모든 물질적인 사물은 당신의 외부에 존재하며, 따라서 당신보다 저급한 것입니다. 태양과 달과 별은 비록 당신의 몸보다 높은 곳에 있지만, 당신의 영혼 밑에 있습니다.

은혜로 말미암아 새롭게 되고 덕을 소유하고 있어 당신보다 깨끗한 천사들과 성인들도 본래 당신과 동등한 존재에 불

과합니다.[269)]

당신의 내면에는 본성적인 영혼의 능력이 있습니다. 그중 주된 세 가지는 정신(mind)과 이성(reason)과 의지(will)이며,[270)]

---

269) 인간은 "본래"(in nature) 천사들과 동등하다. 여기서 "본래"란 타락 전의 인간 상태를 말하는데, 이것을 "자연"으로 번역하곤 한다. 자연이란 "피조된 본디 목적으로 있는 자연 상태"를 말한다. 이 책에서 말하는바 관상적 수련으로 정화, 조명, **합일을 이루어 완전함에 이른 상태**의 인간을 말한다: "그러므로 하늘에 계신 너희 아버지께서 완전하신 것 같이, 너희도 완전하여라"(마 5:48, 새번역).

270) 『필로칼리아』의 교부들은 영혼의 세 가지 능력을 갈망하는 **능력**(concupiscible, 또는 desire), 분개하는 **능력**(irascible), 이성(reason)의 능력으로 구분했다. 감각적으로 즐거움(快)을 주는 것을 취하고자 갈망할 것이며, 이에 반대되는 것(苦)은 분노하고 밀쳐낼 것이다. 인간의 쾌고(快苦)의 감정을 정념이라고 부른다. 문제는 인간의 정감을 느끼는 기능은 원죄(原罪)로 인하여 고장이 났고, 그로 인하여 그 대상을 잘못 취하여 오용하거나 남용하거나 사욕편정(邪慾偏情) 하기 쉽다. 이성이 이것을 막는 역할을 한다. 이것이 초대 동방교회의 수도사들의 견해이다.
이와는 달리 무지의 구름의 저자는 정신, 이성, 의지를 세 가지 기능으로 보았다. 인간의 세 가지 근원적 능력을 어떤 단어로 설명하든지 간에 그것은 인간의 **근원적인 능력**(principal power)을 의미한다. 그런데 이 근원적인 능력은 **상상력**(생각들)과 감각을 수반한다고 그에 수반되는 것은 상상력과 감각입니다.

본질로 인간보다 높은 것은 하나님뿐입니다.[271)]

영적인 맥락에서 "당신 자신"이라는 단어는 당신의 몸이 아니라 "영혼"을 의미합니다. 당신이 행하는 일의 본질과 가

했다. 근원적인 능력은 정감(情感, affection)에 작용하는데, 정감은 그 대상에 사랑의 느끼게(feeling) 함으로써 그쪽으로 마음을 기울게 만든다. 여기서 **수반(隨伴)**이란 예를 들면 왕이 출타할 때 대신들을 데리고 다니는 것을 말한다. 그런데 신하가 왕을 데리고 다닐 때는 매우 심각하다.

우리의 정신 상태가 이렇지 않은지 살펴봐야 할 것이다. 우리의 생각(상상력)과 감각적 자극에 따라다니고 있지 않은가? 저자는 이 장에서 이렇게 전도(顚倒)된 상황에 관해 언급하고 있다.

271) 아타나시우스 신경(Athanasian Creed)에 근거를 두고 있다. 초대 교부들이 작정한 신조로서, 서방교회에서 보편적으로 사용되던 삼위일체론과 성육신론에 중점을 둔 신조를 말한다. 첫 문장이 *Quicumque vult*(라틴어, 누구든지 구원되기를 원하는 사람은 …)로 시작된다고 해서 『퀴쿰케 신경』이라고도 하며, 중세 이후에 아타나시우스 신경이라고 불린다.

우리는 생각(상상력)과 감정이 우리의 주인이 아니고, 지극히 높으시며 왕이신 하나님을 추종(追從)해야 한다. 하나님보다 더 높으신 분(except God alone)이 없기 때문이다.

치는 당신의 영혼의 능력들이 발휘되는 대상의 본질, 즉 그 대상이 당신보다 낮은 곳에 있는 것인지, 당신의 내면에 있는 것인지, 아니면 당신보다 고귀한 것인지에 따라서 판단되어야 합니다.

63 일반적으로 영혼의 능력에 관해서: 특히, 정신은 그 자체로 다른 능력을 포함하고 그들의 모든 활동을 포함하고 있는 주요한 능력이다.

정신은 원래 매우 큰 능력이므로 어떤 의미에서 보면 그 자체로는 절대 작용하지 않는다고 말할 수도 있습니다.[272] 그러나 이성과 의지는 작용 능력이며 상상과 이해도 그렇습니다. 정신은 이 모든 네 가지 힘과 그들의 활동을 그 안에 포함하고 이해합니다.[273] 이 상상이 그 자체의 작용이 아니라면

---

272) 앞 장에서 영혼의 능력을 다섯 가지를 언급했다. 그중 정신, 이성, 의지를 **근원적 능력**(principal power)이라고 하며, 상상력과 감각을 **부수적 능력**이라고 했다. 이 다섯 기능이 통합하여 작용하는 것을 **영혼의 능력**이라고 한다.

저자는 근원적 능력 중 정신(mind)은 나머지 네 개의 기능을 가지고 있다. 그러므로 "정신 홀로(itself) '작용하지 않는다'라고 말할 수도 있다"라고 했다. 왜냐하면 정신 안에 있는 네 개의 기능 중 하나라도 작용하지 않으면 정신이 바르게 작용하지 않기 때문이다.

273) 정화된 영혼(또는, 무정념의 영혼)은 하나님이 임재해 계

마음은 어떤 식으로든 작용한다고 말할 수 없습니다. 나는 영혼의 능력 중 일부는 **주요 능력**이며, 어떤 것은 **부수적 능력**(the secondary)이라고 말하는데, 그것은 영혼이 나누어질 수 있기 때문이 아니라, 그 능력의 대상이 각기 다르기 때문입니다.274) 그 대상이 모두 영적인 것으로서 주된 것과 물질로서 부수적인 것이 있습니다. 중요한 작용 능력 중 이성과

시는 성소(聖所)이다. 이 성소는 앞에서 언급한 영혼의 세 개 기능으로 구성되어 있다. 이것들을 중세 서방교회 신비전통에서 궁방(mansions)이라고 불렀다(아빌라의 테레사의 『영혼의 성』 참조). 저자에 의하면 영혼은 세 개의 궁방으로 이루어지고, (이 중에 앞 주석에서 설명한바 정신을 제외한 두 개의 능력) 이성과 의지가 작용하며, 정신을 무정념에 이르게 하고, 궁극에 가서는 지성(intelligence)을 신화(deification)하고 하나님과 연합을 이루게 한다. 물론 이 과정에서 하나님의 은혜가 주도하지만, 인간은 이 은혜의 역사에 협동한다. 이 연합의 정점은 사랑(affection, eros)이며, 이 사랑을 헬라 교부들은 무정념과 동의어로 사용한다(『거룩한 등정의 사다리』, 29~30번째 계단 참조).

274) "영혼은 질료를 가지고 있지 않다. 단지 그 대상의 형상을 취하므로, 영혼은 '영적 형상'(*forma spiritualis*)일 수밖에 없다"(『신학대전 요약』, 토마스 아퀴나스, 가톨릭대학부출판사, 제1부 제75문 5. 95쪽 참조).

의지는 영적인 것에 작용할 때는 부수적인 능력의 도움을 받지 않고 완전히 별도로 작용합니다.

물질적인 대상과 관련해서 작용할 때 동물처럼 상상과 이해는 몸의 감각이 도움을 받아 작용합니다. 그런데 이성과 의지의 도움이 없이 부차적인 두 가지 능력만으로 유형적 피조물의 존재 양식이나 행동의 원천을 알 수 없습니다. 그래서 이성과 의지를 **주요 능력**이라고 부르는 까닭입니다. 이 두 능력이 활동하는 무대는 물질이 아니라 영적인 것입니다. 상상과 이해는 육신의 도구, 즉 오감을 사용하여 육신 안에서 활동하기 때문에 **부수적 능력**이라고 불립니다.

정신 자체로 있는 정신은 다른 모든 능력뿐만 아니라 그 능력이 작용하는 모든 대상을 영적으로 포함하고 있다고 해서 **주요 능력**이라고 불립니다. 이제 그것을 설명하겠습니다.

64 주요한 능력인 이성과 의지, 그리고 원죄 전후 그것들의 활동

우리는 이성에 의해서 선한 것과 악한 것, 나쁜 것과 더 나쁜 것, 선한 것과 더 선한 것, 악한 것과 가장 악한 것, 좋은 것과 가장 좋은 것을 구분할 수 있습니다. 인간이 죄를 짓기 전에 이성은 자연스럽게(naturally)[275] 이 모든 일을 할 수 있었습니다. 그러나 원죄로 말미암아 이성의 눈이 멀었기 때문에 은혜로 말미암아 밝아질 때만 이 일을 할 수 있습니다.[276] 이성과 그 대상은 정신 안에 포함되고 그 안에서 인지됩니다.

---

275) 아담이 죄를 짓기 전에(창 3장 참조), 즉 인간의 조상이 실낙원 전의 상태를 자연(nature), 또는 자연적으로(naturally)라고 한다.

276) 조명(照明)하시는 하나님의 특별한 은혜를 말한다. 천사든 아담이든 창조 이후 하나님의 도움이 없이 되는 일을 없다는 것을 저자는 강조하고 있다.

의지는 이성에 의해 확인된 선을 선택할 때 발휘되는 능력입니다. 우리는 의지를 통해서 하나님을 사랑하고 바라며, 마침내 완전한 동의와 흡족함 안에서 하나님 안에 안식하게 됩니다.[277] 인간이 범죄하기 전에 의지는 사물의 참된 가치를 이해하는 능력이 있었으므로 무엇을 선택하는 일이나 사랑하는 데 있어서, 그리고 어떤 일을 하는 데 있어서 미혹되는 일이 없었습니다. 그러나 이제는 은혜로 말미암아 힘을 얻어야만 그 일을 할 수 있습니다. 의지는 원죄에 물들었기 때문에, 겉으로는 선한 것처럼 보이지만 실제로는 악한 것을 선한 것으로 여겨 받아들이기도 합니다. 정신은 본질로 의지와 의지의 대상을 포함하며 인지합니다.

---

277) "당신은 우리를 당신을 향해서 살도록 창조하셨으므로 우리 마음이 당신 안에서 안식할 때까지는 평안하지 않습니다"(『고백록』, 어거스틴).

65 부수적 능력인 상상에 관해서; 원죄 전후의 작용과 이성에의 복종

상상력이란 존재하는 사물이나 존재하지 않는 사물의 상(像, images)을 만들어 낼 때 사용하는 능력입니다.[278] 상상

---

278) 여기서 "상"을 형상(image, 창 1:26)이라고도 한다. 이미지를 한자로 주로 "像"을 쓰지만, 동양 종교에서는 "相"을 쓴다.
 서방기독교에서는 의도적으로 **상상력을 이용하는 묵상법**을 사용한다. 대표로 16세기의 로욜라의 이냐시오가 쓴 『영신수련』(*Spiritual Exercise*)에서 상상력을 이용하여 "그때 거기"에서 일어났던 사건에 들어가서 주님과 담화하는 방법을 제안한다. 그리고 청교도 리처드 백스터(Richard Baxter, 1615~1691) 역시 상상력으로 말씀을 "여기 지금"의 사건으로 만들어서 읽는 묵상 방법을 제안한다. 영성신학 용어로 이러한 묵상법을 **긍정의 길**(*via positiva*)이라고 한다.
 이와 반대로 동방기독교에서는 인간의 **상상력을 의심한다**. 원죄 이후 인간의 상상력이나 이성이 고장이 났으므로 신용할 바가 아니고 오히려 상상력을 부인하는 태도를 취한다. 그들은 상상력을 이용하는 기도를 강조하지 않거나, 상상으로 인해 오는 어떤 상에 대해서 일단 의심하고 영적 지도자의 지도를 받는다. 대부분의 동방기독교 지도자

력 자체, 그리고 그것이 만들어 내는 상은 정신 안에 포함됩니다. 아담이 범죄하기 전에 상상력은 마치 종처럼 이성에게 순종했기 때문에, 눈에 보이는 피조물에 대한 **보기 흉한 상**이나 영적 피조물에 대한 **공상적인 상**을 이성에게 제시하지 않았습니다. 그러나 지금은 그렇지 않습니다.[279] 은혜의 조명을 받아 이성 안에서 억제되지 않으면, 우리가 깨어 있을 때나

들은 정신이 상상으로 인한 어떤 상을 대상으로 삼지 말라고 가르친다. 이 책의 저자는 상상력으로 인해 어떤 상이 정신 앞에 나타날 때마다 그것을 "버려두고" 하나님을 향해 나아가는 기도 방법을 가르치고 있다. 이러한 묵상법이 바로 **부정의 길**(*via negativa*)이라고 한다. 내 생각으로는 긍정과 부정의 길이 조화를 이룰 때가 건전한 영적 기도가 된다. 왜냐하면 어떤 것을 부인하더라도 먼저 부정할 것(긍정의 길에서 얻은 것)이 있어야 할 게 아닌가?

279) "여자가 그 나무를 본즉 **먹음직도** 하고 **보암직도** 하고 지혜롭게 할 만큼 **탐스럽기도** 한 나무인지라 여자가 그 열매를 따먹고 자기와 함께 있는 남편에게도 주매 그도 먹은지라"(창 3:6). 뱀은 사탄의 상징이다. 사탄은 인간 정신을 교란하고 속이는 역할을 한다. 여자가 사과를 실체(實體, the real)가 아니라 왜곡된 상(相)으로 사과를 인식하게 함으로써, 유혹에 빠지게 했다. 이것을 사도 요한은 "육신의 정욕과 안목의 정욕과 이생의 자랑"(요일 2:16)이라고 했다.

잠잘 때나 상상력은 쉬지 않고 유형적 피조물에 대한 여러 가지 보기 흉한 영상이나 환상적인 모습을 제공합니다. 영적인 것을 유형적으로 나타내거나 육적인 것을 영적인 것으로 나타내기도 하는데, 그것들은 항상 거짓되고 기만적이며 오류가 섞여 있습니다.[280]

이렇게 상상력이 이성에 순종하지 않는 현상은 갓 회심하여 세상을 버리고 헌신의 삶을 사는 사람이 기도할 때 분명히 나타납니다. 그의 상상력이 은혜의 조명을 받아 이성 안에서 크게 통제되지 않는다면 영적인 일에, 즉 자신의 비참한 상태나 주님의 인성과 수난 등을 계속해서 묵상할 때, 그는 여러

---

[280] 정념에 물든 정신은 정신의 대상을 왜곡한다. 특히 상상력을 활용하는 정신적 활동은 **망상**을 낳는다. 망상(πλάνη; illusion)을 미망(迷妄)이라고도 하는데, 정신이 잘못되어 방황하는 것, 정도(正道)에서 벗어난 것을 의미한다. 이와 관련하여 잘못된 생각, 현혹됨, 덧없는 것을 진리로 여기는 것 등을 의미하기도 한다. 창세기에서 망상의 상태를 이렇게 표현하고 있다: "뱀이 나를 꾀므로 내가 먹었나이다"(창 3:12). 이러한 망상의 상태에서 벗어나기 위해서 이미 내면에 형성된 기억과 태도, 그리고 목적이 아닌 엉뚱한 데로 기울어진 마음을 바로잡아야 한다. 이렇게 거짓되고 사악한 오류를 바로잡는 과정을 **정화의 영역**에서 일어나는 **회심**(μετάνοια)이다.

생각들과 공상,[281] 그리고 상상력의 조명과 호기심 때문에 정신에 새겨진 여러 가지 심상을 제거할 수 없습니다. 이러한 불순종은 원죄로 말미암은 고통스러운 결과입니다.

---

281) 여기서 생각들(thoughts)이란 과거의 경험들이 기억으로 형성된 것을 말한다. 이것을 **선입견**(πρόληψις; prepossession)이라고 하는데, 선입견에 따라 "여기 지금" 정신의 대상을 이해하고 해석하게 한다. 만일 잘못 형성된 생각들(기억)은 정신의 대상을 잘못 인지(認知)하게 만든다. 이러한 악순환의 고리를 끊기 위해서는 "자기를 부인하는 고통의 과정", 또는 "십자가의 죽음"(마 16:24 참조)을 겪어야 한다. 이러한 과정을 기획적인 기도 방법 즉, 이 책에서 말하는 **관상적 기도의 실천이다.**

66 감각이라고 불리는 능력; 원죄 이전의 활동 및 의지에의 순종

감각이란 육체의 오감 안에서 활동하는 영혼의 능력입니다.[282] 우리는 감각을 통해서 형태를 가진 모든 피조물이 우리 마음에 드는지 안 드는지 아닌지를 알고 경험합니다. 그것은 두 가지 기능을 가지고 있습니다. 하나는 **육체적 욕구를 위한 기능**이고, 나머지 하나는 **감각적 즐거움에 기여하는 기능**입니다. 우리 몸에 필요한 것이 부족할 때 불평하며, 몸에 필요한 것을 추구할 때 즐거움을 충족시키는 데 필요한 것 이

---

282) 육체의 다섯 감관을 근(根), 감각의 대상을 경(境), 감각하는 능력을 식(識)이라고 한다. 눈은 색을 시각으로, 귀는 소리를 청각으로, 코는 냄새를 후각으로, 혀는 맛을 미각으로, 피부는 피부에 닿는 것을 촉각으로 감지(感知)한다. 이렇게 감지한 것을 통합하여, 이미 체험했던 기억을 회상(回想)하여 "그것이 무엇이다"라고 의식(意識)한다. 이것이 의식의 과정이다. 이렇게 영혼이 알아차리는 능력을 **영혼의 능력**(power of the soul), 또는 **지능**(知能)이라고 한다.

상을 취하라고 충동하는 것이 바로 이것입니다. 감각적 능력은 마음에 드는 사물을 박탈당했을 때 불평하며, 그러한 사물을 소유하고 있을 때 크게 기뻐합니다. 감각은 우리를 불쾌하게 하는 것이 있으면 괴롭고, 없으면 기뻐합니다.[283] 이 능력과 작용 대상은 정신에 속합니다.

인간이 범죄하기 전, 감각은 의지에 종처럼 순종했습니다. 따라서 육체적인 피조물에 대한 무절제한 혐오감이나 호감, 또는 영적인 원수가 육신의 오감 안에서 유도한 날조된 영적 즐거움이나 고통 등을 의지에 제공한 적이 없습니다. 그러나 지금은 그렇지 않습니다. 그것은 은혜로 말미암아 의지 안에서 통제되어 원죄의 고통―이것은 육신에 필요한 것의 부재, 또는 영에 유익하지만 불쾌한 것의 존재 안에서 경험됩니다

---

283) 이렇게 의식한 것이 마음의 즐거움을 주는 것과 괴로움을 주는 것으로 분별한다. 분별의 결과 즐거움을 주는 것은 취(取)하려 하고, 괴로움을 주는 것은 증오하고 버린다(捨). 취하려는 정신 작용을 **탐**(desire, 貪), 증오하는 정신 작용을 **분개**(irascible, 또는 **진**[瞋])라고 한다. 원죄 이후 이성이 마비되어 **분별 기준이 전도**(顚倒)된 사람은 일시적이며 고통의 세상과 세상의 것을 **탐**(貪)할 것이며, 하나님의 나라와 하나님의 일(또는 聖務[Opus Dei])을 멀리하고 버릴 것이다.

―을 온유하게 받아들여야 합니다. 그리고 육신에 필요하고 즐거움을 주는 것을 정욕적으로 찾아다니거나, 영적으로 유익하지만 불쾌한 것이 부재할 때 지나치게 좋아하는 것을 억제할 수 있어야 합니다. 그렇지 않으면 마치 돼지가 진흙 속에서 뒹굴듯이, 그것은 자체의 비참하고 분방함, 이 세상과 더러운 육체의 쾌락 속에서 뒹굴 것입니다.[284] 그 결과 우리의 삶 전체는 인간적이고 영적인 삶이 되지 못하고 동물적이고 육욕적인 삶이 됩니다.

---

284) "다음과 같은 속담이 그들에게 사실로 들어맞았습니다. '개는 자기가 토한 것을 도로 먹는다.' 그리고 '돼지는 몸을 씻고 나서, 다시 진창에 뒹군다.'"(벧후 2:22, 새번역).

67 영혼의 여러 가지 능력과 그 활동하는 방법을 알지 못하면, 영적인 말과 행동을 이해하는 데서 미혹되기 쉽다; 영혼은 은혜로 말미암아 하나님처럼 된다.

이제 원죄 때문에 우리가 얼마나 불쌍한 상태가 되었는지 알 수 있을 것입니다. 우리는 장님처럼 되었고, 영적인 말과 행동을 이해할 때 쉽게 미혹됩니다. 특히 영혼이 지닌 여러 능력과 그 작용하는 방법을 모르는 사람들이 그렇습니다.

궁극적으로 선하다고 생각되는 물질이라도, 우리의 정신이 그것에 취착(取著)하면 우리는 자신보다 열등한 상태, 즉 자신의 외부에 머물게 됩니다. 그리고 우리의 정신이 복잡하게 얽혀 있는 영혼의 능력과 그 능력이 영적인 일—우리 자신이나 본질상 우리와 동등한 영적 피조물의 덕과 악—을 다루는 데 몰두한다면, 그리고 이러한 활동으로 우리 자신에 대해서 배우고 완전함을 이루는 것을 목표로 삼는다면, 우리는 자기 내면에 머물며 자신과 동등하게 됩니다.[285] 그러나 우리의 정신이 물질적이나 영적이나 피조된 것에 몰두하지 않고 오직 하나님의 본질에 몰두한다면(이것은 이 책에 기술된 수련으로 가능하다), 우리는 자신보다 위에, 하나님보다는 아래에 있게 됩니다.

본성적으로 불가능한 일을 은혜에 의해서 이루려고 노력하기 때문에, 우리는 자신 위에 있습니다. 다시 말해서 우리는 영과 사랑과 의지가 하나됨으로써 하나님과 하나가 됩니다. 이때 하나님과 우리는 영적으로 둘이 아닌 하나라고 말할 수 있습니다. 이 활동의 완성을 경험하는 사람은 "이 하나 됨 때문에, 그리고 거룩한 성경의 증거에 의해서 하나의 하나님이

---

285) 노리지의 줄리안은 그의 책 『하나님 사랑의 계시』(은성출판사, 엄성옥 역)에서 "나는 우리 영혼이 자기보다 아래 있는 것 안에서는 결코 안식할 수 없다는 것을 이해했습니다. 영혼이 모든 피조물을 넘어서 자신에게로 들어가도 자신을 관상하면서 안식할 수 없지만, 그 안에 거하시는 창조주 하나님에게 주의를 집중합니다. 하나님의 참된 거처는 인간의 영혼 안에 있습니다"(제68장)라고 했다.

라고 불릴 수 있습니다."[286] 그런데도 우리는 여전히 하나님 아래 있습니다. 하나님은 본래 시작이 없으신 분입니다. 그러나 우리는 **본질로 무**(無)였던 때가 있었으며, 하나님의 능력과 사랑에 의해 존재하게 된 후에도 죄로 인해 자신을 무의 상태보다 더 못하게 만들었습니다. 우리가 은혜 안에서 하나님처럼 되고 이 세상에서나 천국의 행복 안에서 하나님과 영적으로 연합된 것은 우리에게 공로가 있어서가 아니라 하나님의 자비하심 때문입니다.

이제 영혼의 능력과 그 작용에 관해서 알지 못하는 사람은 영적인 의미를 지닌 말을 잘못 이해할 수 있음을 알 수 있을 것입니다. 그리고 할 수만 있으면 우리의 소원을 하나님께 나타내기보다는 어린아이처럼 감추라고 말한 이유도 알 수 있을 것입니다. 영적인 의미를 지닌 말을 육체적으로 이해하게 될까 두려워 그렇게 말하는 것입니다.

---

[286] "그들을 나에게 주신 내 아버지는 만유보다도 더 크시다. 아무도 아버지의 손에서 그들을 빼앗아 가지 못한다. 나와 아버지는 하나이다"(요 10:29-30, 새번역).

68

육체의 감각으로 볼 때는 어느 곳에도 존재하지 않지만, 영성으로는 어디든 존재한다. 우리의 표면적 본성은 이 책에서 기술한 수행을 고려하지 않는다.

당신의 모든 능력과 기능을 내면에 모아들여 그곳에서 하나님을 예배하라고 말해 주는 사람이 있을 것입니다.[287] 이

---

287) "내면에 모아들이다"라는 의미는 "흩어져 있는 영혼의 기능을 집중하는 것"을 의미하며, 또 하나는 "기억의 조각들을 하나의 생각에다 모으는 것"을 의미한다. 아빌라의 테레사는 그녀의 책 『영혼의 성』에서 흩어진 생각들을 하나의 대상에 집중하는 것을 "거둠의 기도"(recollective prayer)라고 하면서, 인간의 노력이 필요한 "능동적 거둠의 기도"를 제3 궁방에서, 저절로 이루어지는 "수동적 거둠의 기도"는 제4 궁방에서 이루어진다고 설명했다.
어거스틴은 『고백록』(바오로딸, 최민순 역. 제10권 11번. 405쪽)에서 "…결국 기억이 뒤죽박죽 지니고 있던 저각들을 생각으로 거두는 일이고, 먼저는 흩어진 채, 버려진 채 기억 안에 숨어 있던 것을 이제는 주의를 다해 손 위에 놓듯 되새기고, 이럼으로써 우리 정신에 절로 어엿하게 나타나게 하는 그것일 것입니다"라고 했다. 그리고 "영혼이 기억이라는 것입니다"(14번. 409쪽)라고 했다. 그러므로 영혼 안에 기억이 하나의 대상에 거두어들이면, 바로 그곳이 하나님을

러한 충고는 참되고 좋은 것으로서 제대로만 이해한다면 그 이상 좋은 것이 없겠지만, 자칫 이 말을 육적인 의미로 이해하면 미혹될 수 있으므로 나는 이러한 충고를 그리 좋아하지 않습니다. 나의 이 말은 당신의 안이라는 뜻이 아니라는 것입니다. 간단히 표현하자면 당신은 자신의 외부에도 있지 말고, 자신의 위에도 있지 말고, 뒤에도 있지 말고, 왼편이나 오른편에도 있지 마십시오.

"그러면 나는 어디에 있어야 합니까? 그 말대로 하면 내가 있어야 할 곳이 아무 데도 없지 않습니까?"라고 당신은 말할 것입니다. 당신의 말이 옳습니다. 왜냐하면 내가 원하는 것은 바로 당신이 아무 데도 있지 않은 것이기 때문입니다. 지리적으로 어느 곳에도 머물지 않은 것이 영적으로는 모든 곳에 존재합니다. 그러므로 당신의 영적 기도가 지리적인 어떤 곳에 머물지 않도록 조심하십시오. 당신이 육신으로 거하는 곳에 당신의 몸이 존재하는 것처럼, 당신은 정신 안에서 추구하는

예배하는 성소라고 할 수 있겠다.

대상이 있는 곳에 영적으로 존재합니다.[288] 육신의 기능은 당신이 행하고 있는 것이 아무것도 아니라고 생각해서 거기서 의지할 것을 발견하지 못하지만, 하나님을 향한 사랑으로 그 아무것도 아닌 일을 계속하십시오. 인간이 알 수 없는 분이신 하나님을 소유하려는 뜨거운 갈망과 의지를 가지고서, 그 아무것도 아닌 일을 포기하지 말고 열심히 계속하십시오.[289] 군주가 자신이 원할 때면 어디든지 가며 소유한 것을 즐기는 것처럼 나는 유한한 것에 참여하기보다는 차라리 이 완전한 무(無)와 씨름하면서 육신적으로 어느 곳에도 존재하지 않는 편을 택하겠습니다.

모든 장소(everywhere)와 모든 사물(everything)을 버리고 무소

---

[288] 정신(마음)은 대상이 있을 때 작용한다. 다른 말로 하자면, 정신의 대상이 있는 곳에 정신이 머문다. 우리가 육신을 대상으로 취할 때, 정신도 무상한 것과 함께하며, 정신이 영적인 것을 대상으로 삼을 때, 정신 또한 영적인 것에 머물게 된다.

[289] "알 수 없는 분"이란 그에 관한 충만한 지식에 관한 말이다. 그분은 이해할 수 없으며, 헤아릴 수조차 없으며, 무한하신 분으로서 하늘에서나 뵐 수 있는 분이시다.

(無所, nowhere)290)와 무(無, nothing, 無)로 교체하십시오. 감각으로 이 무(無)를 이해하지 못해도 염려하지 마십시오. 나는 그 때문에 그것을 더 좋아합니다. 그것은 본래 아주 귀한 것이기 때문에 육체의 오감으로는 결코 이해할 수 없습니다. 이 무(無)는 눈으로 보는 것이 아니라 감지(感知)하는 것입니다. 이 과정을 막 시도한 사람에게는 어둡고 흐릿하게 보입니다.291) 더욱 정확하게 말하자면 영혼이 무를 경험할 때 눈이 머는 것

---

290) 무소(無所, nowhere)란 "있음(有)이 아예 없는 곳"을 말한다. "무소란 … 어떤 고정된 것이 없는 상태를 의미한다. 인간이 태어나기 전의 상태로, 어떠한 감정, 욕심, 생각 등이 존재하지 않는 깨끗한 상태를 의미한다. 이 깨끗한 상태에서 비로소 모든 것들이 그 의미를 갖게 되며, 이를 통해 진리의 경지를 이루게 된다는 것이다. 무소는 인간의 본래 모습이라는 명언에서도 나타나듯, 우리는 이러한 상태에서 벗어나서 많은 욕심과 생각으로 마음을 복잡하게 만들어가고 있다. 그러나 이를 바꿀 수 있는 것은 바로 무소라는 상태에 도달하는 것이다. 무소는 … 인간의 진정한 본질을 찾기 위한 길이라고 할 수 있다"(네이버: 무소[無所]에 대한 3가지 명언[3 Quotes on MuSo]. 작성자 블로그 incyclopedia).

291) 이 기도를 처음 시작할 때의 현상을 말하고 있다. 처음에는 지성이 짙고 두꺼운 구름으로 둘러싸여서 어둡고 흐릿하다.

은 물리적인 빛의 부족이나 어둠 때문이 아니라 영적인 빛이 풍부하기 때문입니다.[292] 누가 그것을 무(無)라고 부르는 것일까요? 분명 속사람이 아니라 겉사람일 것입니다. 속사람은 개개의 사물에 대한 특별한 지식이 없이도 육적인 것이나 영적인 모든 것을 이해할 수 있는 가르침을 받으므로 그것을 모든 것(All)이라고 부릅니다.

---

[292] 영적 기도가 진보할 때 무(無)를 경험하게 되는데, 이때 또 다른 지성에 어두움이 임한다. 이 어둠은 이 기도를 실천할 때 초기에 임하는바, 짙고 두꺼운 구름으로 인해 어두운 것이 아니라, 강렬한 빛으로 인해 시각이 어두워진다. 마치 강렬한 태양 빛을 눈으로 바라볼 때 눈이 멀어지는 것과 같은 이치다: "가다가, 정오 때쯤에 다마스쿠스 가까이에 이르렀는데, 갑자기 하늘로부터 큰 빛이 나를 둘러 비추었습니다. …나는 그 빛의 광채 때문에 눈이 멀어서, 함께 가던 사람들의 손에 이끌려 다마스쿠스로 갔습니다"(행 2:6, 11, 새번역).

69 영적으로 무(無)를 경험함으로써 인간의 정감은 놀랍게 변화한다.

어느 곳에서도 일어나지 않는 이 무(無)를 영적으로 경험할 때 사람의 정감(情感, affection)[293]은 쉽게 변합니다. 그것을 처음으로 바라보는 사람은 자신이 육적으로나 영적으로

---

293) 정감(情感, affection)과 사랑(love)은 동일하게 사용할 때도 있다. 그러나 정감은 마음의 기울기, 또는 경향(傾向, inclination), 또는 "마음의 눈"이 가는 방향을 의미한다. 마음은 마음이 가는 곳, 마음에 흡족한 것을 주는 것, 호감이 가는 대상, 사랑의 대상에 기울어지므로, 사랑과 동의어로 사용하기도 한다.
"무(無)를 경험한다"고 함은 정신의 대상이 무상(無常)하고, 티끌처럼 무가치하고, 흔적도 없이 사라진다는 의미이다: "그러나 주님의 날은 도둑같이 올 것입니다. 그 날에 하늘은 요란한 소리를 내면서 사라지고, 원소들은 불에 녹아버리고, 땅과 그 안에 있는 모든 일은 드러날 것입니다"(벧후 3:10, 새번역). 이렇게 영성적으로 무를 한번 경험하면 정감의 대상이 변화한다: "이렇게 모든 것이 녹아버릴 터인데, [여러분은] 어떠한 사람이 되어야 하겠습니까?"(벧후 3:11, 새번역). 이전에 갈망했던 대상이 부정(不淨)하게 보이고, 그것에 염오(厭惡)를 느껴서 그것에서 돌아서게 된다.

탄생한 이후 은밀하게 혹은 어둠 속에서 지은 모든 악한 행동이 그곳에 새겨져 있음을 발견합니다. 애써 노력하고 슬피 울고 깊이 탄식하면서 그 흔적을 제거하지 않는 한 어느 쪽을 바라보든지 그것들은 항상 그의 눈앞에 나타날 것입니다.

이따금 그것을 제거하려고 노력하면서 바라보는 것은 마치 지옥을 바라보는 것 같습니다. 그는 그러한 고통에서 벗어나 영적인 안식에 이를 수 없다고 절망합니다. 많은 사람은 내적으로 크게 진보한 경지에 도착하지만 큰 고통과 위로의 부재를 경험하기 때문에 다시 돌아가서 육적인 것을 취하려 합니다. 그리고 지금은 받을 자격이 없으며 한동안 인내해야 얻을 수 있는 영적 위로를 받지 못한다고 해서, 밖에서 육신적인 위안을 추구합니다.

인내하는 사람은 때때로 위로를 경험하며 온전함에 대한 소망도 소유합니다. 왜냐하면 과거에 지은 특별한 죄가 은혜의 도움으로 크게 제거된 것을 보고 느끼기 때문입니다. 그는 항상 위로의 한복판에서 고통을 느낍니다. 그러나 이제 고통이 점차 줄어들기 때문에 언젠가는 끝날 것처럼 보입니다. 그래서 그는 그것을 지옥이라고 부르지 않고 연옥이라고 부릅니다. 때때로 그는 거기에 특별한 죄가 기록된 것을 발견하지 못하지만, 그것은 죄 덩어리로 보입니다.[294] 그래서 그것을 원죄의 고통이라고 불러야 합니다. 때로 그 안에서 많은 놀라운 감미와 위로, 기쁨과 덕을 발견하기 때문에 그것이 낙원이나 천국처럼 보이기도 합니다. 때로는 그 안에서 안식과 평화를 발견하기 때문에, 그것이 하나님인 듯이 보입니다. 그러나 어떻게 생각하건 간에 그는 항상 자기와 하나님 사이에 무지의 구름이 놓여있음을 발견할 것입니다.

---

294) 이때는 일생 지은 모든 각각의 죄들이 아니라. 죄들의 공통된 특성으로 만들어진 한 덩어리 죄로 보인다. 이 한 덩어리의 죄가 바로 자기 자신이며, 이러한 자신을 볼 때 괴로우며, 이것을 원죄로 인한 고통이라고 부른다. 이때 죄의 덩어리 자신에 집착했던 태도를 버리고, 자기를 부끄러워하고, 그럼에도 용서하시고, 품어주시고. 여전히 사랑해 주시는 하나님이 미쁘실 뿐이다.

육체의 감각을 잠재우면 쉽게 영적인 일을 경험할 수 있다. 마찬가지로 영적 능력을 잠재우면 현세에서 은혜의 도움을 받아 하나님을 경험하여 알게 된다.

이 무(nothing)와 무소(無所)의 상태(nowhere)에서 열심히 노력하며, 표면적이고 육신의 오감과 그 대상을 버리십시오. 육체의 감각에 의지해서는 이 기도를 이해할 수 없기 때문입니다.[295]

육체의 눈으로는 길이와 너비, 크고 작음, 원근, 색깔, 둥근 것인지 모난 것인지 외에 다른 것을 이해할 수 없습니다. 귀로는 어떤 종류의 소리와 소음만을 이해할 수 있을 뿐입니다.

---

295) "감각되고 이해되는 모든 것, 인식할 수 있고 이해할 수 있는 모든 것, 존재하지 않는 모든 것과 존재하는 모든 것을 잊으십시오. 그리고 모든 존재와 지식을 초월하시는 분과의 연합을 위해 힘껏 노력하십시오. 모든 것을 버리고 모든 것에서 해방되어 당신 자신과 모든 것을 절대적으로 완전히 포기함으로써, 당신은 존재하는 모든 것을 초월하는 하나님의 어둠의 광선에게로 들려올라갈 것입니다"(『위-디오니시우스 전집』, 은성출판사, 엄성옥 역, "신비신학" 1).

코로는 악취인지 향기인지를 식별할 뿐이며, 혀로는 쓴맛, 단맛, 짠맛, 매운맛, 신맛 등을 식별할 뿐이며, 촉각에 의해서는 뜨거운 것과 찬 것, 단단한 것과 부드러운 것, 무딘 것과 날카로운 것 등을 식별할 뿐입니다.[296] 그런데 하나님과 영적인 것들은 이러한 특성을 갖지 않습니다.

그러므로 육체의 감각을 의지하지 말며, 내면적으로든 외면적으로든 그것들과 더불어 활동하지 마십시오. 내면적으로 영적인 일을 하려 하면서도 여전히 내적으로나 외적으로 영적인 것을 듣거나 보거나 냄새 맡거나 만져보아야 한다고 생각하는 사람은 미혹되어 있으며, 자연의 흐름에 역행하여 그릇되게 일하는 사람입니다.[297] 본래 인간은 육체의 감각을 통

---

296) 엄밀하게 보자면, 오감으로 그 대상을 이해(comprehend)할 수 없다. 예를 들면 눈의 감각 즉, 시각은 어떤 보이는 것을 단순히 볼 뿐이지, 그것이 "붉다", "길다"라고 식별하지 못한다. 그것이 "붉다", "길다"라고 식별하는 것은 시각과 정신이 연합해서 작용한 결과이다. 이 둘의 관계가 너무나 밀접해 있어서 마치 눈이 식별한 것으로 착각한다.

297) 오감이 감각한 것을 정신이 "그것이다"라고 식별하는 과정

해서 외부의 사물을 알게 되어 있을 뿐 무형적인 것은 알 수 없습니다. [298]

에서, 정신은 "기억"과 연합한다. 이 기억은 지난날에 경험했던 것을 상징(image)으로 만들어서 기억(마음) 속에 저장했던 것들 즉, 장기기억들(long-term memories)이다. 감각이 어떤 대상을 접하는 순간에 장기기억이 활성화하여 작용하는데, 이것을 정신(mind) 작용이라고 한다. 감각이 이제 막 감지한 것을 정신이 과거의 그것과 비슷한 상황이나 상을 되살려서(회상하여) 그것이 "붉다", "길다"라고 인식한다. 이 과정에서 기억에 담겨 있던 기억이 결정적인 역할을 하는데, 만일 그 기억이 이 왜곡된 것이라면 문제는 심각해진다. 예를 들면 색맹이 "붉은 것"을 "푸르다"라고 인식하고 기억에 담아두었다면, 다음의 인식 대상도 똑같이 왜곡해서 인식할 것이다.

이 책의 저자는 우리는 원죄와 자죄(自罪)로 인해 **왜곡된 기억**을 토대로 인식하므로, 오감과 정신에 의존한다면 **미혹될 수 있음**을 강조하고 있다.

298) 오감은 형체를 가진 물질(corporeal)을 대상으로 삼는다. 오감은 육신 즉, 오근(五根; 눈, 귀, 코, 혀, 피부)에 속해 있기 때문이다. 그런데 정신은 여섯 번째의 기능이 있는데, 바로 무형적인 대상(incorporeal) 즉, 생각들이라는 것이다. 생각은 뇌가 감당하는데, 뇌는 **생각하는 대상을 생각**한다. 다시 표현하자면 뇌(腦)가 **생각의 대상**(생각들; 동양종교에서는 법[法]이라고 한다)을 **생각**(思)한다. "생각이 생각의 대상을 생각하여 의식하는 것"을 **제6식**(識)이라고 하는데, 이 의식이 영적일 때 거룩한 묵상, 또는 관상이라고 부른다.

지금 나는 육체의 감각의 적극적인 활동에 대해서 말하고 있습니다. 그것들의 활동을 중지함으로써 영적인 것을 알 수 있습니다. 예를 들어 어떤 사물에 대한 글을 읽거나 말을 들었는데 우리의 감각이 그것들의 특성을 제대로 알려 주지 못한다면, 그것들은 육적인 것이 아니라 영적이라고 확신할 수 있습니다. 우리가 하나님을 알기 위해 노력할 때, 우리의 영적 능력에 대해서도 같은 말을 할 수 있습니다. 사람이 피조된 모든 영적 사물을 영적으로 아무리 잘 이해한다 해도 그러한 이해로 피조된 것이 아닌 영적인 것, 즉 하나님을 알 수는 없습니다. 그러나 그러한 이해를 포기할 때 하나님을 알 수 있습니다.[299] 그러므로 샌드니(St. Denis)는 "하나님에 대한 참된 지식이란

---

299) 이해할 수 없고, 표현할 수 없는 신비이신 하나님과 그의 진리로 나아가려 할 때, 지금 인식하고 알고 있는 것을 **버려두고** 나아가야 할 것이다: "그분은 모든 존재를 초월하시므로, 이러한 긍정의 표현들을 모두 부정해야 합니다. 우리는 단순히 부정이 긍정의 반대라고 추정하기보다는, 만물의 원인이 이것보다 우선하며 모든 박탈과 부인과 긍정을 초월한다고 추정해야 합니다"(『위-디오니시우스 전집』, 은성출판사, 엄성옥 역, "신비신학" 2).

무지에 의해서 알려지는 지식이다"라고 했습니다.[300] 그의 글을 세심하게 살펴보면, 처음부터 끝까지 내가 지금까지 이야기했거나 앞으로 이야기할 모든 것을 확인해 주고 있음을 발견할 수 있을 것입니다. 그러나 지금은 내 견해를 뒷받침하기 위해서 그의 글이나 다른 사람들의 글을 인용하지 않겠습니다. 한때는 성경과 교부들의 말에 의해 확증되지 않는 한 자기의 생각을 표현하지 않는 것을 겸손이라고 여긴 적이 있었습니다. 그러나 그렇게 행동하는 것은 지식을 나타내는 것도 아니고 똑똑한 행동도 못됩니다. 그렇게 행동할 필요가 없습니다. 들을 귀가 있는 사람은 듣고, 믿고 싶은 사람은 믿으십

---

[300] "이것이 하나님에 대해 우리가 사용해야 하는 표현입니다. 그래서 하나님은 만물의 원인이 되시는 분량에 따라서 만물로부터 찬양을 받으십니다. 그러나 하나님에 대한 가장 거룩한 지식은 무지를 통해서 오며, 정신을 크게 초월하는 연합 안에서, 즉 정신이 만물, 심지어 정신 자체를 떠날 때, 그리고 눈부신 광선들과 하나가 되어 측량할 수 없이 깊은 지혜의 조명을 받을 때 획득됩니다"(『위-디오니시우스 전집』, 은성출판사, 엄성옥 역, "신의 이름들" 제7장. 3).

시오.³⁰¹⁾

---

301) "귀 있는 사람은 들어라"(마 13:9, 새번역).

71 어떤 사람은 황홀 상태에서 이 기도의 완성을 경험하지만, 어떤 사람은 정상적인 의식 상태에서 원할 때마다 경험할 수 있다.

    어떤 사람들은 이 기도가 무척 어렵고 두려운 것이므로 시작하기 전에 매우 노력해야 한다고, 그리고 그것은 매우 드물게 황홀 상태(rapture)에서만 성취된다고 읽고 있습니다. 그런 사람들에게 이렇게 답변하고 싶습니다. 이 상태는 하나님의 계획과 주권에 달려 있으며, 관상과 영적 기도를 실천할 수 있는 은혜를 받은 사람의 영적 능력(capacity)에 달려 있습니다. 어떤 사람은 오랫동안 자주 실천함으로써 하나님의 특별한 부르심으로 이 기도를 완성할 수 있습니다. 이것을 황홀 상태라는 뜻입니다.[302]

---

302) 여기서 "황홀 상태"란 몰아(沒我) 상태 즉, 엑스터시(ecstasy) 상태를 말한다. 엑스터시란 "자기에게서 벗어난" 상태, 정상적인 의식과 능력이 중단된 상태로서 무아지경을 말한다. 이 상태는 과도한 흥분 상태(또는, 심령의 초탈 상태; *excessus mantis*)가 아

반면에 은혜로 말미암아 영적으로 순수하게 다듬어졌으며 이 관상의 은혜 안에서 하나님과 무척 친밀해졌기 때문에,[303]

니라, 하나님의 계획하심과 절대 주권적으로 이루어지는데, 이때 자기도 자기의 상태를 망각하고 잊어버린다: "나는 그리스도를 믿는 사람 하나를 알고 있습니다. 그는 십사 년 전에 셋째 하늘에까지 이끌려 올라갔습니다. 그때 그가 몸 안에 있었는지 몸 밖에 있었는지, 나는 알지 못하지만, 하나님은 아십니다"(고후 12:2).

[303] "하나님의 친밀한 사랑"은 노리지의 줄리안(13~14세기)의 영성의 주제이다. 당시 교회의 분열, 교황의 아비뇽 포수, 페스트로 인해 도시 인구가 절반 이상 죽던 시대, 그녀는 "하나님 사랑의 계시"를 통해 "그럼에도 괜찮아! 하나님이 싸매 주실 겁니다!"라는 희망의 메시지 즉, "하나님의 친밀한 사랑"을 전해주었다. 그녀의 기도와 영성의 특징은 부정의 길(*via negativa*)이지만, 한 번도 긍정의 길(*via positiva*)을 포기한 적이 없다.
하나님 사랑의 계시와 모든 피조물을 통해서 오는 위로와 의미를 부인하는 **부정의 영성**은 상극처럼 보인다. 그렇지만, 이 둘은 상극이 아니다. 각 영성이 극단으로 치닫지 못하게 하는 절제의 역할을 하는 동시에, 각자에게 부족한 부분을 채우는 상보적(相補的)인 관계이다.
"주님은 자신의 **친밀한 사랑**에 관한 **영적 계시**를 보여주셨습니다. 나는 주님이 우리에게 선하고 위로를 주는 모든 것이 되신다는 것을 보았습니다. 주님은 사랑 때문에 우리를 감싸고 둘러싸시는 우리의 의복이십니다. 그렇기 때문에 주님은 결코 우리를 떠나실 수 없으며 우리에게 선한 모든 것이 되십니다"(『하나님 사랑의 계시』, 은성

앉아 있거나 걷거나 서거나 무릎을 꿇고 있거나 상관없이 원할 때마다 정상적인 영혼 상태에서 그것의 완성을 경험하는 사람들도 있습니다. 동시에 그들은 육체의 기능과 영적 기능을 완전히 통제하며, 원할 때는 그것들을 사용할 수 있습니다. 물론 방해가 없는 것은 아니지만 그것을 극복하는 것은 그리 어렵지 않습니다.[304] 전자의 예는 모세에게서 찾아볼 수 있고, 후자의 예는 아론에게서 찾아볼 수 있습니다.[305]

이 관상의 은혜는 구약성경의 언약궤에 의해 예표되며, 관상을 실천하는 사람들은 언약궤에 큰 관심을 가진 사람들에 의해서 예표됩니다. 관상의 은혜와 작업이 언약궤와 흡사하다는 표현은 옳은 표현입니다. 언약궤 안에 성전의 모든 귀중한 물건들이 담겨 있듯이, 이 작은 사랑 안에 하나님의 영적 성전인 인간 영혼의 모든 덕이 담겨 있습니다.

출판사, 엄성옥 역, 제15장).

304) 영혼의 몰아적 상태는 온전히 하나님의 은혜로써 임한다.

305) "모세가 산에 오르니, 구름이 산을 덮었다"(출 25:15, 새번역).

모세는 언약궤를 어떻게 만들어야 할지 알기 위해서 산꼭대기에 올라가 엿새 동안 구름 속에서 열심히 일했는데, 칠일째 되는 날 여호와께서 언약궤 만드는 방법을 보여주셨습니다. 모세가 오랫동안 수고한 것과 언약궤를 만드는 방법이 더디 계시된 것에 근거하여, 우리는 오랫동안 수고한 후에야 하나님이 원하시는 때 극히 드물게 이 영적 기도의 완성에 이르는 사람들을 이해해야 합니다.

모세는 언약궤를 자주 보지 못했지만, 제사장이었던 아론은 성전 휘장 안에 들어가기만 하면 언제든지 볼 수 있었습니다. 원할 때마다 자신의 영적 기술과 은혜의 도움을 받아서 이 기도의 완전에 이를 수 있는 사람들은 아론과 같은 능력을 갖춘 사람이라고 이해할 수 있습니다.

72 끊임없이 이 기도를 실천하는 사람은 다른 관상가들도 자기와 동일한 경험을 할 것으로 생각해서는 안 된다.

    오랫동안 힘들게 노력한 후에야 간신히, 그리고 극히 드물게 이 기도의 완성을 경험하는 사람은 자기 경험에 비추어 다른 사람들을 생각하거나 판단함으로 잘못을 범하기 쉽습니다. 또 원할 때마다 이 기도의 완성을 경험하는 사람이 자기 경험에 따라 다른 모든 사람을 판단하며 그들이 원할 때마다 그러한 경험을 할 수 있다고 말하는 것도 잘못입니다.[306] 그러한 태도를 버리십시오. 그런 식으로 생각해서는 안 됩니다. 하나님의 뜻이라면, 처음에는 매우 드물게 그러한 경험을 할 수 있었던 사람이라도 나중에는 원할 때마다 원하는 만

---

306) 저자는 일관되게 이 기도는 하나님의 도우심과 은혜로써 이루어지는 것임을 말하고 있다. 그리고 아직 높은 수준에 도달하지 못하는 사람을 자신의 경험이 비추어보아 판단하는 것을 경계하고 있다. 판단은 하나님 주권의 영역이기 때문이다.

큼 자주 경험하게 될 수도 있기 때문입니다. 그 예로 모세를 들 수 있습니다. 모세는 산 위에서 무척 수고한 뒤에야 간신히 언약궤의 형태를 보았습니다. 그러나 나중에는 휘장 안에서 자신이 원하는 만큼 자주 보았습니다.[307]

---

[307] 출애굽기 33장 7-11절을 참조하라.

73 관상의 은혜는 언약궤 안에 예표되어 있다. 모세와 브살렐과 아론은 각기 관상의 은혜를 실천하는 세 가지 유형을 보여 준다.

구약성경에서 언약궤와 밀접하게 관련된 세 사람은 모세와 브살렐과 아론입니다. 모세는 산 위에서 여호와에게서 언약궤 만드는 방법에 관해 가르침을 받았습니다.[308] 브살렐은 모세에게 주어진 지시에 따라 골짜기에서 언약궤를 만들었습니다.[309] 아론은 그것을 성전 안에 두고서 원할 때마다 보고 만졌습니다.

이 세 사람의 예를 따르자면, 관상의 은혜에서 전진하는 방법은 세 가지입니다.[310] 때로 우리는 오직 은혜에 의해서만 진

---

308) 출애굽기 25장 8-27절을 참조하라.

309) 출매굽기 36장 1-38절을 참조하라.

310) 관상의 세 가지 종류에 관해서 말하고 있다. 그러나 실은 두 가지의 영역이 있다. 첫째는 인간의 노력이 포함되는 실천의

보하는데, 그때 우리는 힘들게 산꼭대기까지 올라갔음에도 불구하고 여호와께서 원하신 때 계시를 통해서 간신히 볼 수 있었던 모세와 흡사합니다. 모세가 언약궤를 본 것은 그의 수고에 합당한 보상이 아니었습니다.

때로 우리는 은혜의 도움을 받아 자신의 영적 기술에 의하여 관상의 진보를 이루는데, 그때 우리는 브살렐과 흡사합니다. 브살렐은 산에서 모세에게 계시된 형태의 도움을 받아 자기의 솜씨를 발휘하여 언약궤를 만들기 전에는 언약궤를 보지 못했었습니다.

또 때로 우리는 다른 사람들의 가르침을 받아 관상의 진보

영역(*dilatatio*)이고, 둘째는 전적으로 하나님의 신비 은총의 영역(*sublevatio*)이다. 이 두 영역은 예리하게 나누어져 있는 것이 아니라. 두 영역의 공유지(*alienatio*)가 있는데, 이것을 세 번째 영역이라고 한다. 이 영역은 하나님의 신비적인 은총에 인간의 노력이 협력(synergysm)하는 영역이다.

초대 수도원 신학에서는 첫 번째 영역을 실천(*Praktikē*)의 영역, 두 번째를 신비(*Mystikē*)의 영역, 또는 관상의 영역(*Physikē*)라고 부르며, 두 영역의 공유지에 해당하는 곳을 무정념(*apatheia*)의 영역이라고 한다.

를 이루는데, 그때 우리는 브살렐이 만든 언약궤를 보관해 두고 원할 때마다 그것을 보거나 만진 아론과 흡사합니다.

영적 친구여, 나는 누구도 가르칠 자격이 없는 사람이지만 이 기도와 관련하여 브살렐과 같은 역할을 담당합니다. 내가 하는 말이 유치하고 어리석을지도 모르지만, 어떤 면에서 나는 당신을 위해 이 영적 언약궤의 본질을 분명히 하고 있습니다. 그러나 만일 당신이 아론의 직무를 감당한다면, 즉 끊임없이 당신 자신과 나를 위해서 기도를 계속한다면, 나보다 훨씬 더 훌륭하게, 합당하게 이 기도를 할 수 있습니다. 부디 그렇게 행하십시오. 우리 두 사람은 모두 이 기도를 하라는 부름을 받고 있습니다. 그러므로 나에게 부족한 것을 당신이 채우십시오.[311]

---

[311] "이제 나는 여러분을 위하여 고난을 받는 것을 기쁘게 여기고 있으며, 그리스도의 남은 고난을 그분의 몸 곧 교회를 위하여 내 육신으로 채워가고 있습니다"(골 1:24, 새번역).

74 관상에 대해서 읽거나 말하거나 듣지 못할 때도 관상하려는 마음을 품을 수 있다.

만일 이런 방법으로 관상하는 것이 당신의 육신이나 영의 성향에 적합하지 않다고 생각된다면, 그것을 중단하고 다른 영적 조언을 취해도 좋습니다.[312] 그런 일이 발생한다

---

312) 기도의 종류는 부지기수(不知其數)이다. 이 책에서 저자는 관상적 기도를 실천하는 방법을 다루고 있지만, 수많은 기도 중에 관상적 기도만이 유일하다거나 가장 좋은 기도라고 하지 말라는 충고이다. 기도는 우리 인간이 하는 행위이지만, 그 기도에 응답하시는 분은 하나님이시다. 기도가 유일하다거나 좋은 기도라고 인간 편에서 정의한다는 것은 매우 잘못된 태도이기 때문이다.
　신앙자의 기질에 따라서 기도의 형식도 다르다. 어떤 이에게는 관상적 기도가 신앙 기질상 맞지 않을 때는 고집하지 말고 자신에게 맞는 기도 방법을 구해야 할 것이며, 또한 삶의 정황에 따라서 적절한 기도 방법이 달라야 할 것이다. 하나님께로 나아가는 방법(길)에는 "황제의 길"은 없다. "늦은 비 이른 비를 내리시는 하나님"(신 11:14)이 주시는 바의 기도 방법으로 전심으로 신실하게 바치면, 그 기도가 가장 적합(適合)하다.

면, 나를 용서해주십시오. 내가 이 책을 저술한 목적은 나의 단순한 지식에 따라서 당신이 진보를 이루는 데 도움을 주려는 것이었기 때문입니다. 그것이 나의 의도였습니다. 그러므로 이것을 두세 번 되풀이하여 읽으십시오. 자주 읽을수록 그만큼 더 잘 이해할 수 있을 것입니다. 그러므로 처음 읽을 때나 두 번째 읽을 때 이해하지 못했던 어려운 문장도 되풀이해서 읽으면 쉽게 느껴질 것입니다.

정말 그렇습니다. 이 기도를 하려는 마음을 품은 사람이 이 기도의 효과를 느끼지 못한 채 이 책을 읽는 것을 나는 이해할 수 없습니다. 따라서 만일 이것이 당신에게 유익하다고 생각되면 진심으로 하나님께 감사하며 나를 위해서 기도해주십시오.

이 기도를 하려는 마음이 있다고 생각되지 않는 사람에게 이 책을 읽히지 마십시오. 이 책 첫머리에서 이 기도를 어떤 사람이 언제 행해야 하는지 말한 바 있습니다. 혹시 그러한 사람에게 이 책을 읽힌다면, 충분히 시간을 가지고 철저히 읽게 하십시오. 왜냐하면 서두에서든지 읽는 도중에 그 맥락에서는 이해되지 않으며 뒤의 내용과 연결해야만 제대로 설명될 수 있는 것들이 있을 수 있기 때문입니다. 지금 설명되지 않으면, 뒷부분이나 끝부분에서도 설명되지 않을 것입니다. 그러므로 한 항목만 읽고 다른 항목을 읽지 않으면 오류에 빠지기 쉽습니다. 그러니 부디 제가 말한 대로 하십시오. 만일 지금 상세하게 밝히기를 원하는 내용이 있다고 생각하면, 그것이 무엇이며 그것에 대한 당신의 생각은 어떤지를 나에게 알려 주십시오. 그러면 내 능력이 닿는 한 바로잡겠습니다.

  수다쟁이, 소문을 퍼뜨리는 사람, 잡담을 많이 하는 사람, 험담을 하는 사람들은 이 책을 읽지 않았으면 좋겠습니다. 이 책은 결코 그런 사람들을 위해서 쓴 것이 아닙니다. 똑똑한 척하는 성직자나 평신도들이 이 책에 간섭하는 것을 나는 원치 않습니다. 비록 그들이 활동적인 삶과 관련된 일에서는 매우 탁월하다고 해도, 이 책에서 내가 다루는 주제는 그들을 위한 것이 아닙니다.

75 하나님으로부터 이 기도를 하라는 부르심을 받았는지 시험해 볼 수 있는 확실한 표식

이 책의 주 내용을 읽거나, 이 책에 관해 듣거나 읽거나 이야기하는 모든 사람은 이 책이 자신에게 좋고 적합하다고 생각합니다. 단지 그들이 책을 읽을 때 느끼는 이 조화로운 감정을 위해 이 기도를 하라고 하나님이 부르신 것이 아닙니다.[313] 이 감정은 어떤 은혜의 부름보다는 자연스러운 지적 호기심에서 오는 것일 수 있습니다.

이 느낌이 어디에서 오는 것인지를 알기 위해서, 다음과 같은 방법을 사용할 수 있습니다. 첫째, 영적 지도자의 승인 아래 거룩한 교회의 판단에 따라서 양심을 깨끗하게 함으로써

---

313) 이 책을 읽는 사람들이 각자의 다른 속셈(*arrière-pensée*)에 관해 언급하고 있다. 이 책을 읽은 어떤 사람이 "좋다"라고 하거나 "유익하다"라고 평(評)하는 것에 휘둘리지 말라는 충고이다. "나에게 어떤가?"에 중점을 두고 판단하고, 선택하고, 실천해야 할 것이다.

이 책을 읽기 위한 만반의 준비를 했는지 살펴보아야 합니다.[314] 여기까지는 좋습니다. 그러나 더 많은 것을 알고자 한다면, 이 충동이 다른 영적 기도를 할 때보다 더 끈질기게 당신의 정신을 압박하는지를 살펴보십시오. 그리고 양심의 증거에 비추어 볼 때, 이 작고 은밀한 사랑이 없으면 자신이 육신적으로나 영적으로 행하는 것이 전혀 가치가 없는 것처럼 보이는지 살펴보십시오. 만일 그렇게 느낀다면, 그것은 이 기도를 하라는 하나님의 부르심을 받은 표식입니다. 그렇지 않은 것은 부르심을 받은 표식이 아닙니다.

그렇다고 해서 이 기도를 하라는 부르심을 받은 사람에게 이러한 충동이 지속적으로 그들의 정신 안에 존재할 것이라는 말이 아닙니다. 종종 이 기도를 하는 미숙한 사람에게서

---

[314] 특히 관상적 기도는 영적 지도자(spiritual director)의 지도가 필수이다. 이 관상적 기도의 특징은 정감의 기울기(affective inclination)에 있으므로, 한 번 마음이 엉뚱한 데, 사악에 기운다면 바로잡기가 매우 힘들기 때문이다. 이러한 사례가 성경과 교회 역사에서 어렵지 않게 찾아볼 수 있다. 회개 전의 사울과 회개 후 바울의 "정감의 기울기"를 비교해 보라.

여러 가지 이유로 이 충동의 실질적인 경험이 제거됩니다. 그것은 그가 그 경험에 너무 친숙해져서 자신이 원할 때마다 그것을 소유할 수 있는 능력이 있다고 생각하는 것을 방지하기 위해서이기도 합니다. 그렇게 생각하는 것은 교만입니다.[315] 이 은혜의 경험이 제거되는 원인은 교만입니다. 더 정확하게 말하자면 실제의 교만이 아니라 이 은혜의 경험이 제거되지 않을 때 생겨날 교만입니다.[316] 종종 미숙한 사람들은 어리석

---

315) 관상적 기도를 실천하는 동안 다양한 체험이 일어날 수도 있다. 처음에는 작은 체험이 오지만, 점차 그 은혜의 체험은 당연한 것으로 생각한다. 체험을 주시는 분은 하나님이시며, 유한한 인간의 능력과 인간의 조건을 망각할 때 오는 현상이다.
그래서 "창조주 하나님과 인간의 조건을 망각하지 않는 사람은 이 세상 어디에 있더라도 죄짓지 않는다"(『필로칼리아』, 은성출판사, 엄성옥 역)라고 했다. 그러므로 아무리 이 관상적 기도를 실천하는 동안 어떠한 선한 체험이 오더라도, 겸손에 처하게 하지 않는 것이라면 의심해야 하며, 영적 지도자에게 가서 분별을 구해야 한다.

316) 관상적 기도를 실천하는 데 어느 정도 정상에 오른 사람에게 치명적인 원수는 교만이다. 아직 정상에서 먼 사람에게도 교만의 시험이 오더라도 그리 심한 타격은 없지만, 정상에 오른 사람에게는 치명적이다. 교만의 치료제는 겸손이다. 그런데 "허영과 연합한 겸손"

게도 가장 좋은 친구인 하나님을 원수라고 생각합니다.[317)
 간혹 부주의함(carelessness)으로 이 경험이 제거되기도 합니다.[318) 그럴 때, 그들은 즉시 무척 아프고 예리한 고통을 경험합니다. 때론 하나님이 오랫동안 잃었다가 되찾게 함으로써 그 경험을 확대하고 더 소중히 여기게 만들기 위해서 그 경험

은 가장 지독한 영혼의 병인데, 이것을 치료할 약은 오직 "십자가 위에서의 죽음"뿐이다: "그 때에 예수께서는 제자들에게 말씀하셨다. '누구든지 나를 따라오려거든, 자기를 부인하고, 제 십자가를 지고, 나를 따라 오너라.'"(마 16:24., 새번역).

 317) 교만의 특징은 "하나님 없이도 스스로의 능력으로 구원에 이를 수 있다고 생각하는 태도"이다. 다시 말해서 우리를 구원에 이르게 할 수 있는 분은 오직 하나님이신데, 인간 스스로 그 자리에 앉으려는 태도가 바로 교만이다. 교만은 항상 허영과 함께 작용하는데, 필로칼리아의 교부들은 "허영이 교만이라는 딸을 낳고 항상 같이 다닌다"라고 했다. 어미 허영과 딸 교만은 경배하는 자와 경배를 받아야 하는 자리, 피조물과 창조주의 자리를 전도(顚倒)한다. 친구와 원수의 자리를 바꾼다. 그러므로 허영과 교만은 사랑의 대상인 하나님을 미워하고, 피해야 할 세상적인 것에 갈애(渴愛)하고 집착한다.

 318) 여기서 "부주의"(不注意, carelessness)라는 뜻은 "기도에 부주의한다"라는 뜻이 아니라, 기도 중에 어떤 경험이 오더라도 그것에 "관심을 두지 않음"(indifference)을 말한다.

을 연기하시기 때문에, 그것이 제거되기도 합니다. 이것은 영혼이 이 기도를 하라는 부름을 받았는지 아닌지를 알 수 있는 가장 분명하고 단순한 표식입니다.[319] 오랫동안 이 경험을 하지 못하다가 갑자기 전과는 달리 이 기도를 하고픈 강력한 열정과 갈망을 느낄 때, 그는 그것을 잃었을 때의 슬픔보다 더 큰 기쁨을 발견할 것입니다. 그것은 그의 상태와는 상관없이, 그가 이 기도를 하라는 하나님의 부르심을 받았다는 지극히 참된 증거입니다.

그러나 하나님이 자비하신 눈으로 바라보시는 것은 현재 당신의 모습도 아니고 지금까지의 모습도 아니라 당신이 되

---

319) 기도 중에 어떤 체험도 오지 않을 때 당황할 필요가 없다. 이러한 상황을 "영적 사막"(spiritual desert), 또는 "영적 건조함"(spiritual dryness)이라고 한다. 마치 약속의 땅 가나안에 들어가게 하시려고 백성들을 광야를 통과하게 하신 하나님의 계획과 같다. 어쩌면 영적 사막은 하나님의 가장 큰 축복인지도 모른다: "이르시기를 너희는 가만히 있어 내가 하나님 됨을 알지어다 내가 뭇 나라 중에서 높임을 받으리라 내가 세계 중에서 높임을 받으리라 하시도다: "이르시기를 너희는 가만히 있어 내가 하나님 됨을 알지어다"(시 46:10).

고자 하는 미래의 모습입니다. 성 그레고리는 "거룩한 갈망은 지체되면 더 강해집니다. 그러므로 지체된다고 해서 약해지는 것은 거룩한 갈망이 아닙니다"라고 말했습니다.[320] 새로운 경험과 갑자기 생겨나는 갈망에서 점점 더 많은 기쁨을 경험하지 못한다면, 그것들은 자연스러운 갈망이라고 해야 하겠지만, 거룩한 갈망은 아닙니다. 이 거룩한 갈망에 대해서 성 어거스틴은 "선한 기독교인들의 삶 전체는 곧 거룩한 갈망이다"[321]라고 말했습니다.

나의 신령한 친구여, 하나님의 축복과 나의 축복 안에서 안녕히 계십시오. 하나님 안에 있는 참 평화와 온전한 권고와 영적 위로, 그리고 풍성한 은혜가 항상 당신과 함께 있기를, 그리고 하나님을 사랑하는 이 세상 모든 사람에게 있기를 전능하신 하나님께 기도합니다.

아멘.

---

320) Gregory the Great, *Homilia in Evangelica* II, 25.

321) St. Augustine, *In Epistolam Joannia ad Parthos*, IV. 6.